读懂你的孩子

孩子性格分析及教育方法

彩云　博雯　编著
陈忠联　顾问

当智慧家长培养智慧孩子
超常方法——“生命密码学”
培养非凡人才的奥秘

团结出版社

图书在版编目（C I P）数据

读懂你的孩子 / 彩云，博雯著. -- 北京 ：团结出版社，2012.4
ISBN 978-7-5126-0828-3

Ⅰ. ①读… Ⅱ. ①彩… ②博… Ⅲ. ①家庭教育 Ⅳ. ①G78

中国版本图书馆 CIP 数据核字(2012)第 056890 号

出　版：团结出版社
（北京市东城区东皇城根南街 84 号　邮编：100006）
电　话：(010) 65228880　65244790
网　址：http://www.tjpress.com
E-mail：65244790@163.com
经　销：全国新华书店
印　刷：三河市腾飞印刷厂
装　订：三河市中门辛装订厂

开　本：170X240 毫米　　1/16
印　张：16
字　数：277 千字
版　次：2012 年 5 月　第 1 版
印　次：2012 年 5 月　第 1 次印刷

书　号：978-7-5126-0828-3/G・695
定　价：75.00 元

序1

懂“材”才能因材施教

陈忠联

偶然的机会，我看到一篇文章，讲的是著名打星甄子丹的母亲用“太极教育法”教育培养他，最后使他走向了成功。这篇文章给我留下了深刻的印象。

甄子丹的父亲擅长器乐，在他很小的时候父亲就教他弹钢琴。而武术家母亲又希望子丹成为她的“接班人”，所以，每天早上五点钟就拎他起床练武。练武很辛苦，但甄子丹偏偏很喜欢，他宁可清晨5点起来跟母亲练武，也不愿意舒舒服服地坐在家里弹琴。甄子丹母亲是太极高手，她懂得“践形尽性”的武术理念。“践形尽性”的“形”是指身体，“性”是指人的“性格、性情”。就是说，世间的一切“实践行为”，只有依据人的“性情”才能达到至善完美的境界。甄子丹母亲从他的“形”中看到了他的“性”。他母亲“推己及人”（即设身处地替别人着想的意思），知道被强迫学自己不喜欢的东西是很痛苦的事情，她就劝丈夫，不要再逼儿子，让儿子自己从乐器和武器中选择一样。最终，甄子丹得到父母“特赦”，以习武为主，弹琴自便。

11岁时，甄子丹全家移民美国。正值李小龙走红，甄子丹逃学去看李小龙的电影，然后模仿李小龙的样子去上学。那时的甄子丹整个就是“混世魔王”——逃课，斗殴，飞脚踢老师，离家出走，去红灯区做保安帮人打架。

妈妈再一次在甄子丹的“形”中看到了他的“性”，她果断地作出决定，送他到北京读武术学校。结果，他回到美国参加武术比赛得了冠军，这一下甄子丹声名远扬。后来，他被一个电影导演看中，从此走上了打星道路。

甄子丹自己说，如果不是当年妈妈送他去读北京武校，“今天的甄子丹就两个结果，要么是哈佛大学博士，要么是死在街头。”不过，依我看，甄子丹如果当了博士，一不会开心；二不可能有他今天这样的成就。因为，他的“性”不在那里。所以，甄子丹常常对人说，他非常感谢母亲那一手“推己及人”的好太极。

甄子丹妈妈的“太极教育法”固然好，不过，在这里我们看到一个问题，就是他妈妈在他的“形”出现后才能看到他的“性”，这就太迟了，你看，甄子丹已经滑到了悬崖的边缘，差点酿成大错，他妈妈才把他送到北京读武校。如果他妈妈在子丹幼年或少年时期就知道他的“性”，然后根据这个“性”给他一个最好的选择和教育方法，这样，甄子丹就不至于走弯路，以致“大器晚成”。

看来，了解孩子的“个性特质”是教育的根本。只有先懂得“材”，才能够因材施教。所以，家长的首要任务就是要了解自己的孩子。

这本《读懂你的孩子》，就是要帮助家长解决懂“材”的问题。

《读懂你的孩子》这本书是根据生命密码的理论，专门对各个出生日的孩子的个性进行分析，让家长用最短的时间，基本掌握孩子的个性特质，然后根据孩子的性格持征选择最适合孩子的教育方法。

过去，我们很多家长对家庭教育认识不足，不知道家庭教育的重要性，所以，我的演讲《将成功传给下一代——当代子女教育的特殊问题及对策》，谈得比较多的是家庭教育的理念，目的是让家长转变观念，提高家庭教育的意识，走出教育的误区。现在，家长对家庭教育重要性的认识提高了，却因为手中缺乏方法，面对孩子的教育问题束手无策。所以，近两年我一直就在想，给家长一些最快捷、最简单、最有效的方法，让家长在教育子女时得心应手，因此决定向家长和老师推荐这本《读懂你的孩子》，真心地希望这本书对家长有所帮助。

（陈忠联：《光明日报》社顾问，中国社会科学院研究生院特约教授，广东省人民政府教育咨询小组成员，广州英豪学校创始人，广州英豪家庭教育研究所所长）

2012年2月28日·于广州

序2

给你一双慧眼

彩 云

一位知名的田黄玉雕刻大师曾表示，自己的雕工价格是4000元/克。他说，工艺很重要。

所谓工艺，就是利用石材天生的特点，“因材施形”的高超技艺。

真正的雕刻大师往往有洞察玉石的慧眼和点石成“金”的妙手，他们不仅能明察材质的“天赋”，而且懂得将“缺点”变“优点”，将“弱项”转化为“强项”，最后，把玉石雕琢成绝世珍宝。

我们的孩子就像刚挖掘出来的宝石，表面上朴实无华，实际上，他们都有自己的特性，他们的“冰晶玉洁”都隐藏在粗糙的表现下。能不能成为出类拔萃的“精品”，或者成为“惊世之作”，就看落在什么水平的雕工手中。

只可惜，具有独特天赋的孩子们最后却只有极少数成为“天才”，大多数人都成为无所作为的普通人。

为什么会造成这种结果，那是因为我们家长不了解孩子的独特性格，不知道孩子的天赋；而孩子因为得不到家长的正确指导，也不懂得根据自己的性格和天赋确立自己的志向和目标。

也就是说，我们大多数家长都是“工匠”而不是“艺术家”。我们生产出来的都是价值不高的“产品”，而不是身价百倍的“艺术品”。

所谓“工匠”就是用“千篇一律”的手法去教育培养孩子——用统一的方法、统一的教材、统一的思想。结果，孩子先天的性格、天赋被

“千篇一律”这把铲刀全部切除，孩子最终变成了千篇一律的人——没有个性，没有梦想，没有激情。

我们家长可千万不要当一名“工匠”，而要成为一个真正的“艺术大师”。

当然，要想成为“大师”，首先得有一双慧眼，“读人”“读心”是天下难事，在这里，我们借助生命密码的理论，让家长用最简单的方法，准确把握孩子的性格和天赋。另外，我们还根据每种不同的性格，总结出一整套实用有效的教育方法。希望家长借助这些方法，在最短的时间里，真正走上“艺术大师”之路。

2012 年 2 月 16 日

于广州

序 3

快乐和成功的根本

博雯

现今的中国社会是一个肯为教育买单的社会，这对国家和民族的发展无疑是一个喜讯。林林总总的家庭教育书籍层出不穷，占据了那些有意识“望子成龙”的家长们的大半个书柜。可以说，就连自己上学时也没有如此用功的老爸老妈们，今天为了孩子，又重新硬起头皮拿起书本，走进课堂学习“家庭教育”课程的精神实在可嘉。说起来，这既是一种进步，也是一种无奈。归根结底原因有两个：社会教育机制的压力太大，孩子的未来生存堪忧；时代变化太快，家长越来越不了解我们的孩子们在想什么，“不知怎么和我们的孩子讲话?”成了父母心头不愿承认的堵头。

市场上家庭教育的书籍大多是着眼于后天和现实已经发生情况的解决方法，但都忽视了“先天禀赋”和“天生性格”两个因素。

我们的老祖宗告诉我们“江山易改，禀性难移”。但是，我们的许多家长还要坚定地走“千军万马一条路兮，全家拼了而求‘锁’的路”。如果我们能把对孩子“天生禀赋的发掘和先天个性的了解”，与后天有针对性的教育结合于一身，并且应用得当的话，相信会有“好风凭借力，送我‘儿’上青天”的效果。

其实，后天培养只是冰山一角，先天禀赋和天生个性才是冰山的主体，它决定冰山的高度和硬度。与其逆流而上，生掰硬折，不如顺水推舟，巧借东风。

中国有句古话：“三百六十行，行行出状元”。每个禀赋的孩子都有可能成长为世界级的名人，只要家长帮助孩子找到自己的天赋并加以引导和培养，孩子就可以在自己擅长的领域中“得心应手”，获得社会的认可和尊重。这无疑是我们交给孩子最重要的财产——快乐和幸福。

最后，真诚地希望家长通过对西方古老智慧——“生命密码”的研究，从一个全新的角度了解孩子，培育孩子，给孩子一个快乐幸福的未来。

2012 年 2 月 16 日

于北京

目录

Content

第一章　引　言

第二章　1 号孩子

第三章　2号孩子

第四章　3 号孩子

第五章 4号孩子

第六章 5号孩子

第七章 6 号孩子

第八章　7 号孩子

第九章 8号孩子

第十章 9号孩子

第一章　引　言

生命密码与生日数

生命数字学——生命密码

“生命密码”之父

他的名字叫毕达哥拉斯。

许多人不知道他，但却知道一个著名的数学定律：勾股定律。他就是勾股定律的发现者，是古希腊哲学家、数学家、音乐理论家、天文学家。

2500多年前，中国出了圣人孔子，希腊则出了科学家毕达哥拉斯。由于他在数学及天文学等领域作出的杰出贡献，被誉为“影响世界的100位著名科学家”之一。

毕达哥拉斯很早就发现：数字是所有事物的本质。他通过对日常生活的观察，和对天文、地理、文史、哲学等方面的研究积累，结合数字统计学原理，提出了他对宇宙观察的结论——数字，就是宇宙。万物皆数。

“数字，支配宇宙。”这句话是毕达哥拉斯哲学理论的核心，他相信世间万物由“数”组成，每个数字都有它独特的个性和能量，而能量有正有负，有高亦有低，各个数字都有其特殊的代表意义，无论是物质世界还是精神世界，都离不开数字，因此，他以数学解释世间万象。

毕达哥拉斯总结出1—9数字的基本含义，并对每个数字的意义作了详尽的阐述。这使得数字学便捷地应用于医药、物理、生化、心理、社会等学科，乃至营销、管理、教育、人文、艺术、建筑、美学等领域。

都是月亮惹的祸

你也许觉得有点玄乎，其实，对科学知识有一些常识的人就会理解。“年、月、日、时辰”这些数字是怎样来的，不就是根据地球运转、日月变化计算出来的吗？所以，作为大自然之子的人类，我们的性格命运无疑都在日月变化的掌控之下。

科学研究证实，月球的引力引发潮汐，月亮的阴晴圆缺同样也引发人类的“生物潮”。

早在1997年，美国航空航天局的一个天体物理学家小组就宣称："科学家们已经找到月圆与谋杀、暴力犯罪或者出生率之间的关系。许多警察或者紧急情况处理人员也注意到，每当月圆的时候，他们的工作量就会直线上升。"

无独有偶，英国警方也公布了一份研究报告，月圆之夜是各种犯罪事件发生的高峰。因此，英国警方计划在月圆之夜加派巡逻警力，以尽可能降低犯罪率。

月圆之夜为什么犯罪率高？是不是月亮圆光线好利于犯罪？不是。是月亮的引力和磁场对人的影响。

美国的精神病学家利伯对这个问题做了长时间的研究。他在其著作《月球作用——生物潮与人的情绪》一书中提出，人体中约有80%是液体，月球的引力也能像引起海水潮汐那样对人体中的液体产生作用，引起生物潮。特别是月圆时，月亮使人的感情较易激动，对人的行为影响也比较强烈。负责这个项目研究的英国警官安迪·帕尔指出："以我过去19年的警察经验来看，每逢月圆，很多人就会出现各种奇怪的行为，比如更冲动易怒，更具攻击性等。"

中国人一到中秋月圆时就思乡，愁情满怀，十几亿人举头望皓月，千里寄相思。

这一切原来都是月亮惹的祸。

科学家们在长期的观察和实验中发现，月圆时月亮对地球的引力和电磁力相对较强，人的荷尔蒙、体液和兴奋精神的电解质的平衡都受到影响，从而引起人的生理和情绪的变化。

举个例子说，月圆时，由于气压降低，空气处在低压状态下，人体的血压也就较低。在低血压的情况下，血管内外压强差别增大，血液的流量也随之增加。这就引起人的情绪发生变化。这么说来，月亮就像我们人类情绪和精神的指挥棒，随着月亮的阴晴圆缺，人类的情绪也像潮汐一样高低起伏。

也就是说，婴儿出生的那一天，因为星相不同，对人的影响也不同，所以形成了不同的性格。

星相学家们把月亮的移动周期划分成四个阶段，如我们中国的阴历就是：初一到初七为第一个阶段，初八到十四为第二个阶段，十五到廿一为第三个阶段，廿二到廿八为第四个阶段。他们认为，人在不同的阶段出生，因为受月亮引力和磁场的影响不同，就形成了不同的性格个性。

比如，阴历十五日出生的人，这一天因为出现了月盈、满月和月亏这三个过程，所以这天出生的人个性比较多变。他们很容易出现两极化和双面性。比如，一方面他们充满浪漫气质，充满梦想，是一个执著的追梦人；另一方面，他们又听从于理智，对现实比较苛求，他们大多外表显得严酷，有的甚至像一座雕像，给人坚硬和冰凉的感觉。有时，他们对人不留情面。

看起来，人的出生日的确与性格有着直接的联系。

什么是“生命密码”

我们现在给“生命密码学”下一个定义：“生命密码学”是数字统计科学，是让我们从数字开启了解自我、了解人生的一扇大门，是现代思维与古希腊智慧的完美结合。

“生命密码”告诉我们，每一个个体都是一个独立的世界，都是独一无二的，每个人都有自己的生命蓝图；“生命密码”让我们看到每个人一生的使命与需要克服的缺点；“生命密码”让我们可以准确把握自己：放对位置，理解他人，建立和谐关系；“生命密码”让我们懂得认识和接纳自己，是我们人生最大的课题。

生命数字学通过对每一个人的出生年、月、日进行统计研究，将数字分为1—9种能量，每一个数字都肩负着不同的使命和重任，并拥有不同的个性和特质。每一种个性特质同时又拥有正面与负面的能量。人们通过这些数字密码，能准确地把握自己的个性特质，并正确运用正面能量，调整负面能量，那么我们就可以有效地掌控我们的人生。

具体来说，我们可以借助数字来认识自己：你是怎样的人？做事的方式是什么？有怎样的性格？天赋是什么？缺陷是什么？需要克服的缺点又是什么？人生处于何种阶段，当下状态如何？这一切，生命数字学都会给你一个满意的答案。

自然这也可以让我们认识我们身边的所有人，朋友、同事、孩子……

通过“生命密码”我们同样可以很轻松地了解孩子先天带来的能量。为什么我们生出来的孩子却与我们不同？为什么大人怎么说孩子都不听？为什么别人家的孩子比我们家的孩子更“乖”？……这些问题，“生命密码”都会一一回答我们。我们可以最快速、最准确、最全面地对我们的孩子有一个比较深入的了解：他的脾气秉性、做事风格、天赋和特长等，这就等于掌握了打开孩子心灵之门的钥匙。

对于老师来讲，要在较短时间内掌握一个班里四五十个孩子的脾气和天赋实在不是一件易事。一般情况下，老师们都是靠长期的观察，或在磨合，甚至发生冲突中认识孩子。然而，借助“生命密码”的理论，老师们可以一眼洞穿孩子的个性和特长。然后，老师可以根据孩子的个性与孩子相处，绕开磨合，避免冲突。老师轻松了，学生也很开心。

当然，“生命密码学”是一门应用科学，我们在实践过程中，不能简单地生搬硬套和“对号入座”。孩子在不断地成长，后天的教育也或多或少影响着孩子个性的发展，所以，“生搬硬套”无疑是一种“刻舟求剑”的做法。只有不断地从书本到实践，再从实践中总结，才能找到“窍门”，运用起来才会得心应手。

无论如何，“生命密码学”让我们真正懂得——每个人都是独一无二的，每个人的“世界”都大不相同。如果我们把自己的思维方式和行为习惯强加给别人，是多么的不智，只有让每一种个性的正向能量充分发挥出来，我们才能真正获得和谐美好的生活。

生日数——读懂你的孩子

什么是“生日数”

根据“生命密码学”的理论，生命数字包含生日数、天赋数、命运数三个部分。

生日数：代表孩子的基本性格与特质。

天赋数：代表孩子的天赋与潜在能力。

命运数：代表孩子一生学习的课题和努力的方向。

本书选择**生日数**来解读孩子，是因为它代表了孩子的基本性格与特质，与孩子的成长和天赋相吻合。

一般来说，孩子受到外部环境的影响较少，也很少被社会道德和舆论观念所左右，他们显现出来的特质往往是最自然、最真实的，所以代表先天性格的生日数是体现孩子特点最好的参数，这对家长、老师了解孩子，理解孩子，及早发现他们的天赋会极其有帮助。

顺便说一句，对于家庭环境复杂，教育成长经历不同的大人而言，外在的你不见得是真实的你。每个人都会不同程度地有表里不一的地方，有的内在特质隐藏得很深的，甚至当事人自己都不自知。而“生命密码学”的另一个数字——命运数就可以协助分析出一个人内在的隐藏心理和内在驱动，这也就可以解释为什么很多人的生日数相同，但是表现出来的性格却不相同的原因。而这种隐藏，一般会和家庭环境、经济条件、成长经历以及人生阅历有着千丝万缕的联系，也是解读生命密码中最难，也最耐人寻味的部分。如果有兴趣了解您自己，您可以参看本系列的另一本书——《数码人生》。

如何计算生日数

生日数有 9 个，分别用 1—9 表示。我们简称为 1—9 号。

计算方法：孩子的阳历出生日相加，计算到个位即可。

例如：美国微软公司董事长比尔·盖茨生于 1955 年 10 月 28 日，他的生日数就是，2 +8 =10，1 +0 =1，所以比尔·盖茨就是 1 号人。

例如：摇滚巨星迈克尔·杰克逊生于 1958 年 8 月 29 日，他的生日数就是，2 +9 =11，1 +1 =2，所以迈克尔·杰克逊就是 2 号人。

您的孩子是几号

查看下面这张列表，看看您的孩子是几号的：

生日数 1：每月 1 日、10 日、19 日、28 日出生者——1 号人

拥有积极、独立、果断、创造和领导者的性格。

生日数 2：每月 2 日、11 日、20 日、29 日出生者——2 号人

拥有敏感细腻的情感和友好相处、合作的性格。

生日数 3：每月 3 日、12 日、21 日、30 日出生者——3 号人

拥有积极快乐、创意、表达的性格。

生日数 4：每月 4 日、13 日、22 日、31 日出生者——4 号人

拥有平稳保守、执行、遵守纪律的性格。

生日数 5：每月 5 日、14 日、23 日出生者——5 号人

拥有爱好自由、敢于冒险、善于创新的性格。

生日数6：每月6日、15日、24日出生者——6号人拥有善解人意、勇于奉献、承担责任的性格。

生日数7：每月7日、16日、25日出生者——7号人拥有热爱思考、爱提问题、重视真理的性格。

生日数8：每月8日、17日、26日出生者——8号人拥有做事稳健、追求结果、喜欢大舞台的性格。

生日数9：每月9日、18日、27日出生者——9号人拥有悲天悯人、率真热心、喜欢幻想的性格。

没有好坏

中国有一句老话："三百六十行，行行出状元"。

这句话用在人的性格上也很适合。各个出生日产生的性格只有不同，没有好坏。每一个生日出生的人都有可能出现伟大人物，也有可能出现庸才败类。

1号就有中国伟人孔子，有世界互联网之王比尔·盖茨，有美国总统克林顿，有社会主义现实主义文学的开山人高尔基，还有中国现代美术事业的奠基者徐悲鸿，"体操王子"李宁。

你一定以为1号是首数才产生这么多头号人物，不对。每一个日子都有巨人产生。发明大王爱迪生是2号，亚洲首富李嘉诚是2号，被称为中国笑星头号人物的赵本山也是2号。

3号有如雷贯耳的诺贝尔，有美国总统罗斯福，进化论的奠基人达尔文。

4号有登上数学珠峰的陈景润，有全世界无产阶级的领头羊列宁，美国总统奥巴马，有"铁娘子"英国首相撒切尔夫人，最具影响力的科学家牛顿。

5号有美国总统布什，有电脑神童"比尔·盖茨第二"扎克·伯格，有伟大的物理学家爱因斯坦，有"动画大王"迪士尼。

6号有梦想征服全世界的拿破仑，有惠普前掌门人杰卡莉·菲奥里纳，有"俄国文学之父"普希金。

7号有两次获得诺贝尔奖的居里夫人，有音乐天才贝多芬，有硬汉普京，有天下第一笑星卓别林，有硬骨头鲁迅，有俄罗斯最浪漫的作曲家柴可夫斯基。

8号有美国第一夫人女中豪杰希拉里，有“空中飞人”乔丹。

9号有和平使者，打不死煮不烂的黑人领袖曼德拉，有第一位访问中国的美国总统尼克松，有给我们拍摄了《泰坦尼克号》和《阿凡达》的影艺奇才卡梅隆。

从上面的例子中我们看到，1号到9号都产生了无数的名人，也就是说，每一天都是好日子，哪天生日都是吉日，至于您的孩子是成龙还是成蛇，就看后天的打造了。

孩子就像小树苗，不同树种的小树苗，却种在同一个地方，用同样的方法管理，这些小树苗成长的差距一定令您吃惊不已。

农民都懂得根据树的特性，把树种在适合它们特性的地方。比如，喜阴的树，就得把它种在山的阴面，如果把它种在朝阳干旱的地方，小树苗一定黄瘦巴巴。如果喜欢酸性土壤的树苗却被种在碱性土壤里，小树苗一定天天喊救命。只有“顺其自然”、“因材施管”，树木才能健康成长，才有可能成长为参天大树。

孩子要成材，家长一定要学农民，顺其天性，因材施教。

第二章　1号孩子

天生我材必有用——领袖风范

（每月1日、10日、19日、28日出生的人）

关键词： 积极开创、雷厉风行、勇敢果断、爱冒险、天生领袖、自命不凡

1号孩子的剪影

1 号孩子是上天送给家长最珍贵的礼物。

1 号孩子天生就有领导才能，小时候他们是孩子王，长大以后，他们通常都是当头的料。如果把 1 号孩子培养得好，可以说是前途无量。

1 号孩子精力旺盛，充满活力。他们爱憎分明，喜欢标新立异。他们充满创意的头脑里总是迸发出一个个新主意和新点子。

1 号孩子总是喜欢用自己的方式去处理事情，而且常常表现得相当固执，不过，懂得 1 号孩子的性格特点后你就知道，这正是他们的“王者”气质。

1 号孩子主观意识较强，为此，逆反和叛逆与他们形影相随。1 号孩子发起脾气来会像小哪吒一样闹得天翻地覆，而且不达到目的誓不罢休。

1 号孩子的家长如果有智慧将孩子的好胜心引导、发挥到正面上来，那将是了不起的成就。

要想记住 1 号孩子的特性就请记住下面这些人物：

梅艳芳：生于 1963 年 10 月 10 日（1 +0 =1）

比尔·克林顿：生于 1946 年 8 月 19 日（1 +9 =10 1 +0 =1）

比尔·盖茨：生于 1955 年 10 月 28 日（2 +8 =10 1 +0 =1）

1号孩子的性格特征

强烈的目标感

1 号的孩子从小就热情、直率，总能迅速地达成目标，并且以自己的成就为傲。他们脾气如火一样，动作、行动也像风一样快。他们勇敢、大方，整一个“初生牛犊不怕虎”。

1 号孩子天生就是急性子，他们时时刻刻都想做领跑人。

1 号孩子在几个月大的时候就表现出强烈的目标感，只要他们想得到的东西，就非得到不可。虽然此时的小家伙还不会说话，但他们总会想办法让大人明白他们的需要。办法是再简单不过的了：大哭不止，小脚丫猛蹬，没有达到目的，绝不罢休，一旦东西到手，雷歇雨停，喜笑颜开。

1号孩子终于等到上学了，这个精力充沛的小猢狲满心欢喜。他们非常喜欢学校，因为学校是个很好玩的地方，这里可以满足他们许许多多的兴趣和爱好，如美术课、体育课，还有劳动课，终于让他们无穷的精力找到了出口。在学校里他们很快在众多的学生中冒出头来。

如果1号孩子控制能力好一点的话，通常都能当上班长；当不上班长，起码也能当个组长。如果什么也没当上，一定是因为他们“太蹿了”。不过，回到家里，他们一定会这样跟家长说：“一点都不好玩，我才不想当呢。”但下个学期他会突然告诉家长：“我当上组长了。”

1号孩子从来都闲不住，他们不怕被委以重任，前提是一定要让他们感觉到自己被重视、被尊重。当他们接到老师或家长交付的事情时，往往会满怀激情，全心投入。他们总是知难而进，不惧怕任何干扰和失败，表现出令人震惊的坚定，无论遇到什么样的困难，都能从头再来。他们的特点是“想得少，做得多”；他们的信念是“行动，而不是口号”。他们心中最大的恐惧是“不被喜欢或不被重视”。

团队活动和体育竞赛中最能体现出1号孩子的英雄本色。他们浑身散发的魅力总是能在最短的时间里获得众多的追随者，而且，他们总是能以自身的热情激发同学们的斗志，使伙伴们追随着他们一起进步。竞争的意识也使1号孩子显得好斗、逞强，他们喜欢挑战和冒险。在1号孩子的词典里，从头到尾都离不开这些词语：竭尽全力、争当第一、绝不放弃。

比尔·盖茨算得上是1号类型最典型的代表人物。

比尔·盖茨的座右铭是：“让全球每个家庭的每张桌子上放一台电脑。”当然，每一台电脑都要用比尔·盖茨统治下的微软公司设计的程序。

心胸可谓大。

没有这么大的目标怎么可能成为世界首富呢？目标总是前进道路上的旗帜，指引人们奋力狂奔。

正因为这个目标，比尔·盖茨“能够牺牲任何的个人快乐，为了目标而奋斗”。“在计算机前，我称得上是个十足的工作狂，在编制BASIC程序时，我们夜以继日，废寝忘食，几乎每天工作到凌晨三四点。”“我想做好我想做的任何一件事。”

所以，1 号孩子的家长不妨让孩子大胆想象，甚至可以鼓励他们异想天开。有多大的目标就有多大的成就，即使成就一半，他的人生也有别样的精彩。

有理想，有抱负，不服输

1 号孩子很早就有自己的理想和信念。

他们喜欢和比自己优秀的人交朋友。另外，他们在观察成人世界的时候，很快就能发现大人之间的等级差别，他们暗暗地钦慕那些比较成功的或是身份地位比较受尊崇的人，并情不自禁地模仿他们，期望自己有一天也能成为这样一个人。

获得别人的尊重和敬佩是 1 号孩子最为深切的渴望，所以，1 号孩子的家长如果有条件的话，要舍得在他们身上投入，让他们多学东西，只要他们有兴趣，就让他们去接触尝试。或许有一天，你会突然发现孩子有了自己的远大理想。

1 号孩子有着永不服输的性格，他们天不怕地不怕，也不怕吃苦。所以，家长如果送他们去参加某些强化训练，会使他们的意志磨砺得更为坚强。

1 号类型的比尔·盖茨就是这样的。《今日美国》一篇文章说他“争强好胜、意志坚强、冷酷无情”。《公司》杂志 1990 年《怪人的胜利》一文说：“他总是精力充沛。”

他有朋友评价他是用“意志力来挫败对手”。他“竞争的原动力来自对权力的渴望，对自我价值的展现。超越自己，自我再生，这些驱动着他去实现人生境界的升华”。

比尔·盖茨一心一意的专注和不达目的不罢休的顽强精神已达到了登峰造极的地步。在研究 DOS 系统时，他打电话给他的母亲说：他将消失 6 个月，他要潜心研究，以完成与 IBM 的交易。

他真的消失了，然后，他成功了。

《洛杉矶时报》评论他：“他被成功迷住了心窍，每时每刻他都想赢得辉煌。”

这就是 1 号类型的人。

喜欢当领袖，有英雄情结

比尔·盖茨的人生格言是："我是王"、"我能赢"。

许多1号的孩子也会在心里喊出这样的口号。

1号孩子从小就争强好胜，他们独立性强而且有自己的主见。他们平时可以自己一个人玩耍，虽然有时不善表达，但周围的老师和同学却能一眼看出他们心中的自信与勇敢。和其他小伙伴玩的时候，他们常常是带头人——"孩子王"。"我是司令，你们听我的准保没错。"虽然这话不一定说出来，但大家知道他就是这个意思。他总会不断有新主意拿出来，还会发明一些新式的玩法，伙伴们一旦遇到问题他们便会站出来，出谋献策，所以总是能得到大家的拥戴和服从。

有时，争强好胜的1号会为了建立自己的"领导"地位而"喜欢用拳头说话"，所以，1号孩子常常给人"调皮""捣蛋""不好管教"的感觉。碰到这种情况，家长千万不要惊慌，更不能对这些行为盲目论处，简单粗暴只会让孩子更加火暴。家长首先要让孩子知道，大人理解他们争强好胜的个性，而且认可他们的带头能力。在理解他们的感受，取得信任之后，再跟他们讨论如何服众的问题。教育1号孩子一定要以理服人，用武力是解决不了问题的，因为1号孩子天生不怕打，往往越打越皮实，这一点要引起家长足够的重视。

1号孩子心中都有一个英雄梦，他们从小就爱听英雄的故事，扶弱济贫、匡扶正义的侠义故事总是让他们热血沸腾。他们总是幻想自己在某一天突然摇身一变，成为一个非凡的"超人"，或者扮演英雄，用魔力击败神秘而强大的敌人，拯救世界。

睿睿是28日出生的1号孩子。他妈妈在日记里记录了这样一件事：

星期天，我带儿子去了一家儿童商店买衣服，我问儿子："你喜欢哪一件？"

儿子似乎对买衣服并不感兴趣，他很干脆地说："都不喜欢。"

突然，他眼前一亮，指着一件T恤："我要这件！"

那件T恤的胸前印有奥特曼！但是那件衣服做工粗糙，面料也不好。我劝睿睿选另一件，睿睿根本不听，拿着衣服就在身上比画，美滋滋地看着胸前的奥特曼。

一回到家，睿睿迫不及待地换上新衣服，兴冲冲地找小朋友玩去了。

“奥特曼”衣服成了睿睿的最爱，穿脏了也不舍得换洗，有时我实在看不过去，偷偷拿去洗了，睿睿洗完澡后就到处找他的“奥特曼”。

想当英雄的1号孩子自然最喜欢上体育课，因为在体育运动中，特别是武术和跆拳道之类的运动，让他们感觉自己很英武。

1号孩子对他们的小伙伴总是慷慨大方，而且爱打抱不平，是一个典型的“管闲事大王”。比如，他看到家里的小狗在欺负小猫时，他会把小狗追得满屋乱跑；当他遇到高年级的学生欺负小学生时，他总把拳头攥得紧紧的，想跳出来为小伙伴讨个公道。

每当碰到这种情况，家长可千万别嘲笑他们的弱小无力，更不能责怪他们“惹是生非”。如果家长引导得当，孩子的这种英雄情结，不仅有利于培养他们的阳刚之气，更能使他们尽快成长为真正的男子汉。

睿睿的妈妈还记下了这样一件事：

睿睿有个不好的习惯——喜欢赖床。每天早晨，无论妈妈怎么叫，他都装作听不见。后来，妈妈灵机一动，孩子不是喜欢奥特曼吗，那就用奥特曼来帮助他吧。

每天早上，到了睿睿该起床的时候，妈妈就走到睿睿床前，轻轻地对睿睿说：“奥特曼，怪兽来了……”睿睿一下就来了精神，眯着眼睛在被窝里笑，过一会儿，便从床上坐起来，对妈妈做了一个奥特曼的经典动作：“我是奥特曼，你是怪兽，嗨……”然后从床上一跃而起。

在孩子心目中，英雄是伟大、神圣的，英雄是他们心中的榜样。嘿嘿，抓住他们的软肋，事情就好办了。

此外，家长可以通过送礼物的方式，激发1号孩子身体中那独一无二的领导能量，让他们拥有帝王的感觉。礼物贵重与否不重要，最重要的是要让他们感觉到“特别”，比如那些代表第一和荣耀的东西。如果孩子喜欢足球，可以送他们世界杯的仿真小模型，或者代表冠军荣耀的金星队服；如果孩子喜欢功夫，可以送给他们代表战无不胜的李小龙的双截棍；如果孩子喜欢舞蹈，可以送上一双用他名字命名的，非常精美的舞蹈鞋……总之，在礼物中要让他们感觉自己是最棒的，唯一的，要做就做最好。当然，送礼物的目的不是让他们目空一切，而是不停地给他们设立更高的目标，以不断提高他们对自己和未来的期许。

王者风范，喜欢成为焦点人物

1号孩子的特质一目了然，毫无复杂或隐藏难解之处，在学校里就有王者的风范，高傲地支配着一切，是孩子中的领头人。他们需要赞扬，不允许自己落后于他人，喜欢成为“焦点”，当“明星式”人物。

比尔·盖茨就是一个时刻“要向这个世界证明他自己”的人物。他在高中时就断言自己会在25岁时成为亿万富翁。

还有一个人物也非常典型，她就是梅艳芳。

梅艳芳生于1963年10月10日，也是一个1号人。

从4岁半踏上舞台开始直至生命结束，她总是让自己像一颗钻石一样在舞台上熠熠生辉。

梅艳芳凭着她精湛的歌唱艺术、华丽的服饰，以及她的“中性”形象，给广大观众留下了极为深刻的印象。她新奇的男式发型、夸张的浓妆和大胆的服饰，成为众多女子模仿的对象，引领了时尚潮流。她的“百变形象”和大胆表演，让听众亦“听”亦“看”，开创了华语流行乐的先河。因此，梅艳芳成为香港流行乐坛一个时代的标志。她还是第一位获得中国国家级音乐艺术成就荣誉的香港歌手。

梅艳芳不仅是“歌后”，还是“影后”。在荧幕上，梅艳芳同样延续了“百变”的特色。无论是文艺片、动作片，还是喜剧片，她扮演每一个角色都拿捏得当，都能以自己独特的气质天赋，塑造出一个个鲜明的人物形象。因此，她成为了香港歌坛和影坛的双栖巨星。在人生的谢幕时刻，梅艳芳身披婚纱把自己嫁给了舞台。临死也要让世人惊艳一回。

卓越超群的1号孩子希望被人关注、渴望成为焦点，家长不要认为这是爱慕虚荣、好表现，千万不能批评、压制，相反，家长要尽量想办法满足孩子的这种心理需求。家长每创造一次机会给孩子，孩子就向“明星”靠近一步。

家长们还可以用独特的聚会让1号的孩子更自信。例如：生日聚会，可以请所有的同学到家里或是什么地方来玩，给他们的好朋友都准备好礼物，让同学们谈谈他们眼中的1号小王子。让他们在有面子的同时，还可以收获一生的自信。

如果孩子喜欢唱歌，就专门为他们举办一场“晚会”，为他们创造一个特别的舞台。场地可以在家庭，也可以在学校，或专门为他们租借一个开放的小礼堂。观众可以是全家，也可以是亲朋好友、邻居甚至是更多的人。让他们在精心的准备和表演中，释放自己的能量和激情。同时，让他们感到自己与众不同，体验到成就感。如果孩子喜欢画画，可以不定期为孩子举办画展。如果孩子有其他突出的特长，还可以让孩子“招生”开办培训班，让孩子自己当教练，自己组织一场汇报演出，这将让孩子得到更大的满足和锻炼。

活泼好动，具有探索精神

1号的孩子身上跳动着不安分的因子。在日常生活中，1号的孩子就像上满发条的机器一样在不停地运转，他们活泼好动，活力四射，不安分，不愿意停下来，是个天生的行动派。

我们都知道，孩子在学走路的时候是最容易跌倒的。但1号的孩子充满了迫切的探索精神，所以，他们对小小的磕磕碰碰总能泰然处之。跌倒时，1号孩子多半会自己爬起来接着玩。有时，家长连一句“自己站起来”都不用说。

1号孩子非凡的体力和超强的意志使他们酷爱体育运动。他们运动细胞发达，速度快得惊人，就像一架空中的超音速飞机。他们从小就愿意骑在爸爸的脖子上，踩着爸爸的肩膀往高处爬，刚刚学会走路就要跑，一出门就像旋风一样飘到了远处。

你一定以为天天泡在电脑前设计软件的比尔·盖茨是一个书呆子。你错了，1号的比尔·盖茨可是一个运动狂，他因为爱运动，被誉为“爱运动的世界首富”。

比尔·盖茨的母亲回忆，盖茨是一个精力非凡的孩子，从婴儿起就如此，他会独自使摇篮不停地摇摆上几个小时。

比尔·盖茨童年时就热爱户外运动，他想方设法让父母同意他参加“童子军186部队”，这个“部队”在离他家不远的一所小学里。“186部队”经常在丛林中徒步旅游野营。

有一次，他参加长达50英里的夏日行军，但是他脚上穿了一双新皮靴，这双新皮靴根本不适应一天8英里的行程，把他的脚磨破了。但是，他咬着牙，坚持走完了这次持续一周之久的旅行。

比尔·盖茨还痴迷网球，为了练习球技又不浪费宝贵时间，他常常用握球拍的那只手练习写一些毫无意义的字词以协调腕部肌肉，这个习惯一直延续到他成为微软的掌门人。在开会时，他的下属们总是看见他在纸上乱涂乱画，身体在椅子里前倾后仰。

成为世界首富后，比尔·盖茨又喜欢上了赛车运动，他买了一辆昂贵的绿色保时捷911，经常和与他一起创办微软公司的好友艾伦比赛。艾伦回忆说，同比尔·盖茨在一起，什么事情都变成了竞争，包括他的驾车技术。有一次他们俩赛车，他看到比尔·盖茨疯狂地驾着车，可以毫不失控地以最快速度行驶。1977年夏天的某日凌晨3点，比尔·盖茨在完成了一项软件程序设计后，同好友拉森一起上街赛车，盖茨在快车道上风驰电掣般飞奔，时速达220迈。

比尔·盖茨喜欢的健身运动还有开飞机。他报名参加过飞行训练。比尔·盖茨还很喜欢滑旱冰。在他30岁生日庆祝会上，微软公司的员工看到他随心所欲地在滑冰者中穿行，并伴随着摇滚乐做出各种动作，不禁对他的旱冰技艺惊叹不已。“比尔喜欢跳舞，他的脚一踏进舞池，整个人就陶醉了。”比尔·盖茨的一个朋友说。你更想象不到的是，比尔·盖茨还在办公室为周围的员工表演跳椅子。这个视频在网上广为流传。

年龄的增长并没有让比尔·盖茨停止运动。他们夫妇在朋友的婚礼上，参加“雪地追狗”的比赛。他们一起在零下30度的阿拉斯加跋涉了43公里，累得精疲力竭，但他们还是乐呵呵的。他们到非洲度假的时候，还和朋友进行野外生火的比赛。

从比尔·盖茨身上我们看到，运动是1号人与生俱来的爱好。他们特别享受刺激、冒险带来的快乐。所以，1号孩子的家长，尽量给孩子提供各种各样的体力劳动和体能活动，尽可能给他们一个正常释放能量的通道，以免他们因为能量过剩而发生破坏性行为。体育运动、社会活动和野外活动也是培养孩子体能、意志力、魄力的最好机会。

当然，家长要做好保护和引导工作。一定要做好各种防护措施，必要时给他们戴上头盔或其他必要的护具，避免让孩子在运动中受到伤害。过于危险的运动则坚决制止。

特立独行，充满创意

我们想说的是，1 号孩子还喜欢自行其是，他们很反感来自外界的干涉，不喜欢别人强迫他们。一旦他们感觉到被逼迫，他们立即会表示反抗。

前面我们提到过，1 号孩子非常需要也渴望得到家长的尊重和理解。但如果遇到把“发号施令”当成家常便饭的家长，随着孩子年龄的增长，家长与孩子之间一场火星撞地球式的激烈碰撞迟早会爆发。

1 号的比尔·盖茨小时候就是一个让父母亲相当头痛的家伙。

大概从 11 岁开始，比尔·盖茨就和他的父母开始了“意志的斗争”。“意志的斗争”是盖茨父亲的用语，现在流行的说法就是“叛逆”。

老盖茨说，儿子在 11 岁时便表现出与众不同的智力水平，经常向父母问一些国际关系、商业和生命本质的问题。这些令他父亲觉得有趣的事情却令他母亲“感到不安”，因为他母亲已经嗅到了轻微的火药味。果然，没过多久，盖茨“开始不断冲撞母亲意欲控制他的本能，不断引爆意志的较量”。“玛丽对儿子的一切期待——保持房间干净、按时吃饭、不要咬铅笔——忽然间成为双方摩擦的起源。”

盖茨的这些表现到了什么地步，看看他身边的人怎样说：“他真的很讨厌。”这是盖茨的弟弟阿米特洛特说的。每当这个时候，老盖茨则扮演了和事老的角色。“他会将他们分开，安抚他们激动的情绪。”盖茨的姐姐说。可见盖茨当时已经把家里闹得鸡犬不宁。

“大战”终于爆发了。

盖茨 12 岁那年，在一次晚餐时，就在餐桌上，盖茨冲着母亲大吵大嚷，老盖茨这样描述：“极其不敬，带有狂妄自大的孩子般的粗鲁。”

一向好脾气的老盖茨再也按捺不住心中怒火，将一杯水泼到了儿子的脸上。

盖茨父母开始认识到事情的严重性，他们带着盖茨看了心理医生。盖茨见到医生后老实坦白自己正在与想控制他的父母爆发战争。心理医生告诉老盖茨和玛丽，他们的儿子最终将赢得“独立战争”的胜利，他们最好减少对他生活的干涉。

老盖茨理解这番忠告。“儿子与我的成长环境截然不同。我开始认真反省自己以前的行为以及与孩子的相处之道。”老盖茨回忆说。

老盖茨和玛丽最终掀开了抚养孩子的重要一页：选择放手。他们把儿子送到他们认为会给予孩子更大自由的学校——私立湖滨学校。这所学校现在因成为盖茨首次接触到计算机的地方而闻名于世。

许多文章都认为："这次吵架预示着一个性格暴躁的小男孩的生活将出现转折，他从此走上一条使他成为日后为公众所知的比尔·盖茨的道路，成了微软公司的创始人、也是世界上最富有的人。"但是，从教育的角度看，这次"吵架"只是盖茨成长过程中一次重要事件，真正让盖茨走向成功的是盖茨父母一直以来对他的培养、理解和支持。

盖茨的母亲玛丽是西雅图一位银行家的女儿，就读高中和大学时，她一直都是运动员和优秀学生。后来她成了一名全职志愿者，还曾在企业董事会任职。

从盖茨母亲的简历我们看到这是一个从小受到良好教养的女子，有着很优秀的品质和优良的工作才能。由于在富裕的家庭长大，玛丽有着自己教育孩子的方式。她希望孩子穿着得体、守时重信、热情好客。在她的管教下，小盖茨在多数情况下都谨遵母命。

盖茨的妹妹莉比·阿米特洛特说："妈妈是最忙碌的家长，而且对我们抱有很高的期望。不仅关心我们的学习成绩，还包括方方面面，比如我们在公共场合的行为，以及如何与人交往。"

玛丽鼓励孩子们刻苦学习，多运动，并学习音乐。母亲的严格要求使盖茨从小就非常努力。父母也鼓励他多读书，但凡盖茨想读的书，他们都会买给他。喜欢阅读的盖茨从头到尾读完了整部《世界大百科全书》。

后来，盖茨因为过于沉迷于书籍，父母又担心他忽略了人际交往，他们强迫小盖茨参加他们举办的聚会，并在父亲的专业会议上充当服务生，希望他从书本中走出来。

盖茨的成长经历对1号孩子的家长是很有借鉴作用的。

另外，1号的孩子喜欢标新立异、特立独行，他们认为只有如此方能体现出自己的个性和价值。所以，在生活和学习中，他们会用很大的精力向别人证明自己的实力。他们喜欢与其他小伙伴竞争，他们不愿意循规蹈矩，是强烈的革新派，也常会想出一些大胆、创新的计划。对他们来说，外界生活要比学习更能吸引他们。

他们还喜欢与众不同的生活方式，愿意按照自己的意愿做事情，不喜欢被强大的能量管控，更不喜欢跟在别人屁股后面走，模仿别人去做事。

盖茨从13岁开始，就有了相当大的独立性，这在当时很少见。他大部分时间都不待在家里。有些晚上，他会去华盛顿大学享受免费使用的电脑。那时他就开始了电脑程式设计，17岁的时候，盖茨卖掉了他的第一个电脑编程作品——一个时间表格系统。买主是他的高中学校，价格是4200美元。

大四时，他休学去华盛顿州南部的一个发电厂做了程序员。就在那个时候，盖茨与未来的微软联合创始人保罗·艾伦联手设计了用于计算道路车流量的“Traf－O－Data”设备。

众所周知，当年盖茨感觉到一个电脑时代即将到来，他想抓住这个千载难逢的机会，就向父母提出从哈佛退学，搬到新墨西哥州的阿尔帕克基开创微软。盖茨这样的决定通常是很难获得父母支持的。那么，盖茨的父母是怎样做的呢？“我和玛丽都对他的决定很担心，我想她比我还要更加担心一点儿；我们俩的期望和那些正在上大学的孩子们的父母们的平凡期望一样，就是希望孩子能拿学位。”盖茨的父亲说。

虽然他们有自己的“担心”和“期望”，但他们最终“默许了”，应该说他们非常支持。

1号孩子的学习方式甚至也是自我和创新的，他们认为学习不能墨守成规，应该具有拓展性。

小时候，老师给比尔·盖茨所在的四年级学生布置了一篇有关人体特殊作用的作文，要求四五页的篇幅。结果，盖茨利用他爸爸书房里的百科全书和其他医学、生理、心理方面的书籍，洋洋洒洒地一口气写了30多页。

又有一次，老师布置同学写一篇不超过20页的故事。盖茨浮想联翩，竟写出长达100页的神奇而又曲折无比的故事，使老师和同学都十分惊讶！大家说他：不管盖茨做什么事，他总喜欢来个登峰造极，不鸣则已，一鸣惊人。不然他是不会甘心的。

“独树一帜”、“特立独行”这些词是属于1号孩子的。

此外，1号人有时让人感觉有点偏执。这是因为，如果他们认为一件事对自己的发展有好处，就会不顾一切地去追求。这种特质有不好的一面，但也有好的一面，这就是他们由此能排除别人的干扰，坚守自己独特的生活态度和工作方式。所以，如果家长引导得好，这一点对他们今后的发展是有益处的。

爱憎分明，对喜欢的人当家人看待

1 号的孩子从小就爱憎分明。生活中，他们喜欢和有巨大能量的人交朋友。他们勇敢无畏，而且不愿意循规蹈矩，所以，1 号从来都是一个激进的创新派。但 1 号天生又缺乏耐心，所以，他们最需要的是锻炼自己的定性和耐心。

在学校里，1 号孩子喜欢某位老师，怎么都行，不喜欢时，怎么也看不上眼。这样的性格在平时容易冲动决定某些事情。因此，上学的时候，他们会因为喜欢某位老师而偏科，一旦与某些老师产生误会后不易消除，就不爱上这个老师的课。当然如果孩子没有错，作为家长不要批评孩子，只要找到老师问清情况，找到解决的办法即可。

1 号孩子的家长一定要和孩子做朋友，只要你理解他、体谅他、取得他的信任，他就会视你为他的“死党”，什么话都会和你说。如果他把你当成是自己“一伙”的，那你的建议就很容易被他接受。

1 号孩子的教育课题

好强不认输

做惯了“明星”和“焦点人物”的 1 号孩子，因为当“头儿”成瘾，常有只能赢不能输的心理，一旦“输”了，如天崩地裂。如果家长和老师引导不好，很容易增加负面能量，这样对孩子的成长非常不利。

5 岁的超超是 1 号的孩子。他活泼可爱，能说会道，人见人爱。在幼儿园是出了名的“故事大王”。老师、家长们见到他都竖起大拇指，爸爸妈妈也常常表扬他“你是最棒的”，“没有人能超过我们的超超”。在赞扬声中长大的超超认为自己就是第一的。

但是，在一次故事大赛中，超超什么奖也没拿到。比赛结束以后，超超不肯回家，哭天抢地要老师给他第一。无论妈妈怎么劝，他都不肯罢休，只是不停地嚷：“我才是第一，我才是故事大王。”妈妈无计可施，只好说：“我们的超超才是第一名，是老师选得不准。”超超一听闹翻了天，非要妈妈去给他拿到奖状才肯回家。

这个案例让我们看到，家长对孩子不讲道理的妥协，助长了孩子的刁蛮性格。平时家长只一味地激发孩子的自信心和好胜心，结果，导致孩子心理脆弱，输不起。到了这个时候，如果家长还一味迁就，其后果不堪设想。

家长因为疼爱孩子，舍不得孩子伤心，当孩子一遭遇失败就站出来替孩子处理，或替孩子找理由，这就剥夺了孩子的心理承受能力，也剥夺了孩子成长的机会。

所以，1 号孩子的家长和老师在保护孩子的自尊心和自信心的前提下，要关注孩子的挫折教育，让他们懂得“山外有山，人外有人”，没有人可以永远第一，要允许自己失败。只有在挫折中站起来的孩子，才能真正地成为“王者”。

另外，“激将法”用在好强的 1 号身上会得到意想不到的效果。

不服输的性格让他们无法容忍任何对手和失败，示弱对于他们来说是无法接受的。所以，准确把握分寸时不时把“激将法”这把“剑”拿出来亮一下，会让 1 号孩子像钢球一样弹得更高。

我们来看一个小故事：

晓风是 1 号孩子，他读初二那年，父母在市里买了房子，并四处托人帮晓风联系了一所重点中学。他们就要进城过上城市生活了，父母高兴地把这个好消息告诉了晓风，没想到晓风一听阴云密布。这怎么行，他是班长，他在班里可是“大王”，“兄弟们”可听他的了。有些不好管的同学，老师还会让他协助一起去管理，也常常把他叫到办公室和他讨论某些问题的解决方案。这种被老师充分尊重和认同的感觉，让晓风“工作”可忙了，他恨不得一睁开眼睛就往学校跑。

现在突然让晓风转学到城里，他非常舍不得老师和同学，但怎么能够因为这个就放弃进城呢？

任凭爸妈怎么劝，晓风就两个字：不去。

爸爸跟妈妈商量，要不缓一缓再说。晓风当班长，他又是一个特别重情重义的孩子，在这里日子特别顺心，学习又很优秀。到了新环境后，很难再获得这样的成就感。这或许就是他“不去”最大的理由。

妈妈听到“不去”二字，很生气，她说，城里的教学质量可要比这里好，而且那是个数一数二的重点学校，不能因小失大。

讨论来讨论去，谁也说服不了谁。最后爸爸说，让我再和晓风谈谈。

爸爸这次一举成功，晓风爽快答应。爸爸施了什么魔法让晓风“主动就范”呢？

原来爸爸使的就是“激将法”。

爸爸跟晓风说：“天下没有不散的筵席，初三之后你们一样会各奔东西。人的一生会经历无数次的相聚和分别。另外，我们这个县城太小了，在这里当一个班长没什么大不了的。如果你真行，到了新的学校一样能当班长，那才叫本事。”

晓风第二天就主动对妈妈说：“妈妈，我同意转学了。”

转学后，在这所重点学校里竞争确实相当激烈，但晓风并没有被吓倒。晓风埋头读书，勤奋努力。升高中时考试成绩优异，考上了一所重点高中，他报名竞选班干部，结果摘下了副班长这个职务。他跟爸爸妈妈说：“下学期班长一定是我的！”

这就叫做“对症下药”。

合作能力差

前面讲到的崇拜“奥特曼”的1号小睿睿还有这样一个故事。

有一次，小睿睿跟几个小朋友一起玩打仗的游戏，他一定要当“司令”指挥战斗。一个小朋友不买他的账，小睿睿冲到那个小朋友面前，指着自己胸前的“奥特曼”说：“看，我是奥特曼！”

“我也有奥特曼！”那个小朋友指着自己的鞋说。果然，他的鞋上也有一个奥特曼。

但小睿睿是不会让人打败的。他顿了一下说：“我的奥特曼比你的大。”小睿睿昂首挺胸，仿佛自己就是“奥特曼”。

那个小朋友看自己的“奥特曼”的确没有小睿睿的大，无话可说。但他很快发现了自己的优势，他说：“我的奥特曼会闪光。”果然，他鞋子上的奥特曼不仅颜色鲜艳还粘了许多彩色闪光片，和小睿睿的“奥特曼”比，他的“奥特曼”显得更加精致漂亮。

小睿睿一下被噎住了，他急得脸都红了。就在这时，“战争”爆发了。小睿睿一脚踩在那个小朋友的脚上，小朋友嚎啕大哭。小睿睿还不解恨，朝那个小朋友鞋上的“奥特曼”狠狠地踢了几脚，然后一溜烟跑回了家。

那个小朋友的家长告到家里来，小睿睿妈妈一听火冒三丈，太不讲道理了，这样下去还了得，拿起拖鞋就给小睿睿一顿好打。

许多家长一旦遇到这种情况，本能的反应就是要杀杀孩子的威风。殊不知，家长在杀孩子威风的时候，一不小心就把孩子的自信心和好胜心也一起“杀”掉了。

这里，我们先来看看外界对比尔·盖茨的评论：“对于不能够像他那样理解计算机技术的人，他常常失去耐心，但也正是他的恃才骄傲使他达到了常人所不能企及的成功。”

盖茨父亲也说：“盖茨对一些事情的看法非常顽固，我们家庭的活力就在于在这些事情上不要干涉他，因为这只会是浪费时间而已。”

往往，恃才骄傲和顽固、固执总是使1号人失去许多朋友和合作者，但是从盖茨的身上我们却发现，这些让人讨厌的性格却正好帮助他成就了伟大的事业。所以，对于“恃才骄傲”和“固执”我们也不能“一棍子打死”。

当1号孩子因为傲气和固执犯了错误，家长千万不要急于把孩子的“嚣张气焰”镇压下去，千万不能大惊小怪让孩子觉得自己很“坏”，一旦这种气质被否定，孩子的自信心和勇气就悄悄溜走了。所以我们在培养孩子的合作能力时，不要忘记把孩子的这个个性考虑进去。

另外，培养孩子的合作能力一定要从小做起，从小事开始，从正面着手，在日常生活中自然渗透，“柔”和“刚”才能有效结合。

在婴幼儿时期，家长应该教育1号孩子与同伴友好相处，学会分享玩具，对大家都喜欢的玩具不争抢，学会等待，大家轮流玩儿。这样，可以使孩子遇事会想到别人，知道有了同伴才能玩得更愉快。当孩子认识新伙伴时，要鼓励他们互相握手打招呼或做一些合作游戏，以此激发孩子渴望与同伴合作的愿望，主动与同伴交往。

培养孩子的合作能力最好的活动就是集体游戏。家长可以为不同年龄段的孩子设计各种游戏，并让孩子主动邀请同伴一起来玩儿。像小睿睿他们玩打仗游戏，就可以教会他们通过各种方法“竞选职位”。比如可以用石头剪刀布的竞猜方法，还可以用掰手腕的方式一比高下，让孩子在竞争中避免冲突的发生。同时还要让孩子在游戏中体会到互相配合、互相帮助的乐趣。

急躁冒失

1号孩子有时情绪变化无常，不够专心，特别容易急躁，是出了名的“缺乏耐心”。做事情经常都是三分钟热度，三天打鱼两天晒网，忽冷忽热，这样下去将一事无成。因此，家长要加强引导，一定要把这种坏毛病纠正过来。

1号孩子容易急躁发怒，是因为他们往往把“输赢”、“得失”看得过重。遭遇失败后，又不愿意承认自己的失误，为此他们会变成可怕的困兽。孩子变成急躁的困兽后，最先受到伤害的往往是他们自己。为了不让孩子受到伤害，家长平时一定要多关注孩子的情绪变化，及时发现问题，及时“灭火”。

事实上给孩子一个开阔视野的机会很重要，眼界开阔了，孩子的心胸也就开阔了。心胸开阔的孩子比较能冷静地看待各种问题和“得失”。

另外，对于热情奔放的1号孩子，过于刺激的活动对他们是有害无益的，家长尽量想办法让他们远离诸如蹦极、武术、电子游戏这些容易引发冲动的活动。让他们多参加一些“温和”的文体活动，如绘画、唱歌、书法、下棋等，以陶冶他们的性情，同时缓解他们紧张的神经。

任性不听管教

1号孩子很早就会感到自己有举足轻重的影响，在学校更是叱咤风云的人物。但有时不听话，非常任性，个性很强，不通情理，发起脾气来会闹得天翻地覆，像个小霸王，家长往往觉得很难管教。

1号孩子喜欢受到夸奖，爱听别人赞扬。如果家长能够恰如其分给予孩子赞扬和鼓励，会使他们心花怒放，再接再厉。但是，如果家长动辄训斥，他们便会暴跳如雷，或者心灰意冷。因此，1号孩子的家长千万不要刺伤他们的自尊心，要小心翼翼维护他们的尊严。万一孩子做得不够理想，家长首先要肯定其好的一面，再用商量的口吻提出具体要求。

1号孩子是“发动机”，希望一切事物随着他的意志发展，“服从”两个字与他们根本无缘。在人群里，总喜欢带头，而且说一不二，还给人高高在上、盛气凌人的感觉。另外，由于目标感太强，他们偶尔会有侵略性。会因一些小事与周围的同学发生激烈的冲突，给人一种霸道蛮横的感觉。

读初三的李伟是19日出生的1号孩子，学习成绩不错，体育也特别好，就是跟同学搞不好关系。原因是他性格太强势，看别人经常不顺眼，喜欢用拳头说话。大家明里听他的，叫他“头儿”，暗地里叫他“黑社会”。而老师却发现李伟很有号召力，想利用他的领导能力来带动全班同学。于是想出了一个方法：某日，学校组织他们年级进行50公里的长途拉练活动，班主任安排李伟担任活动的副总指挥，并且给他下了一个死任务，要求他一定带领参加拉练的同学全部到达终点，为班级争光。李伟接到这个任务，可着急了，活动之前他和每个同学谈话，了解同学们的心态，为要打退堂鼓的同学鼓劲儿。一路上，他跑前顾后，不断地给大家加油。有的同学走不动了，他拉着他们一起走；有的同学身体不好，体力不支，他以身作则，号召体力好的同学一起帮助弱些的同学背背包。在他的带领和帮助下，没有一个同学中途掉队或当逃兵，全部胜利到达终点，受到了学校的表扬。这次活动，李伟威信大增，他也深深感受到了关心同学、团结同学带给自己的巨大收获，与同学越来越亲近，同学们也越来越喜欢他，后来他被同学选为班长。

这个案例让我们看到，顺势而为非常重要，发挥他们的优势，“自负”就可以变成“自信”，“霸道”可以转化为“领导力”。

平时，家长的引导也很重要，家长不妨多给他们讲一些历史故事，让他们“以史为鉴”，从中悟出道理。

历史上项羽和刘邦争霸的故事就很值得借鉴。

项羽27岁时就是锐不可当的“楚霸王”，刘邦那时却是年逾五十的垂老之人；项羽乃名将之后，刘邦为默默无名的农家子弟；项羽受过严格的大将训练，刘邦本身非将才，集结的亦多乌合之众；后项羽宰制天下，声势如日中天，而刘邦仅被封为汉王，所据之地偏远险阻。然而，历史的车轮却出现了强弱悬殊的戏剧性大逆转：项羽以32岁的英年兵败自刎，全盘皆输；刘邦则承袭了秦始皇的大一统格局，尽收天下，开创了绵延400多年的汉朝。

两个都是敢作敢为的英雄好汉，为什么出现如此结果呢？原因就是，项羽虽然武功盖世天下无敌，但缺乏耐心，傲慢自负，不纳雅言；而刘邦知人善任，宽宏大量，慷慨好施，善交朋友，宁愿斗智而不斗力。

所以，光凭争强斗狠是不行的，想要真正成“帝”为“王”，就要以诚待人，懂得合作，所谓“得人心者得天下”用在这里再恰当不过了。告诉1号孩子，只有真正的关心小朋友，帮助他们解决问题，才会得到小伙伴真心的支持。

因此建议家长多给1号孩子增加接触社会的机会，带孩子多看看外面的世界，多接触优秀的人物，让他们认识到“强中自有强中手”，这样，孩子才不会因为“坐井观天”而“夜郎自大”。

以自我为中心

很多1号孩子的家长都在诉苦，说自己的孩子自私冷漠，不懂事，脾气倔犟，很少关心家长，对家人和长辈也缺少温情。

自私冷漠是现在独生子女普遍存在的问题，一方面因为家里没有兄弟姐妹，吃的玩的没有人和他分享；另一方面，还由于家长过于溺爱和迁就，集家中几代人的宠爱于一身的孩子，自然把自己放在最高的位置，以自我为中心。热衷于“赢”、喜欢为“王”的1号孩子在这方面又表现得更为突出。

冷漠有可能让1号孩子长大以后变得孤独。因为，冷漠的人的结局往往是众叛亲离。因此，对1号孩子的教育还要加上一条：让他们学会“爱与被爱”。家长一定要让孩子认识到无论他们取得多大的成功，没人与之分享，那他们所取得的成绩也就毫无意义可言。

现在大部分孩子是独生子女，家长只注意把爱倾注给孩子，而没有注意让孩子也学会去爱别人。当然很多家长有些担心，觉得这样培养会不会让孩子变得婆婆妈妈，缺乏阳刚之气。这种担心是没有必要的，因为懂得爱与被爱，才会让他们内心充满动力，反而会变得更加坚强，这样他们才能不再轻易陷入“自私冷漠”的怪圈中。

下面这个故事就很有典型意义。

杨杨8岁了，是个招人喜欢的孩子。但是每次吃饭时，总是等家里的长辈把桌椅碗筷都摆好，他才肯坐下来吃饭，而且只要是他喜欢吃的，总是会多吃或者抢先吃完。

一天，爷爷从家乡带来了一只鸭子，杨杨坐在桌上，等饭菜上了桌，他突然用一只胳膊盖住鸭肉盘子，大声说："这都是我的，不许你们吃。"无论家长怎么劝说，孩子也不肯把鸭肉拿出来给大家分享。到后来，干脆端着盘子跑到另一间屋子里，关起门一个人躲在里面吃，妈妈敲门劝说半天也没有用。过了一会儿，杨杨才把门打开了，把吃剩的骨头端给妈妈，说了一句："你们吃吧……"

家长意识到问题的严重性。接下来的日子，妈妈经常给杨杨讲一些关心别人、孝敬长辈的故事。每到吃饭的时候，便有意识地鼓励杨杨帮忙摆桌椅和拿碗筷，还让他帮爷爷奶奶盛饭。经过一段时间的坚持，最后，杨杨再也不会只顾自己，再也不会霸占好吃的东西独自享用了，而且还能主动帮助家人做一些力所能及的事情。

1号孩子教育方法概述

1. 针对孩子强烈的目标感

- 鼓励孩子大胆想象，认真对待孩子异想天开的想法。大目标、大格局，成就大梦想。
- 和孩子一起讨论设立人生目标，再引导孩子制定出阶段性目标，分期分步迈向成功。

2. 针对孩子有理想、有抱负

- 每天都有意识地鼓励孩子，向他表示出你对他将来会取得成功的信心。给孩子注入积极的信息。
- 经常给孩子讲英雄人物的故事，给他们找到崇拜效仿的对象，激发他们的英雄梦。
- 带孩子参加各种签名售书、专家演讲会等等活动，让孩子与名家、专家近距离接触，培养孩子的胆略和自信心，让孩子敢于树立宏伟目标。
- 发现孩子崇敬某位名师或专家，家长可想办法和孩子一起与名师或专家交朋友，让名师、专家成为孩子的人生导师。

3. 针对孩子喜欢当领袖，有英雄情结

- 经常给孩子讲故事，特别是英雄人物依靠自己的聪明才智获得成功的故事，有意识引导孩子懂得，想当“王”不能靠拳头，要靠智慧。

- 尽量避免与孩子发生正面冲突，“以理服人”、“以柔制刚”是对待1号孩子的法宝。

- 送孩子参加强化训练，如武术、跆拳道、露营、长途拉练等等，这是孩子喜欢的，同时磨砺孩子的意志。

- 给孩子送特殊的礼物——代表“第一”和荣耀的东西，让孩子感觉自己“与众不同”。如果孩子喜欢足球，就送给他们世界杯的仿真小模型，或者代表冠军荣耀的金星队服。如果孩子喜欢功夫，就送给他们双截棍。如果孩子喜欢舞蹈，就送上一双精美的舞蹈鞋。

4. 针对孩子希望被人关注、渴望成为焦点

- 给孩子机会举办各种活动，让孩子尽情表现自己的“领袖”特质。比如生日晚会、周末聚会等等。让孩子自己拟定客人名单和活动节目单；让孩子自己邀请客人；和孩子一起去购物中心准备所需物品；让孩子给小朋友分派任务；让孩子自己当主持人。

- 如果孩子有唱歌或器乐方面的特长，可专门为他们举办“个人音乐会”或“联欢会”，给他们一个表现的舞台。

- 如果孩子喜欢画画，为孩子举办画展。

- 如果孩子有其他突出的特长，还可以让孩子“招生”开办培训班，让孩子自己当教练，自己组织一场汇报演出。

- 对于喜欢冒险的1号孩子，运动前的防护工作相当重要。家长可跟孩子制定活动规则，违反规则取消其活动资格。

5. 针对孩子因“爱憎分明”引发的情绪化

- 和孩子做朋友，多听孩子谈听闻和感受，在孩子没有原则性错误时，尽可能认同孩子的想法和感受。

- 多跟孩子谈谈他的各科老师，如果孩子对某老师有意见或不满，了解具体情况，不要强硬阻止孩子或否定孩子，听孩子说话和理解孩子最重要。

6. 针对孩子好强不认输

- 通过故事、新闻事件等方式，让孩子懂得“山外有山，人外有人”，没有人可以永远第一，要允许自己失败。只有在挫折中站起来的孩子，才能真正地成为“王者”。

- “激将法”对争强好胜的1号孩子相当有效。

7. 针对孩子以自我为中心，合作能力差

- 让孩子学会分享。经常让孩子与小伙伴分享玩具、食物、学习用具。

让孩子在分享中获得快乐。

- 经常让孩子参加团队活动，如集体游戏和团体竞技，让孩子在游戏中体会到互相配合、互相帮助的乐趣。
- 培养孩子“任何问题向内找原因，不向外推诿”的思维习惯，做错事怪自己不怪别人。
- 教会孩子制定各种游戏规则，如通过竞猜、掰手腕等方式获取“职位”或进行排序，让孩子在竞争中避免冲突的发生。

8. 针对孩子缺乏耐心、急躁冒失

- 经常和孩子下棋。
- 让孩子玩复杂的拼图，堆高难度的积木。
- 学习绘画、练习书法等等。

9. 针对孩子任性不听管教

- 多给孩子讲历史故事，让他们“以史为鉴”。
- 让孩子照顾比自己小的孩子，采用“角色扮演法”让孩子发现任性不一定行得通，同时了解任性给人的感受。
- 通过“得失因果”、“奖罚分明”来阻止孩子任性。做什么事都让孩子知道做好了有什么好处或有何奖励，做错了会有什么坏处或会受到什么处罚，孩子就会认真对待自己的每一次情绪发作。
- 即使是玩游戏也不允许孩子耍赖。
- 必须接受孩子的要求时，起码要等一个星期后。
- 当孩子以“他们都那样做”来为自己的行为找依据时，家长应以“也有人那样做”来堵住孩子。
- 拒绝孩子态度要坚决。
- 拒绝孩子的要求时不要找借口搪塞，应提出接受要求的条件。比如：完成了作业才可以看电视；中午睡一小时，下午就可以去游泳。

1号擅长和喜欢的领域

1号孩子成年后在事业创建方面有极大的主动性，他们雄心勃勃、充满能量和超强的组织领导天赋，使其有非常大的机会走上领导的位置。他们不惧怕竞争，是敢于开拓的企业家。当他们天生的领导能力和权威感获得发挥，便能激励很多人跟随前进。

他们所热爱的职业通常是军人、政治家、评论家、探险家、记者、公众人物；任何允许独立完成，具有创意性、领导性与打破陈规性质的工作，如导演、发明家、制作人、策划人、设计师、销售等都适合1号人。

1号生日组合解读

1/1：（1日出生的1号孩子）
1：代表创造与独立

1日出生的1号孩子，1号人的特质比较明显，他们做事相对理性，也有坚强的意志，认真而独立，还具备发明创造的天赋。1/1号孩子还有超强的解决问题的能力和坚决不服输的精神，只要是他承诺了家长或老师要做的事情就不会轻言放弃。这也是最在乎面子的1号孩子。

长大后，喜欢组织和建构事情，也通常会成为很出色的领导型人才。不论在家中或是工作场所都是发号施令的人。他们通常好学不倦，而且非常重视教育。他们通常会因为过度重视结构而照本宣科，因此自缚手脚。此外，应该注意的是，他们对挫折感的忍受度很低，应该适当地从事一些规律而温和的运动。

10/1：（10日出生的1号孩子）
1：代表创造与独立
0：代表内在与禀赋

10日出生的孩子比1日出生的孩子个性上会更柔和、圆滑一些。多了一些“弹性”，少了一些尖锐，兴趣也较之更为广泛，喜欢引人注目，还会多一些创意，艺术气息也比较浓。在小朋友中，10日出生的孩子所作的决定都很能赢得大家的信任。

长大后，10 日出生的人没有双重标准，对自己、对别人都是一样地严格，没有回旋的余地。他们不会在观点上妥协，也不习惯拣好听话说甜言蜜语。对他们而言，事情是怎么样就是怎么样，要或不要，随便你。

10 日出生的人有勇气做自己，并且会努力使心中的计划及构想开花结果。虽然他们不怕招致对立，也不怕为自己的生活奋斗，可是除非别人先发难，不然他们不会主动与人发生冲突。他们做任何事情都不会冒冒失失，对他们而言，勇气是一种道德上的坚持。

19/10/1：（19 日出生的 1 号孩子）

1：代表创造与独立

9：代表正直与智慧

这是一个能量强的 1 号组合，青少年时期，无论是学业还是课外活动都很出色。他们拥有双重性格，独立而坚强，一般是伙伴中的孩子王，他们做事目标明确，不喜欢听家长老师的命令和指挥，喜欢标新立异，有时会有一言堂的倾向。

当你一旦成为了他们的“死党”，你就会发现他们内心充满爱，乐于付出，不但对小伙伴们好，也会考虑大家的利益。他们就像小天使，心中充满爱意，就像电视中的“奥特曼”一样想拯救整个世界，为小伙伴们谋幸福。他们对自己喜欢的人会悉心照顾，但内心也常常矛盾，因此家长和老师要让他们明白内心不平静的原因，否则他们常常会无所适从，很难体会到开心与幸福的感觉。

28/10/1：（28 日出生的 1 号孩子）

2：代表合作与平衡

8：代表因果与掌控

1：代表创造与独立

这是最好相处的 1 号孩子，他们感情丰富而多变，在意伙伴和同学的评价，在生活中，喜欢行侠仗义，视伙伴为“死党”，和他们在一起会非常舒服。

他们平时自信而又敏感，尤其在学习成绩和各种竞赛面前，他们喜欢竞争，喜欢在大平台、大舞台上展现自己。所以，只要他们肯努力，想名列前茅一点都不难。但要注意，在学习和成长中要像在生活中一样，多照顾小伙伴的感受，这样个人的成长才会更加迅速。

他们的双重性格也很明显，在学校和生活中完全是两个不同的孩子，他们一方面独立自主，另一方面会非常依赖家长和朋友。

1号名人堂

性感女神玛丽·莲梦露：生于1926年6月1日；
中国摇滚教父崔健：生于1961年8月1日；
杂交水稻之父袁隆平：生于1930年9月1日；
杰出的画家和美术教育家徐悲鸿：生于1895年7月19日；
美国第42任总统克林顿：生于1946年8月19日；
美国微软公司的董事长比尔·盖茨：生于1955年10月28日。

第三章　2号孩子

上善若水利万物——宰相之才

（每月2日、11日、20日、29日出生的人）

关键词： 和谐友好、易于合作、善于协调、注重细节、有风度、优柔寡断

2 号孩子的剪影

拥有 2 号孩子的家长是十分幸福的。

2 号的孩子敏感细腻、观察入微、温文尔雅。

2 号的孩子充满了柔性的能量，他们带给这个世界的是和平、友爱。

2 号的孩子拥有包容和体贴之心，他们人缘好，善于合作。

2 号的孩子往往拥有非凡的艺术天赋，如果得到家长和老师的联手开发，一旦才华得到施展，他们便将成为艺术舞台上一颗闪亮的明星。

要想记住 2 号孩子的特性就请记住下面这些人物：

著名主持人崔永元：生于 1963 年 2 月 20 日

著名主持人白岩松：生于 1968 年 8 月 20 日

流行音乐之王迈克尔·杰克逊：生于 1958 年 8 月 29 日

2 号孩子的性格特征

敏感、害羞、内敛的小家伙

人们喜欢用水来比喻 2 号孩子。

水有什么特点？扔进一块小小的石块，就溅起一片水花，甚至微风吹过，也会泛起层层涟漪。

就是说，2 号的小家伙像水一样敏感。而“敏感”又派生出“内敛”和“腼腆”。

20 世纪 40 年代红得发紫的“超级明星”，“好莱坞第一夫人”英格丽·褒曼（1915 年 8 月 29 日）称自己是“有史以来最害羞的人”，“假如有人问我叫什么名字，我的面孔会涨得通红。在学校上课时，我明明知道许多正确的答案，但就是不肯回答。因为我讲一句话就会结结巴巴。”

最有意思的是，褒曼还发现“许多男女演员都是这样——极其羞于见人。”不奇怪，因为许多艺术家都是属于这一类型的2号人物。

世界巨星迈克尔·杰克逊就是最最典型的2号人物。可以说他就是2号人物的标本。

迈克尔·杰克逊生性敏感、腼腆。

杰克逊在接受记者采访时谈到小时候父亲对他们的严厉管教，竟然在电视镜头前嚎啕大哭。同样受到父亲严厉管教的其他兄弟可能在不断成长中逐渐淡忘，但杰克逊却无法释怀，因为他是一个2号孩子，他的内心是那么敏感。

“虽然全世界看到的是一位充满活力的青年歌唱家——他在舞台上热情洋溢、大胆自信——生活中的杰克逊却是一位既羞涩、又腼腆的年轻人。”书中这样评论他。

“敏感”还给2号派生出另一个特质——“内敛”。

“杰克逊在舞台上虽说开朗大方，但是，他仍是一个害羞的孩子，虽然他崇拜那些黑人明星，而他现在又能定期在那里看见他们——他们的服装间离他的服装间仅有几步之遥——但是，杰克逊却很少作自我引荐。”内敛的性格让他本能地压抑自己。

“当液压操作的麦克风在演出结束时缓缓消失进地板时，杰克逊居然羞怯得不敢去问别人麦克风怎么下去的。而好奇心又驱使他按自己的方法走下楼梯，穿过老剧院那肮脏的地下室，去寻找麦克风的栖身之地。”那次探险他差点摔了个狗吃屎。

大多数人成长过程中必定遇见的“粉刺”，却让杰克逊一辈子也无法忘却。

“粉刺使我变得郁郁寡欢，我开始下意识地抵触起一切东西来。因为气色欠佳，我变得很害羞，见到人时很窘迫。真的，好像我越是拼命地照镜子，那些粉刺就蔓延得越快。我的外貌使我情绪低沉，我亲身体会到，长粉刺对一个人来说是一个很沉重的打击。这种打击对我是如此之大，甚至搅乱了我的全部生活。我和别人讲话时不敢直视人家，而是把头低下去，或者转向一边。我觉得我没有什么可以引以为荣的资本，甚至我都不想迈出房间一步。我什么也不去做。”

最令杰克逊想不通的就是“我哥哥马龙也长了很多粉刺，可他毫不在乎。但我还是不想见任何人，不想让任何人看到我的皮肤是那个样子。你一定会大惑不解，是什么使得我们兄弟俩有着如此巨大的差别呢?”

“是什么使得我们兄弟俩有着如此巨大的差别呢?”是出生日期，因为杰克逊是2号孩子。

有一段时间，杰克逊和著名电影演员简·方达的父亲亨利（《金色池塘》主演之一）成了忘年交，这位年轻的歌唱家能够和年老的表演家过从甚密，是因为他们互相之间“找到了同宗血脉关系”。所谓“同宗血脉关系”就是指他们有着“非常相同的个性特质”。简·方达说：“爸爸一生也困苦于腼腆，他只有躲在角色的后面才真正感到安适。与他人待在一起，他才感到轻松。这点和杰克逊太相像了。”

敏感与脆弱是一对孪生子，形影不离。

简·方达说：“有时候，杰克逊常使我想起受伤的轻伤员。他生性极端脆弱，我常想，单是生活，与人结交，这就够艰难的了，更不用说还要为世界去担忧。”

凯瑟琳·赫本，这位幽居独处的著名女演员也被杰克逊的脆弱迷住了，并成了这位初露头角的演员的业余艺术指导。

脆弱在艺术中竟然是美好的，是艺术中美的一部分，如同忧郁。但是如果你的孩子没有打算做一个艺术家，那么你还是让你的孩子与忧郁和脆弱保持距离为妙。

和平“小天使”

“平和”、“体谅”是2号孩子的标签。

2号孩子从小就爱好和平。即使到了爱冲动的青少年时期，他们也不会主动和家人或者朋友发生冲突，更不是那种“用拳头解决问题”的孩子。相反，一旦家庭气氛紧张或者周围的孩子发生矛盾，2号孩子就会站出来做“协调员”，他们害怕冲突发生，总希望家中的每个人都能和平共处，也希望身边的小朋友友好相处。

如果2号出生在一个各执己见、吵闹不休的家庭，他们将不得不学习怎样让家人倾听自己的声音，真正是一个“和平小天使”。

2号孩子从小就和家长、兄弟姐妹保持亲密关系。他们天生就懂得和颜悦色比尖刻的言辞更有力量。因此，他们是哄家长高兴的高手。当然，如果他们想惹家长生气的话，也特别知道怎样做。他们天生就有探知人心、感同身受的特质。

杰克逊就是一个典型的“和平天使”。

有一次，他们让两帮敌对团伙来拍摄 MTV，这两个团伙都有过暴力史，杰克逊让他们和职业舞蹈演员混在一起表演。然而，在拍片的这段时间里，他们之间，以及他们和杰克逊之间，都相处得十分友好。“他们和杰克逊聊天，而且常把礼物送到他的汽车活动房里。杰克逊则同这些街头帮派们照相留念，为他们的父母亲笔签名，甚至亲吻他们的女友。”

那年，杰克逊的妈妈向他父亲提出离婚。这对于他们的家庭是超级大风暴。“然而，有关杰克逊家一举一动的消息，都由杰克逊严密把守着，不让外人知道。他的第一个工程计划，便是在他的指挥下，把在恩西诺的家修葺一新。这个家在人们的心目中仍然是杰克逊家族的中心。”然后，他费尽心思讨好母亲。

2 号孩子在学校也喜欢与小伙伴和谐相处，并能轻易赢得其他小伙伴的信任。他们基本不会主动与小朋友闹别扭或引发冲突，也不希望见到别人产生矛盾和激战。所以，很小的时候，他们就会调解小朋友之间的复杂关系，能和性格各异的小伙伴打成一片。

人缘好，常常“委曲求全”

水有一个特点：遇方则方，遇圆则圆。

2 号的孩子像水一样善于“迁就”。

一位作家曾经说过：“谁会不爱一个平和的心灵，一个心若止水、不愠不火的生命?”

“温和”使 2 号孩子有很好的人缘。他们总是很有礼貌，让人喜欢。他们很懂得要给别人面子，并能站在他人的角度考虑问题。当然，“迁就”并非“软弱”，而是天性使然。他们善于接纳别人，很少挑剔。

“杰克逊是位伶俐的小弟弟，他喜欢画画，喜欢和他的大哥哥们在一起，分享家庭的快乐。”

同样属于 2 号的邓丽君（1953 年 1 月 29 日）的介绍词就有这些：亲切、诚实、天真、坚强、爱心、随和。

同样属于 2 号人的白岩松（1968 年 8 月 20 日）得到这样的评价：“容易调动人的感情，让人感受到真挚的友情，甚至有时候很容易就冰释了工作中可能产生的磨擦和冲突。”

2 号的人不愿看到任何一方受到伤害，总想着让所有人满意，担心作出任何决定都会得罪人，或者伤害到某个人的感情。因此，他们很难斩钉截铁地提出自己的主张，常常显得优柔寡断。同时，他们常常因一心顺从周围的人而隐藏了自己的感受，这就导致别的伙伴很容易忽略他们的感受，于是，“心太软”常常成为 2 号受伤的主因。

杰克逊就是一个常常为顾全大局，谅解别人，而自己却深深受伤的人。

在 1976 年和 1977 年期间，媒体说他和歌手兼作曲家克利夫顿·戴维斯搞同性恋，甚至传言他正在做变性手术。

这些恶意的流言蜚语令人气愤，换了许多明星会暴跳如雷。但是，杰克逊把这看做是作为名人所要付出的代价，他对记者说：“我心里明白这是假的，所以，并不在乎。我的歌迷中有许多人是同性恋者，这我一点也不介意。”

1993 年、2003 年那两场震惊世界的娈童案，其实也是杰克逊“好心没好报”的结果。两个曾经由于他的善良来到他身边的孩子，在利欲熏心的父母指使下，诬陷了他！这两场案子，都有大量的证据可以证明他的清白！

“孩子是不会骗人的。”杰克逊坚信。果然后来真相大白。

受到深深伤害的杰克逊并没有停止他的善举，他一如既往关心受苦受难的少年儿童。

对于 2 号来说，没有什么是不能退让的，因为他们的职责就是维护和平，就是让一切圆满。

许多时候，为了获得一个圆融美满的人际关系，2 号孩子经常委屈自己。他们之所以这样做，大多是为了亲情、友情。

这是一个母亲讲的故事：

我们姐妹三人家里生的都是男孩，而且三个孩子年纪相仿。我们发现，另外两个孩子一碰面就会“刀光剑影”，而我的孩子一旦加入进去，便是一片“和平景象”。按理说，人多“战事”多，我知道那是我的儿子海涛起到了“双面胶”的作用。

有一天晚上，我让海涛换睡衣，他说什么也不肯换，我一把抓住他的胳膊，才发现他受伤了，上面青一块，紫一块的。在我的逼问下，海涛才说出实情：两个哥哥欺负了他。

我说："你为什么不告诉我呢?"

"一点小误会，都说开了。"

果然，第二天两个哥哥又来找他玩了。

海涛就是一个29日出生的2号孩子。

面对这样的"事件"，家长一定要理解孩子，不要打击他们，更不要向他们灌输"人善被人欺，马善被人骑"的负面观点。如果家长得理不饶人，扯着孩子去讨说法，这对2号孩子来说是一种极大的伤害。2号孩子细腻透明，五彩的童心是需要家长精心呵护的。家长要做的是鼓励孩子的包容心，同时提醒孩子不要让自己受意外伤害就可以了。要知道，"吃亏是福"是中国古语中不朽的名言，如果依天性而言，这也正是许多2号孩子长大后在社会上比别人成功的根本原因。

2号的孩子从小就善解人意，与他人合作，愿意倾听的特质让他们获得很多朋友。

杰克逊之所以能成为天王巨星，与他的合作能力不无关系。因为他好相处，许多音乐人都愿意与他合作，跟他合作后都有留下非常好的印象。音乐人弗雷迪·佩伦回忆说："我常让他来试唱，到结束时，歌已经唱得相当好了，他的演唱水平提高了不少。我常让他再回到开头，这样循环往复。开初，歌的开头较好，然后，他不断地练，尾声又比开头部分更好了，每前进一步，他都很出色。"

2号孩子目光敏锐，心眼活络，他们总是能够用心倾听家长、老师、同学的心声。有别于1号孩子领导者的特质，2号孩子在团队中通常都是追随者的角色。他们善于协调和发挥别人的特长，一如古代的宰相。他们刚柔并济的性格使他们能够顺畅妥善地处理各种情况，也受到各种性格的人的喜欢。所以，2号孩子培养得好的话，将来必能成就一番大的事业。

天生的"外交家"

水还代表给予和接受。所以，2号孩子还是一个慷慨的馈赠者。

2号孩子对金钱不十分看重，对朋友也很大方，为此他们很容易得到他人的好感。也因此，2号孩子天生就具备了"外交家"的潜质。

杰克逊就是那种为了爱和友情不在乎钱的小家伙。

“当Rebbie从高中毕业的时候，他（杰克逊）在街角的商店给她买了一瓶指甲油。他也经常买些小礼物去送邻居的孩子。”要知道，那时杰克逊还是一个小不点，身上的零用钱少得可怜。

下面这个故事才让人爱得要死。

杰克逊刚上小学的时候，很得宠。“她们（女老师们）对我总是很和蔼，而且，她们都喜欢我……每次我从一个年级升到下一个年级，她们都会流着眼泪拥抱我，说她们是多么不愿意让我离开她们的班。”老师们的爱把小杰克逊感动得一塌糊涂，“为了证明我是多么的热爱她们和那所学校，现在我必须做些什么，以回报我得到的爱。”“我对我的老师爱得这样狂热，甚至偷出妈妈的首饰，把它们当做礼物送给老师。她们非常感动，可久而久之妈妈发现了这一切，我的这种举动也便宣告结束了。”

杰克逊的这些“劣行”得到了证实。杰克逊的妈妈回忆说：“他太慷慨了，有时实在过了头。一次，当他2年级的时候，我找不到我的一个首饰了。‘你们看到我的手镯了吗?’我最后问我的孩子们。Michael若无其事地说：‘我把它拿去送我的老师了。’我并没有惩罚他，因为我觉得懂得给予是好的，但我告诉他不要再这样做了。可Michael并不听话，于是我更多的珠宝不见了。他也在寻觅我妈妈（杰克逊外婆）的珠宝和纪念品。”

真是一个“偷心”高手，这样的孩子谁不爱呢。所以家长要让孩子学会给予。

杰克逊妈妈真的做得太好了，让孩子“懂得给予是好的”。中国的“舍得”两字就说明了这个道理，“舍”就是“给予”，“给予”了就会有“得到”，得到爱，得到友情，得到帮助。

此外，2号孩子协调能力也很好。和谐、理解的特质，让2号人成为最佳的调停人和仲裁者。他们是天生的谈判家，善于让人们一起坐下来，达成和解，寻求合作，而不是挑起争端。

你无法想象，才十几岁的杰克逊，敏感内敛的杰克逊，感情丰富的杰克逊竟然出面解决了五人乐队历史上一个最重大的事件。

杰克逊的大哥，他最亲密的杰梅恩，成为大青年后，和他们五人乐队的“老板”——摩城公司的大当家的女儿结了婚。本来这是一桩大好事，但当乐队要与摩城公司宣告分手的时候问题就大了，因为杰梅恩是他们五人乐队的主角之一，他选择哪边都会得罪另一边，都会削减另一边对他的爱。最后杰梅恩做出痛苦抉择，离开五人乐队。老杰克逊当然气得发飙。但杰克逊代表其他兄弟们表明了态度。“他们支持杰梅恩，把他的行动称为独立的‘事业抉择’。他们清楚地表明，他们很爱他，并期望：‘有一天，我们还会站在同一舞台上一起演出。’”没有杰梅恩的第一次演出相当艰难，但在杰克逊的协调组织下，大家都非常卖力，结果演出成功。一场有可能发生的“战争”就这样和平地解决了。

作为2号孩子的家长，我们的任务就是以温柔的方式让他们知道，偶尔的争执在生活中是不可避免的事。让他们意识到，坚持自己的观点和立场并不代表就要和别人“发生冲突”，冷静、温和的方式完全会使事情得到圆满的解决。

有一点需要注意的是，由于受人信赖，大家都喜欢向2号倾吐心声，不知不觉中，2号人就成为了一个信息中心。家长要提醒孩子，得到别人的信赖是相当难得的事情，要学会尊重别人的隐私，懂得保守秘密。否则会伤了朋友感情，还有可能惹出不愉快的事情。

情感丰富，善良、包容、富有同情心

2号孩子心地善良、易被感动，并富有同情心。

2号的白岩松，在工作上极为苛刻，但却时常为一些细微寻常的小事感动不已。他会感动于一张照片、一句话、一个微小的细节，甚至会因此而流泪。有一张照片：在回家的路上，一个农民工母亲咬着方便面，俯身递给怀里的孩子。这张照片让他感动得热泪盈眶。

安徒生（生于1805年4月2日）是丹麦作家、诗人，他因为他的童话故事而闻名，为全世界的孩子带来了欢乐。小安徒生6岁时的那个春天，鹳鸟再次飞来，庭院里的醋栗树重新长起细小的新叶，当听说夏天以后，体弱的小鹳鸟因为无力飞到埃及过冬，会被啄死的时候，他忧愁起来：“让它们到咱们的顶楼上来吧，冬天里我一定会分点东西给它们吃的。”强烈的同情心让美与丑、善良与邪恶的较量贯穿他所创作的所有童话。

迈克尔·杰克逊的善良也是世人皆知的。

杰克逊对孩童有着强烈的同情心。他常常认为成年人往往低估了孩子的理解力。“孩子不仅仅是孩子。”“我认为，他们都是小天才，孩子们有他们自己的秘密，有着永远不会向他人吐露的秘密……”所以，他长期关注受苦受难的儿童。

1981年，他们在亚特兰大奥米尼进行巡回演出的时候，出现了一系列黑人孩子惨遭谋杀的案子，这些悬而未结的案件震惊了全国，也让杰克逊无比震惊。于是杰克逊要求，五人乐队把在此地两场表演的大部分收入，约25万美元全部都捐赠给了亚特兰大的贫苦家庭。

孔雀——这个代表人类之爱的杰克逊个人的徽记，含义是“为了铭记这世界上所有孩子所遭受的苦难”，他从20世纪80年代起就一直在右臂上佩戴这个袖标。

他去各地开演唱会的时候，都会去当地的孤儿院探望孩子们，还给他们带糖果、小礼物什么的，不是很贵重，但是孩子们会喜欢。

有一次，在拍摄现场，围观人群如潮如海，其中有一位跛腿的姑娘，她是为了这生平只有一次的机会前来的，她希望能仔细地看看杰克逊。“杰克逊此时正由此经过，人人都伸出手想够着他”，“她也拼命去够他，但杰克逊没有停步，尽量躲避人群，他向他的汽车活动房走去。不一会儿，杰克逊的一位助手从汽车活动房里走了出来，把这位姑娘带到了杰克逊面前。他俩独自坐在一起聊了很长时间，姑娘得到了一本杰克逊五人乐队的影集，杰克逊在每张照片上都签上了自己的名字。我从没见过比这位姑娘更幸福的人了。”

在他的私人豪华庄园——梦幻庄园中，每隔一段时间，各个慈善机构就会送100名孩子到庄园里，这些孩子大多生着重病，甚至身患绝症。杰克逊会陪他们玩，打水仗、蹦极、看电影。

水代表情感。情感丰富，感情细腻也是2号孩子的一大特质。

情感丰富的2号孩子在小时候比较容易用哭泣来解决问题。

2号标本杰克逊自然也是这样一个孩子。他的一个兄弟说，

当妈妈让他去做家务事他不愿意做的时候，他就犯嘀咕。“你说什么?”妈妈问，同时挑起了眉毛。杰克逊不回答。“过来吧，小家伙!”妈妈命令道。接着好戏就开演了。杰克逊哭着回到卧室，妈妈在后面追赶他。他就自己钻到床垫底下。妈妈想把他拽出来，但是不行。其他兄弟也不行。她得等他自己出来。半个小时甚至更长的时间过去了。最后，杰克逊自己从床底下钻了出来。把身上弄得脏脏的，继续在客厅瞎逛。有时妈妈已经都忘了他犯错了。

2号小家伙的家长是不是在迈克尔·杰克逊身上看到自己孩子的影子了?

制作人昆西·琼斯回忆道:“每当唱到‘我故地重游’(她已离我而去)时,杰克逊总是泣不成声。我对他说,咱们两周后再来录吧,或许那时你不会哭得这么厉害。再录时,他还是泪盈满眶……于是,只好就这样留在了唱片里。”

感情丰富的2号孩子有时的确让家长头痛。比如,2号孩子住校的话,他们会一边伤心地流着眼泪,一边写长长的家书。他们还会饿着肚子给远方的家长打长途电话。这些都是2号孩子入校之初每日的必修课。另外,他们大都是“宅男宅女”,轻易不踏出校门,终日躲在自己的小床上自娱自乐。对于这样的孩子,家长需要给予相当多的关注和照顾,他们的自我发展才会比较稳定。

对于情感善变的2号孩子,家长要做一个细心人,平日多关注他们,要顺着他们的性子去做。只要孩子感觉到你接受他们,而他们永远有你可以依靠,他们就会信赖你,就愿意把心里话掏出来给你听。

另外,有一个细节家长很需要记住。孩子哭泣的时候不要急着和孩子说话,等他们停止哭泣、安静下来,再引导他们说出自己的感受。

2号孩子的读书方式是形象记忆型的。感情丰富的他们文科方面的表现经常胜人一筹,他们最喜欢语文、历史和法律等科目,但他们在数、理方面就会比一般人逊色。因此,在考试时,如何提高数理科的分数,是2号孩子能否金榜题名的关键。另外,他们对周围的人或学习环境相当敏感,只要气氛有点不对头,他们的学习能力和效果马上就会降低。若是气氛好了,他们会比一般人学得更加来劲儿。

当2号孩子长大以后,家长会发现他们有着良好的观察力,这个特质其实就来自他们良好的记忆力。2号孩子天生记忆力特别好,尤其是对一些精微的细节。

2号孩子有着超群的直觉。这也是这个类型的人中艺术家特别多的原因之一。

迈克尔·杰克逊就是一个靠直觉判断事物和作决策的人,他曾多次谈到过自己的“直觉”。

有一次,他对负责旅程事务的经理说:“在我唱那支歌之前,让我到台边去一下,把合唱专辑封面照片中我戴的那顶帽子拿来。如果观众看到我戴着那顶帽子,他们一定会兴奋得发狂的。”杰克逊以前看到过一个歌唱家在唱歌时随手戴上一顶帽子,让观众们如痴如狂。“但是经理觉得这是他听到过的最荒唐可笑的想法。他没有允许我那样做，因为我年纪小。事后不久，唐尼·奥斯蒙德在全国各地演出时开始戴一顶类似的帽子，人们对它简直喜欢得不行。我对自己的直觉很满意，我想到过它会产生什么效果。”杰克逊这一次对自己的直觉甚感自豪，但对他的直觉被别人否定却耿耿于怀，他称之为“一次小小的冲突”。

还有，那年他们要离开最早把他们变成巨星的摩城公司，15岁的杰克逊是态度最坚定的一个。他之所以如此坚决，也是因为他的直觉告诉他，是时候了。“我知道到了改变的时候了，因此我们就按直觉行事；当我们决定找另一家公司来尝试一个新的开端时，我们赢了。”

不得不承认，2号人的直觉相当神奇。

由于他们有很好的直觉，所以考试的时候，2号孩子喜欢猜题或猜答案。因此，家长要让孩子明白，太过讲求感觉而不在乎逻辑的思索，只会让他们学的东西不深刻、不扎实。当然，生活中有时不要完全否定孩子凭直觉产生的观点和意见，否则他们会像小杰克逊一样认为你太粗暴，或许会为此记忆你一辈子。

想象力丰富的2号孩子耳朵异常灵敏，对待文字也很敏感。所以，2号孩子对音乐与文字有特别的鉴赏力，如果用心栽培，使他们的写作或音乐方面的能量充分发挥出来，说不准什么时候你们家就会冒出一个知名作家或作曲家。

杰克逊在没有经过专业训练的情况下自己写歌词作曲。佩伦说：“我从没见他写过歌，但是心里始终清楚，他能够写。”“歌曲创作往往需要某些天分，我能看得出，杰克逊具有这种天分。”

杰克逊就是凭着自己的天分创作出大批让歌迷疯狂的靓歌。当然这与杰克逊父亲的培养也分不开，他父亲一直鼓励他们创作歌曲，很早的时候就在家里专门设置了一间房子供他们写作，这种氛围对激发创作灵感很有益处。

2号的孩子因为敏感和细腻，所以他们天生就喜欢关注细节。

杰克逊的梦幻庄园里有一个电影院，建造电影院时，杰克逊要求，在正对着屏幕的墙上，有一个入墙病房，需要输液或者由于病情不能坐在电影院椅子上的孩子，可以在入墙病房里的床上躺着看电影，病床还可以调整角度。细致到这个地步，不是真心关心孩子们的人是绝对想不到的！

杰克逊还非常注意他在公众和新闻界的形象。那与众不同的“迈克尔·杰克逊形象”——一种不同于整个乐队的形象，都是他对细枝末节精心修饰的结果。一旦在公共场所出现了不可接受的照片，杰克逊便表现出少有的气愤，就要过问是谁出的岔子。

2 号人的敏感常给他们自己带来太多的麻烦，也因此，2 号人经常无意识地寻求保护，寻找一个可遵循的法则或可效仿的典范。总之，2 号人感情真挚、坦诚，但性格却比较脆弱，为此他们经常忧心忡忡，也因此，他们即便长大之后，也始终和家庭，尤其是和母亲保持着密切的关系。

天才艺术家

敏感细腻的 2 号人极具艺术天赋。翻开中外历史，你会发现许多诗人、作家、画家、戏剧家和音乐家都是生日数为 2 号的人。

2 号的迈克尔·杰克逊无疑是一个音乐天才。

据杰克逊母亲回忆："最先令我发现杰克逊不是个普通的孩子是在 1960 年。我站在洗衣机旁，查看负荷，当我回头时，我发现我那只有裙角那么高的一岁半的儿子，拿着一个婴儿瓶在跳舞，这么小的杰克逊舞蹈天赋就开始显现出来，节奏就和洗衣机发出的吱吱声一样。稍大些，他看电视上'第一灵魂兄弟'的表演，便学会了其标志性的旋转和扭转，然后在客厅里完美地模仿起来。"

1965 年五人乐队在加里市的才能竞赛中表演时，杰克逊就开始为大家设计舞蹈动作……他做了个很新鲜和有型的舞步，以至于他的哥哥们都互相看着对方，摇着头，不敢相信。

他的一个兄弟这样评论："杰克逊，你还是个孩子，我总是在想，你却是给我们下命令的那个。""他的唱歌和跳舞就是不属于正常的小孩子的东西了。"

杰克逊自己也这么说："我一张口唱歌，他们就开始静静地倾听，那时我用童声模仿着别人的声音唱。我是那么小，好多歌词我都不明白是什么意思，但我唱得越多，知道的也便越多。在跳舞方面，我则总是无师自通懂得该怎样跳。"

不可否认，杰克逊的成就主要来自他的天赋。

这种与生俱来的天赋被他父母亲发现，父母大胆地给了他机会，然后想方设法给他挖掘出一个更大的舞台，他就成功了。

除此之外，2 号小家伙在绘画、文学、电影方面也很有潜质。

20 日出生的崔永元除了主持节目幽默睿智，他还有许多艺术方面的爱好。小提琴、扬琴、吉他、书法、连环画。崔永元没当过演员，但他对电影情有独钟，以至于在2004年他开辟了新栏目《电影传奇》。据说，这个栏目是他“积数年心血创制”，内容涉及150部老电影。崔永元在节目中既是主持人，又是主要演员，既讲故事又演故事。《电影传奇》在洛杉矶和朝鲜平壤获得国际大奖，可见崔永元的艺术水准相当高。后来，他又监制推出了老电影歌曲联唱专辑《宁死不屈》。

2号小家伙就像一块璞玉，可以雕琢成世界上最美的艺术品。也就是说，有艺术天才，还要有后天的培养。杰克逊就非常幸运，自小到大一直得到一双双慧眼的眷顾，并得到许多高人的指引。

首先，杰克逊的妈妈有着伯乐的功劳。“是她第一个发现了我们的才能，并继续帮我们发掘潜力。无法想象，要是没有她的爱和完美的幽默感，我们怎么能做到眼前这一切。”杰克逊说。

“不久爸爸推荐我们参加了能手大赛。他是一个好教练，把自己的很多时间和钱都花在我们的排练上。才能是上帝赐给人的，然而教会我们如何去培养这种才能的却是爸爸。”

“爸爸给我们排练完，就去看当地的演出，甚至一路驱车去芝加哥看节目。他总是在留意那些能使我们在这条路上不断走下去的东西。他一回家就和我们讲他的见闻，讲什么人在演出什么节目。他脑子里装着所有最新的信息，无论是我们可以参加的当地剧院举办的比赛，还是‘明星车队’汇演中我们可以借鉴的精彩表演、服装和动作，应有尽有。”

世界要感谢杰克逊的父亲，是他给这个世界制造了一个神话。

“千万不能忘记，是上帝给予了你这般天才。”这是著名的节目主持人埃德对杰克逊说的一句话。这既是一种褒奖，也是一个警告，让杰克逊铭记一辈子。这句话对每一个2号孩子都很适用。

“上帝给予你的”你要好好珍爱，否则100分的天才，最后却成为0分。

2号孩子的教育课题

独立能力差，依赖性太强

“智者乐水”、“上善若水”、“水滴石穿”，从水的特质里我们可以看到2

号孩子的美好和力量。

2 号孩子可塑性非常强，能量也很大，借用阿基米得最著名的杠杆理论的话说："如果给孩子一个支点，他可以撬动整个世界。"家长一定要用心培养，否则枉费了上天的赋予。

2 号孩子最大的问题就是独立能力差，依赖性太强。这是由 2 号的特质决定的。

2 号孩子天生就有一种"恋母情结"，他们喜欢妈妈，喜欢和妈妈黏在一起。长大后对妈妈一往情深，尽量做一些让妈妈高兴的事。妈妈高兴他们心里就得到很大的宽慰。

1982 年，杰克逊的母亲凯瑟琳和他父亲闹离婚，杰克逊做的第一件事就是翻修他家的房子。"我一直想为我母亲做这件事。"杰克逊说，"她热爱家庭，热爱万事万物。感情和力量驱使我做这些事情。我觉得，还没到我该搬出这个家的时候。在家里，我还有许多事想做。如果现在就搬出，我定会孤寂得要命。"

了解杰克逊的朋友们不会奇怪，翻修房子的壮举是为了取悦他母亲。父亲乔因管理孩子们的演出事宜一直在社会上奔忙，所以，对杰克逊的个人成长产生最大影响的是凯瑟琳·杰克逊。"在杰克逊身上所能见到的宽厚和恭顺，都直接来自他母亲。"斯蒂夫·曼宁说。杰克逊家的朋友和事业上的伙伴希尔利·布鲁克斯说："她对她的宗教信仰笃信不移，杰克逊也如此，并且获益匪浅。杰克逊的道德基础有些就来自于此。他和他母亲一同出席在道奇尔体育场举行的耶和华见证教每年的盛大聚会。"他和母亲的关系亲密无间。

2 号孩子在儿童时期很会讨好别人，假如家长稍有不悦的情绪，他们马上就不哭不闹，也不再要求自己想要的东西。长大一点后，他们仍然乖巧听话，平时他们像个"小大人儿"，善解人意。

但是，爱家顾家的 2 号孩子依赖性很强，他们天生就需要家人的关心和爱，他们做任何事情总想要有人陪伴。他们不喜欢独自一个人玩耍，如果把他放到一个陌生的环境更是一件困难的事情。上学以后，写作业也需要家长的陪伴。身边好像永远离不开人似的。很小时，他们就会想出很多办法和家长在一起。他们性格当中还有非常拘谨的一面，一般不愿意对所遇到的事情作出决定，倒是喜欢家长来给他们做主。

2 号孩子心里总是在说："如果大家能陪着我，我就满足了。"

有一个叫彬彬的孩子，是一个 20 日出生的 2 号孩子。8 岁那年，他妈妈承包了一个装修项目，那个项目在深圳，所以在北京的她需要经常去深圳，有时一去就好几天，有时甚至要住在那里一段时间。妈妈每次要出差的时候，彬彬都会一直黏着妈妈，要跟妈妈一起去深圳。

妈妈出差回到家，他就会向妈妈大发脾气，吵闹个没完，要不就抱怨爸爸不关心他，要不就说老师冤枉了他。妈妈又是心痛又是内疚又是无奈。

有一次，他听说妈妈又要出差，便趁妈妈不注意，把妈妈的钱从包里偷了出来，害得妈妈没钱打的士，误了飞机。有时，彬彬闹得不可开交，看到他一副可怜兮兮的样子，妈妈无计可施，只好尽量安排周末出差，带着彬彬一起飞深圳。有时工作还没安排好，为了不影响彬彬的功课，妈妈又赶紧飞回北京，这让当妈妈的心力交瘁。

这个案例中，彬彬的反应确实有些强烈，但这的确又是 2 号孩子最容易出现的一种反应。显然，这是家长在孩子小的时候就没有注意到 2 号孩子这方面的问题，而家长的溺爱更加剧了 2 号孩子的依赖性。

其实，依赖性也是一种习惯，只要家长从小就着手对孩子独立性的培养，2 号的孩子完全可以像别的孩子那样，摆脱依赖，形成独立的人格。

有一个初二年级的女孩子叫婧婧。婧婧是一个 2 号孩子，她的依赖性十分强，加上家长从小娇惯，简直就像水豆腐一样娇嫩十足。婧婧在家听妈妈的话，在学校也是个好孩子，但就是有一个老毛病，折腾得她妈妈不得安生。这个毛病就是，婧婧从小学一年级开始，一考试就发烧。上到初二后，这个毛病更严重，一发起烧来就得送学校医务所或请假回家，结果每次考试都大失水准，学习成绩急剧下降，竟然排到了班里的倒数 15 名，把她妈妈急得夜不能寐。婧婧的妈妈一百个想不通，我们这么努力，为什么孩子会这样？

有一次学校召开家长会，班主任打电话给她妈妈，让她务必来参加家长会，和她一起探讨婧婧出问题的原因，找出解决办法。没想到，婧婧妈妈说："我不能离开，我不在家没人看着她，她就完成不了作业。"一语点醒了老师，原来婧婧的问题是依赖性太强。后来老师了解到，婧婧家长从小对她照顾得比较细致，管得比较周到，包办也很多，婧婧在学习上也是靠家长督促的。比如，婧婧在家一定要妈妈坐在旁边才能专心写作业，她去同学家一定要妈妈陪同，她甚至根本没有自己的主见，打个电话也要请示妈妈，因为她老怕自己做错事。这就造成了婧婧离不开家长，一离开了心里就不踏实，就紧张不安。考试发烧就是没有依靠，心理紧张的一种生理反应。

问题找到了，老师跟婧婧妈妈说："培养孩子的独立性从今天开始，你今天就来参加家长会，让孩子独立完成作业，独自安排剩余的时间，明天我会让她跟我汇报。"

所以，很多问题还是出在家长身上。2 号的家长应该鼓励孩子多结交朋友，多参加社团活动。

2 号孩子的家长一定要把与孩子的关系处理好，与孩子成为亲密朋友相当必要。一方面孩子有安全感，另一方面，孩子对家长的信赖有助于家长与孩子沟通交流，帮助孩子培养良好的习惯。但是，家长一定要掌握好与孩子之间的"距离"，把握好"度"，这样才能既不伤害孩子的感情，又使他增强独立性。总之，对于2 号的孩子，培养独立性相当重要，独立的人格是孩子的立世之本。

崔永元父亲就很注意培养孩子的独立人格。崔永元父亲虽然是高干，但对崔永元进行"开放式"教育，从来没有对他有任何特殊关照。崔永元有一次对记者讲了这样一件事：他读小学三年级的时候，学校组织文艺演出，他很喜欢其中一个群舞《地道战》，但却没能被选上，他闷闷不乐地回到家里，被他父亲发现了。问清楚是这回事后，他父亲尽管和学校很熟，却没有帮他"说情"的意思，而是哈哈一笑，爽朗地说："小小挫折算什么呢？只要你努力，今后有的是机会。"爸爸的笑容融化了崔永元心中的疙瘩，他照样热心地关心着这次演出活动。结果，另一个歌舞节目《行军路上》选中了崔永元，而且要他演主角——指导员。那次演出非常成功。学校演完后，又去了附近的农村和部队演。其中就有他父亲的工程兵团。演出结束时，他父亲作为部队政委上台和小演员一一握手，其中也有崔永元。那次握手是他们父子间唯一的一次正式握手，给崔永元留下了难忘的印象，因为他感到那是一次男人对男人的握手。父亲的手很有力，他感到一种永远的支持和信任，他觉得在父亲的鼓励下走过了一段很长的路，每走一步，他就长大一分。

可以想象，如果当初父亲帮他"说情"，让他轻易如愿，崔永元就不可能获得如此深刻的人生体验。所以，崔永元常常动情地说："我的父亲像太阳，光明磊落；我的母亲像月亮，温柔无边。给我们幼小的心中也注入了光和热，不给一丝阴暗的心理有存身之地。这是一种终身受用不尽的财富。所以我要说，这一生对我最有影响力的是我的父母。"崔永元还说过这样一句话，"他们给了我一双硬实的腿，使我站得很稳，走得不歪。这是我一生事业的基础。"

愿家长们都给孩子一双硬实的腿。

情绪化严重

2号孩子的情绪问题是家长需要特别关注的问题。

2号的孩子在很小的时候就十分的情绪化，他们多愁善感，喜欢浪漫的事物，很容易进入各种角色中。他们常常很难把握自己的情绪发展，阴晴不定。

情绪化过于严重，会影响到孩子的正常发展。一条河里的水流流动过快，会东奔西突失去控制，失去正确的方向。尤其是2号孩子的情绪敏感、情感脆弱。当这种现象过于严重的时候，孩子就会偏激。对待身边的事物、环境就会产生厌恶情绪。孩子情绪好的时候怎么样都行；情绪不好时，天王老子也不放在他们的眼里，这是十分危险的。而反复出现的冷淡、抑郁、悲观、愤怒、暴躁等不良情绪都会成为孩子成长路上的困扰。

情绪控制是情商教育的重要内容，它直接关系孩子成年以后的行为。我们经常会从媒体上看到一些孩子因为不能有效控制自己的情绪而做出的种种极端行为。如果纵容孩子的坏脾气，今天这些事情发生在别人家的孩子身上，明天这种情况就有可能在我们的孩子身上出现。以坏脾气为例，它是一把双刃剑，伤害别人的同时，也会伤害自己。而现在的孩子脾气似乎是真的越来越坏了。这跟我们父母以及爷爷奶奶的娇惯、溺爱不无关系。当孩子第一次为他们不合理的要求躺在地上"耍脾气、闹情绪"的时候，我们家长的迁就就已经为孩子的坏脾气和不稳定情绪的滋生埋下了种子。

对于孩子的坏脾气，家长如果表现出适当的爱心、耐心与关心，让孩子在实践中感知、感受、感悟，最终改变坏脾气也不是一件难事。

以下是一个不少人熟知的外国父亲教育儿子控制情绪的故事，名字叫"栅栏上的钉子"。相信大家阅读后，会得到一些很好的启示。

在纽约州，有一个小男孩总爱发脾气，父亲对此很无奈。一天，他的父亲拿着一大包钉子交给他，并告诉他说："孩子，你以后每次发脾气时，就用锤子在咱们家后院的栅栏上钉一颗钉子，好吗？"孩子不明白父亲的意思，不过还是犹豫着答应了。

第一周，小男孩在栅栏上一共钉了36颗铁钉。又过了几周，孩子开始慢慢地控制他的愤怒情绪，此后在栅栏上钉钉子的数目也在逐渐减少。他发现自己的情绪在慢慢地转变，他把这一切变化告诉了父亲。父亲并没有对他的转变大加赞赏，而是建议他说："如果你能坚持一整天不发脾气，就把钉在栅栏上的钉子拔掉一颗。"小男孩点了点头。

过了一段时间，小男孩竟然把栅栏上所有的钉子都拔掉了。

父亲微笑着拉着他的手来到了栅栏边，意味深长地说："孩子，你做得很好。但是，你看看栅栏上被钉过那么多小孔，已经不是原来的样子了。当你对别人发过脾气后，你的语言就像钉子一样，会在人们的心灵上留下伤疤。这就像拿了把刀扎在了别人的身上，即使刀拔了出来，但伤口还在。其实语言带来的伤害与肉体上的伤害是一样难以愈合的。"

总之，2号孩子的情绪比任何一个其他数字的孩子都敏感，且容易受到伤害，他最需要来自小家庭的温暖和呵护。做家长的就一定要创造温暖浪漫的家庭环境，培养孩子乐观豁达的人生态度。切忌粗暴对待孩子因敏感而反复无常的性格，良好的沟通对于2号孩子的家庭相当重要，一旦孩子出现不良情绪，家长要鼓励孩子说出心里话，了解影响孩子情绪的缘由，有意识地帮助孩子学会控制自己的情绪，让孩子认识到不良情绪的危害，使他们及时从灰色情绪中走出来。逐渐让他们懂得，应该在什么样的场合下表现什么样的情绪，从而做自己情绪的主人。

双重性格

另一点值得家长注意的是，在有些2号孩子的身上，双重性格表现得非常明显。尤其是11日出生的和29日出生的2号孩子。他们有时表现得很依赖，但当外界环境发生重大变化或者压力过大时，一转身又表现得很独立，转眼间前后判若两人，让人难以理解和接受。其实这是受到"2"的影响，因为这个数字也代表双重能量，在某种程度上，它既有"1"的阳刚之力，又有阴柔的一面，表现在孩子身上的变化家长也不必太过惊奇，过一段时间他们会自动恢复正常的。

在生活中，有些2号的孩子还表现出明显的中性特征。

比如：2号的女孩子会表现得比较有阳刚气、霸气、说话直接、雷厉风行。我们熟悉的香港首席女笑星吴君如（1965年8月2日）就是这样的人物，她的嗓门偏中性、很磁性，她不仅仅是影视圈内少见的不顾形象勇于夸张扮丑、极尽搞笑之能事的女星，更重要的是，她以爽朗豪放的幽默风格和个人魅力，立志将“大笑姑婆”路线进行到底，由此赢得“女版周星驰”称号。

相反，2号的男孩子通常会比较柔和些，在逐渐长大后，会非常喜欢照镜子，懂得修饰自己，西装革履，展现出一副气质高雅的形象，很有风流倜傥的文人气质，这也使得很多2号人成为了偶像级的人物。

在日常生活中，家长在不影响他们天性的前提之下，对2号女孩子多灌输一些阴柔的能量，因为，一个女孩，缺少了温柔，会使魅力减色的。对男孩子则多一些阳刚方面的培养。男儿如山，让他们多受点穷、吃些苦，给他们一个开阔包容的胸怀，孩子的人生之路会走得更加稳健。

2号的崔永元之所以能有如此人格魅力和事业成就，与他父亲从小对他的教育和影响有直接的关系。

崔永元出生在一个军人家庭，父亲是团政委。崔永元小时候一直住部队的家属区。父亲所在部队是搞工程的，因为流动性大，营房条件都不好，这样官兵家属来探亲常常没房子住。每当这个时候，崔永元的父母就腾出房子接这些家属到他们家里住，和他们一锅吃饭。家里虽然常常显得很拥挤，但来自全国各地的“亲戚”，让这个家很热闹，很有人情味。

本来2号孩子因为过于敏感细腻，容易变得狭隘、孤僻。而崔永元因为自小在这种“开放”的环境中生活，不知不觉中就受到了很好的情感教育，这不仅锻炼了他与人共处的能力，更让他形成了健康的心理。崔永元从小就跟着父母善待别人，他自己的糖果、小人书总是和“亲戚”们共享。

作为军人，父母有着刚强的性格，但他们同时有着宽容善良的胸怀。曾经有一个女邻居，脾气很坏，常常生事找茬。有一次，崔永元考试考得比她儿子好，她就不舒服了，含沙射影地骂一些难听的话。崔永元的母亲听到了，坦然处之，毫不纠缠，该干什么还干什么。过了几天，那个邻居有事来找她帮忙，她没事一样，照样帮她。时间长了，那邻居也觉得自己心亏了，坏脾气也改了不少。

家长是孩子的第一位老师。父母的言行对崔永元有着潜移默化的作用。在这种环境中成长的崔永元养成了开放、大度、容人的性格。

家教要“教”，但“教”的方式有多种多样，而对于敏感细腻的2号孩子，这种“润物细无声”的身教，是最自然最有效的教育方法。

爱挑剔，爱抱怨

2号孩子拥有一颗柔软的心，他们不愿意看到任何人受到伤害。为了和谐，减少冲突，他们常常隐藏自己的想法。为了博得周围人的好感，他们甚至会丢掉原则，放弃自己的见解，变成一个没有主见，缺乏原则性的人。这往往会成为阻碍他们“更上一层楼”的重要因素。

家长要从小教育孩子，遇事不要退缩，要勇于发表自己的见解。平时，家长要鼓励他们大胆地说出自己的观点。不管孩子说的是对是错，家长都要给予他们充分的信任和鼓励。

家长可常常提醒孩子：与别人的想法有冲突是正常的，关键在于如何与人沟通。家长要让孩子懂得，一味的胆小退缩是解决不了问题的。只有吸纳别人意见，然后按照自己的主张，才能把事情干得漂漂亮亮。有主见的人，才会真正博得别人的好感和尊重。

家长可以从生活入手，家庭中的一些生活琐事，多让孩子出主意、做决定。任何事都与孩子商量，孩子提出的意见要认真对待，只要孩子说得有道理就按孩子说的去做，这样孩子就可得到很大的锻炼。

另外，2号孩子因为敏感细腻，注重细节，致使他们很容易发现问题。他们看问题总是一针见血，而且直言不讳。

2号的崔永元就是“坦诚处世”的人，“崔永元也有心情不舒畅的时候，跟同事也会有矛盾，但他有一个原则，有话当面说出来，绝不会在背后鼓捣。对你有意见，什么事儿看不惯，直接告诉你。”本来，直率、不搞阴谋诡计是很好的品德，但是，说起话来直来直去，往往容易得罪人，许多2号的人常常得罪了人自己却不知道。

因为容易发现问题，2号的人对身边熟悉的亲人朋友也免不了常常抱怨，这就让他们的家长觉得他们难以取悦，周围的人有时也难免不悦。

其实能看到别人看不到的问题是相当难得的天赋，家长只要提醒孩子说话表达注意一下口气和方式就好，不要过多指责和抑制。

要知道2号孩子的身上有一个最大的优点，也是可以解决一切问题的最大的法宝就是“善于倾听和感同身受”。所以，家长只要引导孩子充分发挥自己这方面的优势，就可以轻松地弥补他们的缺点了。

2号孩子教育方法概述

1. 针对孩子太敏感、太细腻

• 带孩子去参观名胜古迹，去游历名山大川。视野开阔了，心胸就开阔。

• 带孩子去博物馆、水族馆或者动物园。

• 和孩子一起看电影。

• 家长经常邀请朋友来聚会，热情对待亲朋好友，友善对待“敌人”。“身教”是最自然、最有效的教育方法，对敏感细腻的2号孩子尤其适用。

2. 针对孩子太善良，常常“委曲求全”

• 对孩子的善良行为和包容之心表示鼓励和支持。

• 如果孩子心甘情愿为朋友受委屈，家长不必出面为孩子讨说法。

• 尊重孩子与孩子之间的约定。

• 让孩子坚信“好人有好报”。

• 经常和孩子进行练习，让孩子掌握“不委曲又求全”的技巧。

3. 针对孩子太在乎“和平”，害怕冲突而不敢坚持自己的立场

• 让孩子懂得，人与人之间，意见不一致，发生冲突是不可避免的事。不必太害怕。

• 让孩子懂得，坚持自己的观点和立场并不代表与别人“发生冲突”。

• 通过练习，让孩子学会以冷静、温和的方式解决矛盾。

4. 针对孩子“收藏”许多朋友的信息

• 平时家长不要在孩子面前谈论别人的隐私，要表现出对别人隐私的尊重。

• 当孩子给家长讲同学或朋友的隐私时，立即制止孩子。提醒他要为朋友保守秘密。

• 告诉孩子，日记可以记下自己想说的话，不过切记要把日记保管好。

5. 针对孩子有艺术天赋

- 让孩子参加各类他们有兴趣的活动或培训，发现孩子的天分。
- 给孩子的艺术爱好提供条件，比如绘画的画架、画板，写作参考书，书法桌等，但不能让孩子感觉来之太易。要给孩子提出条件。
- 把朗读和阅读变成家庭传统。
- 在家里播放高品质和高品位的音乐。
- 鼓励孩子坚持写日记，把孩子精彩的文章整理成书，鼓励孩子向学校广播站和社会上的报纸刊物投稿，通过成就感激发孩子的写作欲望。
- 鼓励孩子积极参加与自己爱好相关的各类活动和竞赛。文艺晚会、合唱团、作文比赛、歌手大赛、书法绘画展等等。
- 把孩子的优秀作品拿去给相关老师修改，让孩子快速找到窍门。

6. 针对孩子数理科成绩较弱

- 经常和孩子下棋。
- 和孩子做一些数学游戏。
- 外出购物让孩子计算价格。
- 外出游玩把找路和记路的任务交给孩子。

7. 针对孩子的依赖性

- 从小培养孩子独自睡觉。让孩子“精神断奶”。
- 避免说孩子是“独子”、“奶奶的宝贝”之类的话。
- 不宜滥用“妈妈错了”、“妈妈不对”之类的话。
- 和孩子一起乘车时，家长应避免对座位太关心。
- 孩子说“好累了，走不动了”时，不宜为孩子拿东西或背、抱孩子，而应立即让孩子休息。
- 向孩子问话，不用“很痛吧”之类的话，而用“不痛吧”之类的话，避免负面的心理暗示。
- 明知孩子碰到困难也假装不知情，让孩子自己解决。
- 等孩子停止哭泣后再听孩子诉说。
- 做“狠心”家长，培养孩子的自理能力：让孩子自己系鞋带、自己调起床闹钟等。
- 让孩子按照自己的喜好布置房间，让孩子自己收拾床铺和房间。
- 安排各种活动时，让孩子自己做主，让孩子安排行程和活动细节，之后和孩子一起进行总结。

- 和孩子保持亲密关系，得到孩子的信赖是帮助和教育孩子的前提。
- 绝不陪孩子做作业，可通过老师配合，让孩子独立完成作业。
- 孩子吵架或打架时，家长应当旁观者。
- 鼓励孩子多结交朋友，参加社团活动。

8. 针对孩子容易发现问题，说话直言不讳

- 培养孩子多听少说。
- 让孩子练习说话前先想三分钟。
- 与孩子一起练习，家长扮演孩子的角色，让孩子扮演“受话者”，把他说得太直的话说给“受话者”听，让他亲身体会“受话者”的感受。

2 号擅长和喜欢的领域

2 号人具有感情丰富、温柔细致、体贴入微的特点，所以非常适合做诗人、作家、医护人员；他们天性不喜欢冲突，同理心强，所以是一个非常好的解决纷争的协调者，适合做法官、外交官、公司顾问、人力资源和社会服务工作。

由于天生对美学的直觉和热爱，使他们具备做艺术家、音乐家、舞蹈家、画家、色彩专家的潜能。总之，凡是能发挥团队合作及协调人际关系方面的工作，2 号人都能轻松胜任。

2 号生日组合解读

2/2：(2 日出生的 2 号孩子)

2：代表合作与平衡

2 号性格的特质比较明显。这是“以和为贵”的代表数字。从小的时候开始，2/2 号孩子身上就仿佛有一种魔力，和他们在一起，不管对方是脾气火暴，还是性情急躁的人，都很容易被他们那种柔和的气场所不知不觉地“融化”，不自主地柔和且平静下来。总之，想和2/2号人产生争端是一件很难的事。顺便说一声，2/2号男孩子长大后通常很有女人缘，因为他们温文尔雅的气质会使人有“如沐春风”的感觉，和他们在一起，会让人觉得随意和自在。

在这一天出生的人能够完成“不可能的任务”，而且会让事情看起来很简单。这是因为他们拥有灵巧的手段，可以用轻松自如的方式任意动作。虽然他们留给别人的印象，是很自然天成的做事顺畅。但是事实上，在风光的背后，通常需要极高的自制与辛苦的付出，他们喜欢私底下努力地工作，不对外张扬。

11/2：（11日出生的2号孩子）

1：代表创造与独立

2：代表合作与平衡

这个日子出生的2号孩子同时具有1号和2号孩子的性格特质。11和2有同样的能量，叠加后能成为更高的能量，所以我们也称之为“卓越数”。这样的孩子应该善用自己的潜能，在少年时代充分发挥自己的天赋，长大后很容易功成名就。

这个组合的孩子是典型的双重性格，他们在生活中很依赖家长，但在学校学习时又很独立，这种性格特点常常让11/2号的孩子内心充满纠结。他们在学校就颇具王者风范，很容易发现学习中问题的关键点，因而解决起来就会得心应手，但这是在他们当上孩子王以后才会彰显出来。在上学之初，他们常常会喜欢按自己的方法来学习知识，虽然同样具有天赋创意，但常常会想得多，做得少。

29/11/2：（29日出生的2号孩子）

2：代表合作与平衡

9：代表正直与智慧

这个组合的2号孩子同样也是双重性格，他们在生活和学习中常常表现出不是同一个人。他们人缘好，朋友多，非常在乎人际关系，有很强的开拓能力，长大后容易成功。但重要的是，要看他们是不是能把儿时的梦想付诸实践才行。他们还是2号孩子中心地最善良，最有爱心的一位，他们无论对老师、家长、同学及小伙伴，还是对世界的万事万物都充满一颗大爱之心。但正因为过于善良，太相信别人，成长过程中，容易上当受骗，作为家长在是非没有真正弄清前请不要错怪孩子。要知道，“吃亏是福”，这恐怕就是针对29/11/2号孩子说的，虽然他们在儿童时期会受到一点点欺骗，但老天会记住他们，会还福报给他们。所以29/11/2是最有福气，和宗教最有缘分的2号孩子。

20/2：（20日出生的2号孩子）
2：代表合作与平衡
0：代表内在与禀赋

这是最典型的2号组合。他们感性而温暖，温柔而细腻，不管什么样的小伙伴和他们在一起都不会感觉不舒服。他们也是所有2号组合类型中最在乎小伙伴情绪的一群人。但有时候，20/2的人会因为太在乎老师、家长和小伙伴的情绪而迷失自我，总活在别人的感觉和世界当中，会让自己很辛苦。要知道，你只是一个孩子，当你能完全接纳自己，喜欢自己的时候，别人才会更喜欢和你在一起，你也就永远不会有孤单和寂寞的感觉了。

另外，他们也是双重性格比较明显的。有时候他们在小伙伴面前光鲜灿烂，但独处的时候，内心却孤独痛苦。他们自己不知道这是为什么，其实那是因为他们自己内心需要家人和小伙伴的关心。在所有2号组合中，这个组合的孩子最希望找到自己的依靠。所以20/2的孩子只有从接纳真实的自己开始，才能拥有真正的内心力量，不用再去讨好和逢迎谁。做好真正的自己时，你们就会成为所有人际关系的中心。开导小伙伴、调停小伙伴之间的不和都是20/2号孩子小时候最为擅长的事情。

2号名人堂

著名童话作家安徒生：生于1805年4月2日；
著名作家琼瑶：生于1938年4月20日；

美国著名歌手、电影明星妮可·基德曼：生于1967年6月20日；
著名演员索菲亚·罗兰：生于1934年9月20日；
流行音乐天王迈克尔·杰克逊：生于1958年8月29日；
著名企业家李嘉诚：生于1928年7月29日。

第四章 3号孩子

头脑聪明主意多——创意楷模

（每月3日、12日、21日、30日出生的人）

关键词： 聪明机智、乐观开朗、好奇心强、口才好、极富创意、不喜批评

3号孩子的剪影

3号孩子聪明机智，充满好奇心，思维活跃，极富创意，主意点子极多，号称“创意小能手”。

3号孩子口才好，善于表达。

3号孩子乐观，开朗，很有感染力。在人际交往中，是很受欢迎的人物。

3号孩子在团队里也是领导者的角色，他们很有企图心。

3号孩子通常都喜欢被表扬不喜欢被批评，家长要经常给予鼓励，并要很懂得批评的艺术。

3号孩子往往用幻想来逃避生活中的困难和烦恼，作为家长，给他们自信心至关重要。

要想记住3号孩子的特性就请记住下面这些人物：

英国首相温斯顿·丘吉尔：生于1874年11月30日

著名作家张爱玲：生于1920年9月30日

全球著名的投资商沃伦·巴菲特：生于1930年8月30日

3号孩子的性格特征

创意点子多

3号孩子在三四岁的时候，就会用自己的办法来检验他们的创造力。他们会让家长模仿自己，并开心地看你模仿他的各种动作，比如发出可笑的声音，向后爬等。3号孩子的创意能为家庭生活增添不少的乐趣和幽默感。他们喜欢挑战家人的智力，最令他们兴奋的是在晚饭后和家长一起玩填字游戏或拼图。上学以后，家里很可能会到处都是3号孩子原创的艺术作品、各种尚未完成的“工程”以及其他一些有趣的东西。他们的创新能力总是给家长一个又一个惊喜。

再大一点，3号孩子的聪明才智更能突显出来。他们反应快，有着超群的直觉和敏感，满脑子都是新鲜有趣的想法。他们对任何事物都有极大的好奇心，想象力也相当丰富，他们如同童话故事一般经常会有异想天开的主意。

沃伦·巴菲特就是一个例证。

沃伦·巴菲特是谁？基本上地球人都知道，他是与比尔·盖茨齐名的人物，全球著名的投资商。巴菲特在2008年的《福布斯》排行榜上财富超过比尔·盖茨，成为世界首富。在第十一届世界慈善募捐中，巴菲特的午餐拍卖价达到创纪录的263万美元。2010年7月，巴菲特再次向5家慈善机构捐赠股票，依当时市值计算相当于19.3亿美元。这是自巴菲特2006年捐出99%资产以来，金额第三高的捐款。

巴菲特于1930年8月30日出生，是典型的3号人物。

上面说到巴菲特给慈善机构捐赠的股票价值19.3亿美元，他哪来那么多钱？靠他的头脑。

巴菲特聪明、敏捷、主意不断，而且，他的那些主意和创意，创造出许多令世人意想不到的“成果”来。

巴菲特天生就长了一个经营的头脑，对数字和财富的敏感和喜好程度犹如磁铁遇见金属。从5岁开始，巴菲特脑子里的吸金点子就没断过。

5岁那年，巴菲特在自家门口的过道上支起了摊位，当起了小老板，这时他的商品是祖父卖给他的口香糖。不久之后，他就在繁华的市区开张了第二个摊位，这次是卖柠檬水。

6岁那年，巴菲特利用自己的25美分零花钱买到了半打可口可乐，之后以每瓶5美分的价格卖出。他赚了5美分，这里面未扣除他自己的劳务费和他的老板代为扣缴的税金。尽管他的老板兼爷爷从他那可观的5美分中扣除了一部分税金，剩下的利润仍然给他带来了足够多的成就感。

9岁那年，巴菲特和他的伙伴拉塞尔在加油站的门口数着苏打水机器里出来的瓶盖数，并把它们运走，储存在巴菲特家的地下室里。这可不是9岁少年的无聊举动，他们是在做市场调查。他们想知道，哪一种饮料的销售量最大。凭着那些瓶盖，他们没花很多时间就轻松地知道了人们喜欢喝哪种饮料。另一方面，收集起来的瓶盖也可以换点小钱，这让巴菲特也小赚了一笔。

11岁时，巴菲特以每股38美元的价格买了3股城市设施优先股，并在上面赚到了他的“第一桶金”——5美元。

13岁那年，巴菲特谋到了一份《华盛顿邮报》兼职投递员的差事，赚了

1000 多美元，并向美国政府缴纳了生平第一笔税。不过，此时，他已经学会通过合理地安排财产来避免不必要的税金了。这一年，他把自己购买的自行车作为工作开支，抵掉了 35 美元的税金。

14 岁那年，巴菲特的投递员事业更是日渐成熟，他巧妙地设计和安排，同时承担了 5 家报纸的派送。巴菲特还通过撕下“客户地址标签”的方式来告诉自己“客户已经到期了，不用送了”，同时也提醒对方“该续订了”。他还通过为公寓电梯工免费提供报纸的协议方式，获得公寓客户的搬迁信息，从而及时收取自己的报纸钱——客户在搬家时常常忘了给报童付钱。

也是 14 岁那年，巴菲特用储蓄的 1200 美元收购了一个地产项目，买下了 40 英亩的农场。他在当地请了一个农民帮他耕种土地。此后，巴菲特开始在学校介绍自己是来自内布拉斯加州的农场主。

他还和同学合伙，花 25 美元买了一台二手弹子球机，并将其安置在理发店中。等待理发的顾客在第一天就让他们赚了 14 美元。

一个月后，他们发展连锁经营，将 3 台机子放在不同的理发店，不久又扩大到 7 家，每周有 50 多美元的收入。

17 岁高中毕业前，巴菲特已经分发了近 60 万份报纸，从中挣了 5000 多美元。由于要到外地上大学，他以 1200 美元的价格把弹子机生意转让了。

巴菲特的赚钱主意就像鞭炮一样，一个接一个，一串下来，而且个个都是响炮。小小年纪，这般脑子，足以载入吉尼斯纪录。

3 号孩子像钟摆一样停不下来，他们对身边的一切都充满强烈的兴趣，好奇心和丰富的想象力让他们一刻也闲不住，他们会时不时地提出一些令人意想不到的问题来。

当然，主意多、点子多的 3 号孩子常常会出一些“馊主意”，搞一些“恶作剧”。生出是非来后，机灵的 3 号孩子又能非常巧妙地躲过批评，他们的做法是找替罪羊，而自己则躲在幕后偷着乐。

我们经常会在孩子们中间看到这样一幕：善于出主意的 3 号孩子想出点子，由 1 号孩子指挥其他小朋友乐此不疲地实施，最后被老师批评或罚站的全是其他小朋友，而出主意的 3 号孩子则坐在下面一边偷笑，一边欣赏自己的“杰作”。即便如此，喜欢玩耍、活泼、古怪精灵的 3 号孩子始终是孩子们最好的玩伴。

这里要给大家介绍另一个 3 号的典型人物——温斯顿·丘吉尔。

温斯顿·丘吉尔是英国首相，他是在第二次世界大战期间，带领英国人民取得反法西斯战争伟大胜利的民族英雄，是与斯大林、罗斯福并立的“三巨头”之一，是矗立于世界史册上的一代伟人。丘吉尔的头上戴有许多流光溢彩的桂冠，他是著作等身的作家、辩才无碍的演说家、经邦治国的政治家、战争中的传奇英雄。

丘吉尔生于1874年11月30日，是一个典型的3号人物。

伟大的丘吉尔小时候是一个让父母操心的孩子。他让父母操心不是因为笨，而是因为太聪明。

在丘吉尔的传记中这样写道：丘吉尔“从来不能很好地遵守学校规定的纪律”，“免不了有调皮捣蛋的时候。有一次，他弄坏了学校附近一座空房子的几扇窗户，被抓住之后他挨了校长一顿鞭打。还有一次，他不慎将一位名叫艾默里的高班学生推入游泳池中。艾默里个子不大但身体强健有力，从游泳池里爬起来后找温斯顿算账，温斯顿被迫向他道歉，还说了些‘我爸爸是个大人物，可也是个小个子’之类好听的话。根据学校发的学生报告单上的评语，温斯顿‘并非有意惹是生非’，但由于他的性格所决定，他总是免不了惹麻烦。”

注意，这里特别强调“温斯顿‘并非有意惹是生非’，但由于他的性格所决定，他总是免不了惹麻烦”。“并非有意惹是生非”，即说明他并非本质不好的坏孩子。“他的性格所决定”，什么性格？聪明精灵，点子多，闲不住。应该就是这些了。

反应快，主意多，爱创意是很好的性格特征，不过与之相联的另一面也会随之出现，那就是：容易受外界影响，做事不太专心，常常是三分钟热度，不能持之以恒。学习也不太专注认真。

丘吉尔就是这样，这么聪明、反应又快的人却“难以完全适应学校设置的课程和考试制度，成绩一直上不去，因而进大学深造的希望十分渺茫，使他的父母为他将来的出路十分操心。”

丘吉尔“就是在补习学校里也不是一位好学生，他‘漫不经心’、‘粗心大意’、‘总想当场对他的辅导老师指手画脚’，甚至提出历史课程没必要再接受辅导。”

结果，虽然他父亲把他送去补习又补习，最后他还是只考上军事学校的骑兵专业（录取分数最低），而不是他父亲希望他考的步兵专业。录取通知书下来的时候丘吉尔正在外边旅游，丘吉尔父亲给丘吉尔写信转告这个消息。在信中，他对丘吉尔考上桑赫斯特皇家军事学校只作了礼节性的祝贺，随即严厉地批评了丘吉尔，说他的考试成绩未能达到步兵专业的分数标准是“丢人现眼”，不容置辩地反映出“你懒懒散散、听天由命、轻率从事的工作作风”，警告他如果再不努力，就有可能堕落成为“社会废物”。

这个时候的丘吉尔哪看得出一点“传奇英雄和首相”的风采。不过，丘吉尔的父亲真是白操心了，人家丘吉尔后来才智过人，著作等身，能说会道世界著名。看来做家长的还真是要看孩子的本质而不要单看表面，更不能只看成绩表上的分数。

爱幻想，爱做梦

热爱和追寻新鲜事物的3号孩子也是一个爱幻想的孩子，他们不仅爱做梦，还常常有异想天开的想法出现。

就像童话里的小王子和小公主一样，总是喜欢生活在自己幻想的世界里。当一个事物映入他们的眼帘时，他们脑海里立即幻化出五彩缤纷的新东西，比如，当他们看到一朵花时，会跑去和家长说，“妈妈，我们来酿蜂蜜吃吧。”

巴菲特7岁的时候，曾医高烧住院。住院期间，他用铅笔在纸上写满了数字，护士问他写的是什么，他告诉护士说，这些数字代表着他未来的财产。这是他的原话：“现在我虽然没有太多钱，但是总有一天，我会很富有。我的照片也会出现在报纸上的。”

10岁的时候，巴菲特读到一本名为《赚1000美元的1000招》的书，便对朋友说，他要在35岁前成为百万富翁。那时，正是1941年的世界经济大萧条，在这种环境下，一个孩子敢说出这样的话，可真是胆大包天，听上去有点傻得透顶了。但是他很肯定自己能够实现这一梦想。

对于孩子的梦想，即便是异想天开的白日梦，家长都要给予鼓励，如果家长认为他们是“瞎想”或者“胡闹”，对他们嘲笑一番，孩子的梦想就有可能在你的指责和否定中夭折。

对于孩子与众不同的见解和观点，家长一定要用一双慧眼去发现它们的价值。然后对孩子进行引导，让他们的想法更加完善。家长能够常常和孩子一起分享他们的梦想，是激发孩子实现意愿的最好动力。

丘吉尔就是因为小时的梦想得到父亲的认可和支持，从而顺利走上军事道路，最后成为了民族英雄。

丘吉尔自小就对军事饶有兴趣，喜欢玩打仗的游戏，7岁起就长期摆弄由

1500个“锡兵”组成的部队，把它们摆成各种战斗阵式，独出心裁、花样翻新地设计调兵遣将的方案。有一次，丘吉尔正在房间里和弟弟约翰玩打仗的游戏，父亲走进来看见了，就问他说：

“你将来想干什么?”

“那还用说，当兵!”丘吉尔毫不迟疑地回答。

综合考虑了种种因素之后，丘吉尔的父亲伦道夫勋爵决定让他将来投考桑赫斯特皇家军事学校，并将丘吉尔转入了军事专修班，为投考军校做准备。在考桑赫斯特军校前夕，父亲又将他送到一个很著名的上尉那里去补习功课。最后，丘吉尔顺利考入了军校，为他后来进入军界和政界铺平了道路。

对于一个充满幻想的孩子，我们不可能预测他将通过何种方式、何种途径去实现他的梦想，实现他的人生价值。我们要做的只有一件事，那就是鼓励，再鼓励！剩下的一切都交还给他自己，他往往能在“不可能”或“不大可能”中找到自己的方向，并能在造福人类的事业中达到一个光辉的顶点。

如果3号的孩子有了梦想，家长不要总是说：等你长大了，就可以实现梦想了。家长更不要用成年人的“现实观”去束缚孩子大胆的想象，要引导孩子完善他们的计划，让他们在学习中一步步接近他们的梦想。

巴菲特5岁时候的牙牙稚语竟然让父亲和爷爷确信无疑，在父亲和爷爷的言传身教下，巴菲特一步步走上了股神之路。

在巴菲特5岁那年就想赚大钱，他的野心把爷爷打动了，爷爷就开始“教唆”他倒买倒卖。后来巴菲特在爷爷店里打工，拿到以美分为单位的个位数薪水时，爷爷就给他代扣税金，目的就是要让巴菲特有税收的概念，让他知道税收总是要降低你的收入。而巴菲特父亲得知巴菲特对股票感兴趣后，不断引导他阅读与股票相关的书籍，他让巴菲特走进他的书房，任由他在商业、证券的书籍里遨游。在巴菲特10岁那年，父亲就带着他参观纽约股票交易所，让巴菲特在自己就职的交易所里登记股价，让他感受证券交易和赚点小钱。

正是爷爷和父亲手把手的教导，为巴菲特打下了金融炼金的坚实基础，一代股神就这样造就出来了。

此外，3号孩子有着与生俱来的艺术天分，他们灵敏的天赋和节奏感，让很多这个数字的孩子具有天生的音乐才能，极有可能在音乐、诗歌、艺术界有所表现，也易于在这些领域得到成功。

属于3号类型的张爱玲就是一个天才儿童，6岁入私塾，在读诗背经的同时，就开始小说创作。7 岁的时候，张爱玲随家人回到上海，过了不久，母亲从国外回来，她又跟着母亲学画画、钢琴和英文。张爱玲对色彩、音符和文字都极为敏感，她曾说："我是一个古怪的女孩，从小被视为天才，除了发展我的天才外别无生存的目标……9 岁时，我踌躇着不知道应当选择音乐还是美术作为我终身的事业。看了一部描写穷困的画家的影片后，我哭了一场，决定做一个钢琴家，在富丽堂皇的音乐厅里演奏。"

作为 3 号孩子的家长，就给予孩子更多的机会，让他们在艺术世界里寻找和实现自己的梦想吧。

乐观、开朗、善于表达

3 号人乐观、开朗、很有感染力，在人际交往中是很受欢迎的人物。所以，3 号人也是一个快乐的使者，能用他们的欢笑感染周围的人。

丘吉尔就是一个典型的积极、乐观和对生活充满热情的人。

1914 年第一次世界大战爆发，丘吉尔掩饰不住自己的兴奋，给妻子的信中写道："万事有艰险，万物皆毁灭。我感到有兴趣、快乐和幸福。这不可怕吗？对于我来说，参战完全是引人入胜的事，让上帝原谅我这些丑恶而轻率的情绪吧！"在 3 号人的眼中，血淋淋的战争是一个"乱世出英雄"的大好时机！

严酷的军旅生活在他看来却是一种享受："我们在旷野上过得十分舒服，夜晚十分凉爽，白天阳光明媚，肉、鸡和啤酒供应得异常充足。"

60 岁，日薄西山，许多人心中大都是伤感和哀叹，但丘吉尔却这样写道："我必须承认我具有一种乐观的气质。尽管我看到事情的阴暗面是如此严重，但奇怪的是，每天早晨当我醒来，新的希望与力量又重新凝聚。"

政治斗争你死我活，但是丘吉尔竟然被一些政治家称为"一个快活的好伙伴"。可见他的乐观、幽默和智慧是何等的出类拔萃。可以说，成就丘吉尔的就是他 3 号的特质：睿智、乐观、自信和对生活充满无限的热情。

3 号孩子一般很早就会说话，天生就是一个唧唧喳喳的"小精灵"。

3 号孩子的表达和沟通的能力也是超强的。在儿童时期就拥有甜美的笑容，是家长贴心的可人儿，这样的孩子最大的特点就是有一张会说话的小嘴巴，最能拴住家长的心。很早，3 号的孩子就能开口说话了，而且"爸爸""妈妈"叫得最早，像个可爱的小精灵，让人无法拒绝他们的要求，在家长和众人面前是个受宠的孩子。

3 号的孩子在语言方面有着极强的天赋，当他们刚刚开始会说话时，就喜欢用语言来表达自己的想法，长大后在小朋友当中也是最能说会道的一个。

讲到健谈、善于表达，我们不得不再次把丘吉尔搬出来。

丘吉尔的口才在全世界都排得上名，甚至可以说是数一数二的。

丘吉尔不但有敏锐的政治头脑，还拥有灵敏的思维和很强的幽默感，他的强项就是善辩。他在一生中多次经历的议员竞选中，在议会的辩论中，尤其是在第二次世界大战的重要时刻，发表了许多富于技巧而且打动人心的演讲，给人们留下了极深的印象。他毕生最愿意做的事就是想跟奥斯卡·王尔德对话。丘吉尔之所以青睐王尔德，很大程度上是因为王尔德的机智与辩才。瑞典文学院在授予他诺贝尔文学奖的颁奖词中说：“丘吉尔成熟的演说，目的敏捷准确，内容壮观动人。犹如一股铸造历史环节的力。”

这里选取了几个片断，请你欣赏一下丘吉尔的敏锐机智和幽默。

在议政时，丘吉尔免不了遭到攻击，对这些刻薄之言，他从来不相让，常使对方处于很尴尬的境地。

有一回，与丘吉尔共事的保守党议员威廉·乔因森希克斯在议会上演说，看到丘吉尔在摇头表示不同意，便说：“我想提请尊敬的议员注意，我只是在发表自己的意见。”丘吉尔答道：“我也想提请演讲者注意，我只是在摇我自己的头。”

还有一次，英国议会的女议员阿斯特夫人对丘吉尔说：“如果你是我丈夫的话，我会在咖啡里放毒药。”丘吉尔反唇相讥，说道：“如果你是我妻子的话，我会喝掉它。”

丘吉尔脱离保守党，加入自由党时，一位媚态十足的年轻妇人对他说：“丘吉尔，你有两点我不喜欢。”“哪两点？”“你执行的新政策和你嘴上的胡须。”

“哎呀，真的吗，夫人。”丘吉尔彬彬有礼地回答说：“请不要在意，您没有机会接触到其中任何一点。”

在丘吉尔 75 岁的生日茶话会上，有一名年轻的记者对丘吉尔诚恳地说：“首相先生，我真心希望明年还能来庆贺您的生日。”

丘吉尔亲切地拍拍记者的肩膀幽默地说：“记者先生，看你这么年轻，身体又这么棒，应该是丝毫没有问题的。”

是不是很让人捧腹？

除了口头表达超群出众，丘吉尔的笔头也相当厉害。

他一生中写出了26部共45卷（本）专著，几乎每部著作出版后都在英国和世界上引起轰动，获得如潮好评，被翻译成多国文字在世界各国广为发行，以致《星期日泰晤士报》曾断言："20世纪很少有人比丘吉尔拿的稿费还多。"1953年，他被授予诺贝尔文学奖。

总之，3号的人多擅长表达，他们健谈，爱与人交往。因为他们的口才好，幽默机智，很得大家喜爱，所以在人群中，他们总是充满魅力的一个。

当然，健谈后面也有一个毛病就是话多。

3号的孩子在很小的时候就爱说话，他们会不断重复说过的话，或和小朋友在一起说个没完。对于孩子的喳喳不停，家长一定不能粗暴地打断，要耐心面对，家长如果能做一个忠实的听众，是对孩子最好的鼓励。

家长最好教会孩子讲故事，一开始让他复述大人讲的故事，然后让他改编故事，再后来可以拿几个素材让他自编自讲。讲好了可以让他讲给小伙伴们听，如果孩子能有机会给别人表现他的口才，不仅提高口头表达能力和想象力，还可大大提升他的自信心。

另外，每天花一点时间，让孩子讲讲学校里有趣的事情，针对某件事情谈谈他自己的感想，这也是锻炼孩子观察能力和口才的好办法。

美的小天使

3号人对美有种偏好，他们是天生的唯美主义者。他们总是能吸引大家的眼球，因为爱美的他们注重打扮，他们常常是时尚先锋。

3号孩子的眼睛总是会发现世间的美，他们就像是唯美观察员一样，小时候，无需家长操心，他们会把自己打扮得漂漂亮亮。

喜欢妈妈的梳妆台、粉扑儿、耳环、香水，还爱泡浴缸，看见了漂亮的阿姨和叔叔、美女或者帅哥，他们的目光会紧紧相随。他们会按照靓姐（帅哥）的模样来打扮自己，并且加以创新。这些都说明他们非常爱美，他们在喜悦的状态下会有足够多的创意。

3号孩子对"美"有异常的天赋。他们可能很早就会给自己挑选衣服了，而且搭配还蛮合适的。他们也会把房间收拾得很整洁，将身边的东西，如玩具、衣服、饰品等弄得鲜艳光亮。发现自己喜欢的东西，他们会投入极大的兴趣。虽然，3号孩子的自理能力不强，却很愿意和妈妈一起来布置自己的家，让家里感觉更温暖、更艺术、更亲切。

3 号的孩子在进入青春期后，无论男女都会很注意自己的外在形象，他们对自己的衣装打扮以及周围的一切事物，都要求尽善尽美，十分在乎别人对自己的看法。这点会让很多的家长大吃一惊，甚至无法理解。请各位家长不用太过担心，也不要太多地干预，这是您的 3 号孩子在成长过程中逐渐走向成熟的表现。

3 号的张爱玲不仅是个有名的才女，更是著名的时尚达人。她穿的衣服都由自己亲手设计，或由好友炎樱设计，这些服装在当时无论是样式还是颜色都显得很大胆，这也成为了当时上海报纸和圈内人士津津乐道的话题。

读高一的卢苇是 12 日生的 3 号孩子。卢苇生得标致英俊，身高也不赖，加上爱打扮，成为学校的一号帅哥，穿着打扮在学校“领导新潮流”。卢苇还被封为“谢霆锋”，因为他简直就是谢霆锋的翻版。一次，他和妈妈上街，有几个女孩子上来要他签名。那几个女孩子一走，卢苇手指叉开，放在下巴上，做了一个明星动作，还笑嘻嘻地对妈妈说：“妈妈，没办法，想不出名都不行。”妈妈却板着脸笑不出来：“我看你还读什么书啊。你看，裤脚都踩在鞋跟下了，你看你的衣服短得，像吊在半空中，头发……”说起头发妈妈更来气，卢苇不但发型怪异，又上发蜡又是摩丝，哪像个男孩子，每天把头发弄得像刺猬一样。还有，就在前几个星期，卢苇因为在校服上打了许多闪光钉引发全校打钉潮，被德育办主任批评教育了两次，还把他妈妈请到了学校。

妈妈长叹一声，这么大的孩子打不得骂不得，只好给卢苇一句话：“我看你考试考成咋样，到时咱俩再算账!”

嘿嘿，妈妈用上了“目标管理”。

其实爱美是相当好的性格，只要家长注意引导，让孩子把握好分寸。如果孩子能真正成为一个美的使者，孩子的人生会更加精彩。

对于爱美的 3 号孩子的家长，这里给几条小小的建议。

家长对孩子爱美不要过多干预，只要让孩子把握好尺度，不要过多地把精力放在穿着打扮上，不影响到学习即可。

给 3 号孩子自由发挥的空间，积极引导孩子在艺术方面的爱好，鼓励他们发挥创造力。

3 号家长最好制定一整套培养孩子审美情趣的措施（本章还将谈到具体做法），从小提升孩子的审美能力。得到审美能力培养的 3 号孩子，长大后会有相当出众的表现，他们很可能成为一个“魅力达人”。

3 号孩子的教育课题

死爱面子，不喜欢受批评

许多孩子都不喜欢受到批评，3 号的孩子尤其如此。

3 号的孩子如果受到批评，表现出来的情绪非常强烈。在他们看来，被批评就是受到轻视，失去了面子。而对于 3 号孩子来说，面子太重要了。

如果家长不小心当众批评 3 号孩子那可更是一件大事情了，这对于 3 号来说是不能容忍的，为此他们会拒不接受，或强烈抗争。

如果家长想逼迫 3 号孩子承认错误，那就是自找麻烦，慢慢地就会导致孩子形成不健康的心理。他内心会变成“两个人”，一个为了讨好家长而对家长微笑，假装听话；另一个却在恨家长，骂家长，反抗家长。万一出现这种状况，即使花很多时间和精力都难以弥补家长与孩子之间的裂痕。

3 号的丘吉尔小时候就最憎恨受到批评，不管是父母还是老师，不管批评得有没有道理，只要批评他，他就会跳起来。

丘吉尔在哈罗公学期间的学习成绩很差，几乎一直是倒数第几名。他一向对自己不感兴趣的学科不愿花工夫，成绩自然也好不起来。而且他自制力很差，不能遵守学校制定的行为守则。为此校长曾给予他警告处分，而他竟敢公然表示反抗。校长说：“丘吉尔，我有很充分的理由对你表示不满。”

丘吉尔立即针锋相对地回答说：“而我，先生，也有非常充分的理由对您表示不满。”

长大了，甚至当了首相，丘吉尔这个性格一点也没改变。

在英国，有些国会议员曾一度对首相丘吉尔的政绩略有微词，意思是首相做事情“不够尽善尽美”，这一点使他们不够满意。听到这类批评的议论后，丘吉尔并未做直言反驳，也没有进行自我辩解，他给大家讲了一个小故事：在普利蒂斯港口，有一位船员，冒着生命的危险，竭尽全力救出了一个失足落海、即将溺死的少年。一个星期后，一位太太叫住这个船员："上星期救我孩子一命的人是不是你？""是的，太太。"船员答道。"哦！我找你找了好几天了，我孩子的帽子呢？"

虽然那些议论的确有点吹毛求疵的感觉，但看得出丘吉尔心里装不下一点点批评意见。你看，一点小意见就让他耿耿于怀，而且不惜动用他的聪明才智给那些人狠狠的一击。

对于聪明，自我感觉相当好，听不得任何批评的3号的孩子，家长一定要注意说话的方式和技巧。如果孩子一出现问题，家长张口就批评指责，这不但达不到纠正错误的作用，还会碰一鼻子灰，有的孩子会跳将起来和你唱对台戏；有的孩子会表面一套背后一套和你捉迷藏；有的孩子会严重逆反和你对着干；有的孩子则自信心受到严重打击，产生悲观情绪，从而一蹶不振。

在这里，特别总结出几条批评孩子的技巧，供家长参考。

❀ 批评孩子的第一个技巧：批评要恰如其分。

过度批评会给孩子造成过度的内疚和羞辱感，而不批评孩子又会使孩子丧失责任感，磨灭了其改正错误的愿望。

家长要掌握乐观的解释性的方法，实事求是地解释问题，指出犯错误的具体原因，使孩子明白自己所犯的错误是可以改正的。

下面这个案例，我们可以看到过度的批评方式所产生的后果有多糟糕。

10岁的茜茜周末要与朋友出去野餐，妈妈提前一天跟她说，明天你去野餐之前要把自己的房间打扫干净，因为有位房地产中介上午要来看房子。但茜茜把父母的话忘在了脑后。因为出发前是她最忙的时候，她要收拾东西，她还要准备一个游戏的道具。结果，她走后父母发现她的房间乱得一塌糊涂，比平时还乱十倍。眼看房地产中介就要来了，父母只得替茜茜打扫房间。

晚上，茜茜回到家，母亲一见她就火冒三丈，让她什么也别干，先进房间。然后妈妈说："你为什么总是这么没心没肺，你简直把我气疯了！我跟你说过多次，要保持房间干净，但你从来都不听！你这是想干什么？你误了我们的大事你知不知道，人家说进屋的第一印象相当重要，你这乱糟糟的，人家就把我们的价钱压下来，你这样会给我们造成多大的损失你知不知道？"

结果茜茜把自己锁在屋子里哭，晚饭也不肯出来吃，父母对着一桌子的饭菜唉声叹气。

你这样数落，哪个也受不了。好像孩子犯下了什么滔天罪行。

人们常说“责难别人的时候，不要把人逼得没有退路”，一旦没有了退路，被责难的人虽然在道理上明白为什么会如此，但在感情上却形成对立，有时甚至进行反抗。

❀ 批评孩子的第二个技巧：“响鼓不重捶”。

“响鼓不重捶”的意思是，孩子出现重大错误时反而不要进行责备。

大家一定会觉得奇怪，一般情况下，小错误小责备，大错误大责备，为什么大错误反而不要责备？

讲一个故事大家就明白了。

使一所街道工厂发展成现代大规模的松下电器公司的松下幸之助先生，在管理方面严格要求是众所周知的，但有一次，他一手培养的得意干将，原三洋电器公司副经理后藤清一在担任厂长时，工厂曾发生火灾。

出现这种情况，负责人一般要被降级，最坏的是要辞职。但松下先生在接到报告后，只说了一句：“算了，再努力吧！”就没有再追究任何责任。松下先生平时对部下要求是相当严格的，现在出现重大过错却未作指责，这让许多人摸不着头脑。

其实，这正是松下先生的高明之处。松下先生的这种处理方法，巧妙地点中人的心理。这是因为出现大的错误时，当事者本人已在自责和自我反省。如果还穷追猛打，必定使当事者胆战心惊。当事者要不陷入愧疚和对错误进行补偿的心理；要不就会产生“逆反心理”。一旦出现逆反，当事人会对斥责者仇视或者反抗。

在这一点上，对待孩子也是一样的。如果孩子犯了大错，家长劈头盖脸对他进行一番训斥，这只会加重孩子的害怕心理，而忘记了对自己进行反省。

另外，孩子犯了大错时，本来预料家长会严厉训斥，结果家长却默不作声，这就与孩子的预料相反，这让孩子顿生感动，自然促使他进行反省。

❀ 批评孩子的第三个技巧：批评要合理。

批评合理才能使孩子心服口服。家长对孩子进行批评首先要把孩子不良行为的事实搞清楚，事实不清，夸大其词会使孩子产生抗拒心理。

我们来看看一个妈妈不合理批评后遭遇的尴尬。

逸志是30日出生的3号孩子。他读五年级，常常一回到家就看电视，因为那时有很多动画片。

这天，妈妈下班回来，看到逸志又在看电视，就板着脸对他说："说了多少次回到家不准看电视，你怎么又看，这电视一打开来就关不掉。你这样能够把作业做好吗？考试能考好吗？"逸志立马跳起来："妈妈，我们老师说，没有调查就没有发言权，您不了解情况别乱批评，怎么能说我一回家就看电视呢？我回来已经做了一小时的作业了，我刚看了几分钟您就说我老看电视。"逸志的口才是班里第一的，和妈妈较真的时候他的口才全发挥出来了。说完，他起身从书包里拿出作业给妈妈看。

妈妈看了一眼说："才6点，你怎么就把作业给完成了，你这是狡辩，还不承认。"逸志说："我没狡辩，是你冤枉我。"妈妈火不打一处来："你还不承认，我立即就告诉你们老师。"她拿起电话，可是逸志一点也不紧张，继续看他的电视。妈妈真的拨通了班主任的电话。班主任告诉妈妈，今天老师召开紧急会议，下午4点就放学了，因为逸志通常自己回家，所以没有通知妈妈。班主任还说，如果孩子完成了作业，不妨让他看看电视放松一下，如果能出去运动一下最好。逸志看着妈妈冷笑："怎么样，妈妈同学，你这次该相信了吧？"妈妈无言以对。

如果家长常常对孩子乱批评一通，会影响家长在孩子心目中的地位，对孩子的批评也常常不管用。

❀ 批评孩子的第四个技巧：不要以偏概全。

一位初中同学的自行车钥匙丢了，回家后告诉了妈妈，没想到妈妈说："半个月前叫你去买菜丢了5块钱，刚买的新圆珠笔没用多长时间也丢了，半年前买的橡皮没用多长时间也找不着了。"孩子本来心里就烦，这一听更烦，他甩门便走了。急得妈妈扯着嗓门大叫。

这是许多家长爱犯的错误，批评孩子不是就事论事，而喜欢借题发挥，东拉西扯，翻老账。这容易使孩子产生消极情绪。让孩子觉得自己这也不是，那也不是，一身缺点，这会使孩子失去信心。

总之，批评孩子忌用"你总是"、"你从来"、"你永远"、"你一辈子"这些词，以免把错事与做错事的人混为一谈。切记：批评孩子时应对事不对人。

❀ **批评孩子的第五个技巧：批评要及时。**

孩子的不良行为、不良品德、不良学习态度的形成与发展是有一个过程的。有些家长看到孩子有不良行为发生，并没有及时制止和批评，等到孩子的不良行为发展成为坏习惯时，才觉得问题严重了，发起火来，着急起来，再去批评孩子，其效果难以令人满意。另外，孩子犯了错误及时批评，这样孩子就没有推诿的理由。

❀ **批评孩子的第六个技巧：批评要和风细雨。**

批评孩子时，要心平气和，态度和蔼，这样孩子就会更容易接受些。如果粗声粗气、瞪眼拍桌子，气氛紧张，孩子往往为应付批评，为了避免挨骂挨打，会撒谎为自己的错误辩护，或者错上加错。

六年级的皓明是3日出生的孩子，他点子极多，妈妈只好火眼金睛盯着他，不让他“为所欲为”。妈妈规定皓明放学回家做完作业才能看电视，但他实在无法控制自己，因为他比妈妈先回家，所以他回到家第一个动作就是看电视。他妈妈每次回来看见后就狠狠地骂他一通。但是皓明一点都没有改变，放学回来继续看电视，妈妈就骂得越来越狠。后来妈妈发现，皓明竟然用耳塞把自己的耳朵塞住了，根本听不到她骂什么。妈妈这才醒悟到，这样训斥孩子是不行的，根本解决不了问题。妈妈想，不如“以柔克刚”，便主动跟皓明谈心。妈妈先承认自己以前态度不好，然后给皓明分析看电视的害处。看到妈妈一片苦心，皓明向妈妈许诺，一定改掉回家先看电视的坏习惯。皓明还担心自己控制不了自己，就给妈妈出了一个主意，让她把机顶盒锁进房间，晚上下班回来才拿出来插上。看到皓明这么大决心，妈妈高兴坏了，妈妈说，不必了，我相信你。妈妈这么信任自己，皓明下决心一定不让妈妈失望。后来，皓明真的把这个坏习惯改掉了，学习成绩也明显提高了。

每个孩子都有向善的心，只要晓之以理，动之以情地说服教育，孩子一般都会接受。

❀ **批评孩子的第七个技巧：责罚要有度。**

不要孩子每做错一件事就责骂他一次。如果是这样的话，孩子一天大概会被责罚到上百次。对孩子吹毛求疵都是不好的，可能会滋长孩子的对立情绪，以致形成逆反心理。因而，家长要懂得可以不挑剔的时候就不要挑剔。

家长要了解孩子在不同的年龄时，会有些什么样的行为。了解以后，就不会对孩子的某一些举动过于忧虑或生气了。惩罚一定要合情合理，假如孩子偷了商店里的玩具，教导孩子把东西还回去并且向店老板道歉；假如孩子在墙壁上乱画，清理墙壁的工作就要让孩子来做；要是孩子耍脾气，又叫、又踢，就要让他一个人待在房间里直到恢复平静为止。

责罚孩子的时候不要过于严峻，责罚一定不要变成虐待或是伤害，责罚的时间也不宜太长。更不要用嘲笑辱骂的方式来责罚孩子，嘲笑辱骂的字眼会长久地烙在孩子的心中，使孩子变得孤僻、易怒、彷徨和怀疑。

❀ 批评孩子的第八个技巧：利用外人来批评孩子。

有时家长上百次的责备，还不如别人的一句话有效。所以，利用外人来批评孩子是一种很巧妙有效的批评方式。

> 一个母亲带孩子去看展览，孩子把展览厅当游乐场，又蹦又跳，还用手摸展品，妈妈这头批评完孩子，孩子那头闹剧又重演。管理人员看到这个妈妈这么窘迫，不好批评孩子。妈妈很想打孩子，又怕孩子哭闹起来影响别人看展览。后来，妈妈就问管理人员："展览厅可以这样的吗？"管理员领会了家长的意思，便对孩子说，"我们展览厅不准抽烟不准大声喧哗，因为这样会影响别人看展览，摸展品更不准，因为会损坏展品，损坏展品是要赔的。"管理员还指着这样的标语给孩子看，孩子立即就不吵了，离开的时候还问妈妈，我摸了的那些展品要不要我们赔，妈妈说："没损坏就不用，下次我们再也不要摸展品了。"孩子使劲地点头。

如果能很好地利用孩子不得不听别人的话的心理，带孩子外出或到别人家拜访时，就可以用这个方法让孩子学习礼节。比如，到亲戚朋友家做客，可以事先与对方家里协调好，让主人按照他们的规矩要求孩子，这样会获得很好的效果。

最后要提醒家长，无论哪种批评方式，到最后都要对孩子进行适当的激励，这就是打孩子一巴掌，再给他吃颗糖。

比如上边那个把展览馆当游乐场的孩子，当他使劲点头同意不再乱摸展品时，家长就要表扬孩子懂事。并且让他知道他这样讲道理妈妈心里多高兴。这样孩子在接下来的时间里，一定会约束自己。

总之，家长只要用心，批评孩子完全可以做到既“不伤感情”，又达到很好的教育效果。

太爱美，爱攀比

3 号的孩子很爱美，太爱美有时会走向极端，喜欢追求时尚，喜欢名牌，喜欢和同学攀比，有的甚至严重影响到学习。

爱美是孩子的天性，但家长要让 3 号的孩子明白，一个人的外在固然十分重要，但是内涵更为主要。要让孩子知道看事物不能只看表面。在关注外在的同时，更重要的是事物的本质，那才是真正的美。告诉孩子，穿名牌，与同学攀比，打扮成人化，这不是真正的美；打扮朴素、整洁、大方、精神饱满、自自然然才是最美。

当然，要孩子真正懂得什么是美，自觉追求真美，必须提高孩子的审美情趣。

提高孩子的审美情趣是一个系统工程，而且要从小开始。

家长可以通过下面的各种活动培养孩子的审美水平。

首先家长可以把孩子带到大自然中去感受大自然的美。孩子天性就喜欢玩，他们和大自然有着亲密的联系，他们很容易为大自然的美所陶醉。大自然的博大、神奇、变幻和美丽对孩子有着很好的陶冶作用。

家长每周尽可能带孩子到附近的自然景区或公园漫步，到动物园观赏动物。寒暑假可以带孩子到一些著名的风景名胜旅游。外出旅游之前，家长最好事先做做“功课”，沿途向孩子介绍景点的地名、风土人情，指导孩子观察与捕捉自然美。最好让孩子学会拍照，这样，整个旅程更有乐趣，孩子收获更丰。

一个热爱大自然的孩子应该有不俗的情趣。

生活中的任何事情，都会对孩子产生潜移默化的作用。所以家长要提高自己的审美能力。

在平时的生活中，家长可以借助各种机会向孩子灌输美学知识，和孩子一起看电视的时候，和孩子一起评点各种美与不美的东西；看到行人，可以告诉孩子他们美在哪里，那些地方让人看了不舒服。点点滴滴，孩子的审美观会一天比一天提高。

一位作家写了一篇文章，讲述她是怎样教育孩子欣赏生活之美的：

我的女儿很爱美。看到一些小朋友着装艳丽，就不免流露出几分羡慕。有一次，她看到一个叫圆圆的小朋友涂了红指甲，悄悄问我："圆圆涂红指甲好看不好看？"我抓住机会告诉她，什么是美？怎样欣赏美？

我没有限制孩子在穿戴方面的选择，也从不硬性规定哪些可穿或哪些不可穿，我之所以这样做也是防止她产生逆反心理，认为妈妈没有能力打扮她就限制她追求美。我想，不能因为我的不幸，就剥夺了女儿爱美的权利。

一次，我花了10元钱买了5公斤毛线头，那是毛衣厂的下脚料。我把五颜六色的线头一截截接好，给孩子织了十来件衣、裙、裤、背心，利用颜色俱全的特点，精心设计出富有儿童情趣的款式和图案。比如，有件毛衣构图新颖奇特，下摆织成红色线加白色线的"砖墙"，胸前露出半张顽皮三毛的脸，左右两只胖乎乎的小手正扒着墙头，在寻找着什么，哦，原来是袖子上的一只小乌龟！小乌龟是先用绿色线头缠好，缝上去的，活动的头和尾别有一番情趣。女儿穿上这件衣服，平添了几分聪颖、活泼。小朋友们围着她，摸摸小乌龟，揪揪三毛的头发，羡慕极了。好多阿姨都借这件毛衣做样子。

我那时因病坐不住，躺着织得很艰难，致使胳膊肘流血结痂，孩子在她的诗作《母爱》中也撷取了这个镜头。

我以母亲深挚的爱，像春风化雨般地润泽着女儿的健康的审美情趣。

我问女儿："你还要贝贝的粉缎子棉袄和项链、戒指吗？"

她赶快说："不要不要，像个小大人，多俗气！"

这么多年，女儿在衣饰和学习用品等物质享受上从不与人攀比，她不是有意无意地压抑自己，而是具有了审美的自信心！

这个作家妈妈的做法的确很值得我们借鉴。有些家长用名牌、进口货等方式来建立孩子的审美自信心，有些家长则用艰苦朴素的观点来压抑孩子对美的渴求。这位作家却用她的方式去帮助孩子审美，她让孩子明白什么是富于个性的协调美，并让孩子用自己的心和手去创造美。

另外，对文学、美术、音乐等艺术的鉴赏力，直接影响人们的审美观，所以家长从小就要培养孩子热爱书籍、懂得一些美术和音乐知识，一个与艺术有缘的孩子，绝对不会是一个所谓“时尚”的狂热追逐者。

急躁，不专注

3号的孩子从小就是创意天才、小小发明家。然而，这个“鬼灵精”偶尔也会表现出急躁鲁莽的一面。所以，当孩子做出了所谓的小小“恶作剧”时，家长们不要急于批评和指责，家长首先要肯定他们好的一面，然后引导孩子思考，让他完善自己的创意。一定要让孩子知道，对人有利的创意才是有意义的创意。

3号的孩子通常更依赖于直觉而不是理性行事，比起现实生活，他们对幻想和做梦更感兴趣。他们有着强烈的好奇心和出众的才智，但是，一旦这些智能得不到发挥的话，他们会表现得急躁、多动、不专注、上课时开小差。因此，家长要对3号孩子给予更多的理解，对于他们的想象力给予表扬和鼓励，同时加以正确引导。

聪明的3号天生就是一个不安分的家伙，可以说是个“花心萝卜”。

3号的丘吉尔在他的政治生涯中，就从来没安分过。他不仅多变，而且很不忠诚。他中途几次改换党派，最后，他没有任何党派。为此他遭到了英国媒体的强烈攻击，被称为“他换一个党就像换一个舞伴那样轻率”，“他只忠于他真正相信的一个党，那就是温斯顿·丘吉尔牌号的党”。

3号人常常在同一时间想着好几件事情，五时花六时变是他们突出的特点。总的说来，家长一定要让孩子知道，只有脚踏实地，努力学习，才能实现自己的理想和目标。

对于孩子的梦想，家长要理解和支持，并要给予足够的关注。多和孩子谈论他们的梦想，和他们共同探讨实现梦想的办法，引导孩子把他们的兴趣爱好和梦想与学习结合起来，让孩子为梦想自觉学习。另外，为了让孩子坚持自己的梦想，家长可以帮助孩子寻找自己的偶像，偶像常常是牵引孩子走向人生目标的最大动力。

威威上小学四年级，本来一直十分认真学习的威威突然成绩下降很严重，而且老师反映他上课注意力不集中，走神严重，常常低着头在下面搞小动作。妈妈十分着急，专门去学校躲在教室外边偷偷观察。果然，上课的时候威威听着听着就把手伸进书桌里，然后在里边鼓捣着。下了课，妈妈来到威威面前，问威威上课的时候在书桌里做什么。威威没法，从书桌里拿出一只纸飞机。那只纸飞机叠得非常精美，同学们看见都啧啧叫好。晚上，妈妈和威威谈心，一问，原来，学校最近带他们去参观航模展，威威看到那些飞机太喜欢了，他心中产生了一个愿望，长大之后搞航空。这段时间他开始收集飞机图片、模型，还折了许多各式各样的飞机。

妈妈听了，高兴地对威威说："想搞航空好啊，说不准有一天我就乘坐你设计的飞机出国旅游呢。"

威威咧开嘴笑了。

妈妈又说："不过搞航空得学习好才行啊，要不你怎么知道如何设计飞机呢？飞机设计起来还挺麻烦的。又要画图纸，又要计算，设计好了还要指导别人做出来。看来我们现在最重要就是先把学习搞好，考上一所好大学，你有那样的水平，人家就会请你去搞航空。"

威威看到妈妈支持他搞航空高兴得直点头。

"为了将来设计一架最好的飞机，我们订一个计划好不好？"妈妈说。

威威点头说好，赶紧从书包里拿出纸和笔。

妈妈和威威把学习计划订好了。妈妈还保证，威威如果能按计划做好，每年给他订阅三本航天杂志，放假让他参加航天科技活动。威威高兴坏了，很快就把坏毛病改掉了，成绩直线上升。

3 号孩子教育方法概述

1. 针对孩子富有想象力和好奇心，敢于异想天开

- 支持孩子的创新思维。
- 不要训斥孩子的"破坏性行为"，鼓励孩子大胆"创造"。
- 对孩子的"馊主意"和"恶作剧"做一分为二的分析，好的方面应该表扬，但告诫孩子不能用自己的聪明才智去伤害别人。

2. 针对孩子容易受外界影响，做事不太专心，不能持之以恒

- 和孩子一起玩填字游戏或拼图。
- 用名人的故事来启发孩子做事要专注。

● 借每天固定的事情来培养孩子的耐性。比如定时起床，定时吃早餐，定时参加体育运动，定时关电视。定点定量有利于养成专注的习惯。

● 让孩子爱上收藏，比如收藏邮票或剪报。

● 做家务事可培养孩子的耐心。

● 家中布置完全属于孩子的空间。

3. 针对孩子健谈，爱说话

● 做孩子的忠实的听众，耐心倾听是对孩子最大的鼓励。

● 每天安排固定时间，让孩子讲学校里发生的事，即叙述又谈感想，再加上评论，这是锻炼孩子观察能力和口才的好办法。

● 让孩子背诵一些经典诗词、散文及评论文章。

● 教孩子讲故事，从复述故事到改编故事，自编自讲。提高口头表达能力和想象力，同时提升孩子的自信心。

● 对孩子进行命题限时演讲训练。

● 鼓励孩子参加各类演讲比赛。

4. 针对孩子爱美爱打扮

● 让孩子懂得外表很重要，内在美更重要。

● 让孩子学会摄影，把孩子的摄影作品放上博客。

● 一个热爱大自然的孩子应该有不俗的审美情趣。经常带孩子到自然景区或公园漫步，陶冶情操。

● 带孩子到动物园观赏动物。

● 带孩子游历名山大川。

● 和孩子一起看电视时，与孩子一起评点各种美与不美的东西。

● 看到行人，可以告诉孩子他们美在哪里，哪些地方让人看了不舒服。

● 对文学、美术、音乐等艺术的鉴赏力，直接影响人们的审美观。所以，让阅读和朗读成为家庭传统，让音乐成为全家人的共同爱好。

● 经常带孩子参观美术、书法、雕塑、民俗等展览。

● 利用孩子在艺术方面的爱好，鼓励孩子发挥创造力，学会为自己设计服饰、装点自己。

● 让孩子按照自己的想法布置房间。

5. 针对孩子死爱面子，不喜欢受批评

● 信任孩子会让孩子主动改正错误。

● 当你对孩子不满意时，这句话永远适用：你在这方面做得很好（称赞具体行为)，如果在某某方面稍加注意，我们相信你完全可以做得更好。

- 孩子犯了大错时，家长默不作声，这对促使孩子进行反省很有效果。
- 合情合理的批评让孩子心服口服。
- 批评孩子不要借题发挥，东拉西扯，或翻老账。
- 及时指出孩子的错误让孩子没有推诿的理由。
- 指出孩子的错误时，心平气和，态度和蔼，孩子会更加乐意接受。
- 批评孩子语言要简洁，时间不宜长。
- 利用外人来批评孩子有意料不到的效果。

6. 针对孩子急躁、不安分、多变

- 让孩子知道，只有脚踏实地努力学习，才能实现自己的理想和目标。
- 对于孩子的梦想，家长要理解和支持，并要给予足够的关注。
- 多和孩子谈论他们的梦想，和他们共同探讨实现梦想的办法，引导孩子把他们的兴趣爱好和梦想与学习结合起来，让孩子为梦想自觉学习。
- 帮助孩子寻找自己的偶像，偶像常常是牵引孩子走向人生目标的最大动力。
- 先给孩子订立小目标，由小目标到大目标。
- 让孩子自己订计划可让孩子更专注。
- 与孩子之间的约定应让全家人知道，让孩子把宣言贴在墙上。众人的知情让孩子没有退路，学习会更专注。
- 如果孩子守约了，应给予称赞。

3号擅长和喜欢的领域

3号人天生的语言能力、快乐多变及适应环境的性格使他们成为天生的推销员，能把任何东西卖给任何人。他们活跃的思想和孩子般的性格，使他们非常适合教育、语言、幼教、服务的领域。由于天生的艺术才能，也使他们喜欢艺术、表演、传媒、公关、航海、摄影等行业，他们思维独特、反应灵敏、多才多艺、具有天生的音乐才能，能够在诗歌、音乐、作曲、创作、艺术界有极大的潜能，能随时进入不同的角色，很多大明星都出自3号孩子。

3号生日组合解读

3/3：(3日出生的3号孩子)
3：代表表达与敏锐

对于3日出生的孩子来说，具有非常典型的3号人特征。他们聪明活泼，灵动愉快，具有丰富的创造力和想像力。他们机警，反应快；口齿伶俐，勇于表达自己的意见，具有非常强的表达和说服能力，擅长演讲和辩论。喜欢出风头，受人注目。

这些孩子的适应力很强，喜欢随心所欲，想到就做到；富有理想，能够化理想为实际行动。相当一部分孩子拥有艺术才华，擅长创意与设计，并且具有很好的洞察力，善於分析、解决问题。缺点是他们普遍个性比较急躁，爱冲动，自我放纵，较无责任心。经常对于自己太自信，说话言词过於尖锐，情绪不易控制。

另外，有些人因为童年时有过于挑剔的父母或过重的社会压力，造成长大成人之后厌恶或不太喜欢自己。所以，对纯3日出生的人而言，学习如何喜欢自己是很重要的。

12/3：(12日出生的3号孩子)
1：代表创造与独立
2：代表合作与平衡
3：代表表达与敏锐

这种类型的组合非常特别。他们从小就天性乐观、富有生命力，既是孩子王，也非常在乎小伙伴之间的人际关系。同时具备心思缜密和感同身受的两种能力，常常能体会到家长和小伙伴的心思，并且非常具有灵性，小时候就充满魅力，相对风趣，爱说爱笑，还有很多俏皮话儿，深受老师和同学的喜欢。但有时候，他们往往喜欢太快做决定，急躁鲁莽，这样往往会容易出问题，所以，家长要时刻提醒孩子保持冷静的头脑，避免主观和武断地判断一件事。那么，这个组合的孩子未来会非常有成就。

21/3：（21日出生的3号孩子）
2：代表合作与平衡
1：代表创造与独立
3：代表表达与敏锐

这个类型的组合和12/3组合正好相反，这类孩子比12/3组合的人更容易接近，在小伙伴中人缘会更好些。但是，一旦与之熟悉成了好哥们好姐们，就能感受到他们想在团队中当领导的强烈意识。这个组合的孩子年轻时就能拥有丰富的个人资源，有双灵巧的手，什么东西到了他们手里都会变得更加好看，从小对衣着和装饰非常有品味。运动和美学对这天出生的孩子也十分重要，因此舞蹈和其他动作优美的活动最适合他们。这个组合的孩子从小还非常懂得“外圆内方”之道，但要注意的是，他们做每件事时，都要学会把自己内心的真实感受表现给小伙伴们才快乐。这是个未来既可当元帅也可做谋士的组合。

30/3：（30日出生的3号孩子）
3：代表表达与敏锐
0：代表内在与禀赋

这种组合具有3号最典型的性格和特质。从小通常都是幻想家，关注事物的外在，不时展现出任性的言行举止。他们在意表扬，不喜欢批评，在乎老师、家长和同学对自己的看法。对自己平时的小设计和穿着十分自信，他们来到这个世界上就是给大家带来创意和美的。这样的孩子长大后，能更加积极进取，并能对周围的人产生强烈的影响。加上他们动作快、自信以及孩子般天真的人生态度，也形成了他们最吸引人的地方。

创意是30/3的孩子重要的优势，但家长要学会分享和激发他们的梦想，他们是凭感觉学习和玩耍的孩子，不喜欢做主，凡事喜欢老师和家长都给安排好了，他来享受。因此，家长要注意提醒30/3组合的孩子做事时，知道什么是自己真正想要的。长大后，这天出生的人会有更多新奇的点子，表达很有说服力，同时也会拥有强大的野心和行动力。

3号名人堂

爱国名将张学良：生于1901年6月3日；

美国第41任总统乔治·赫伯特·沃克·布什：生于1924年6月12日；

著名作家厄内斯特·米勒尔·海明威：生于1899年7月21日；

全球著名的投资商沃沦·巴菲特：生于1930年8月30日；

美国第32任总统罗斯福：生于1882年1月30日；

英国首相温斯顿·丘吉尔：生于1874年11月30日；

世界著名足球运动员迭戈·阿曼多·马拉多纳：生于1960年10月30日；

世界著名高尔夫球运动员艾德瑞克·泰格·伍兹：生于1975年12月30日；

著名作家张爱玲：生于1920年9月30日；

福特汽车公司的创建者亨利·福特：生于1863年7月30日。

第五章　4号孩子

脚踏实地最安全——守秩序的模范

（每月4日、13日、22日、31日出生的人）

关键词： 中规中矩、勤奋可靠、务实耐心、组织力强、保守固执

4号孩子的剪影

如果用一个词来概括4号孩子，那就是“守秩序的模范”。

4号的孩子细心，做事脚踏实地、稳稳当当、不慌不忙，有节奏地按照自己的方式行事。

4号孩子上学时通常是个乖巧、听话的学生，学习认真、勤奋努力。

4号的孩子有着坚定、可靠的品质。定性很强，做事毫不马虎。

4号也是公私分明的数字。4号孩子有着受人信赖的特质。

4号孩子天生就缺乏安全感，安全感和稳定的生活是4号孩子的迫切需求。

4号孩子有很强的自我保护意识，一般情况下，有把握的事情他们会马上去做，没有把握的事情坚决不做。

4号孩子不喜欢变化，对变化的适应能力较差。

4号孩子喜欢有规律的生活、安静舒适的环境。他们也需要家长给予他们充裕的思考时间。

4号孩子相当固执，墨守成规也是他们的特质。

要想记住4号孩子的特性就请记住下面这些人物：

奥巴马：生于1961年8月4日

撒切尔夫人：生于1925年10月13日

列宁：生于1870年4月22日

4号孩子的性格特征

踏实稳重，做事专注

4号孩子给老师和家长的印象是：稳重、踏实、听话。无论在生活还是学习上，他们都是有条不紊、中规中矩的。

英国前首相，统领英国11年的“铁娘子”撒切尔夫人（注：结婚前称谓“玛格丽特”）小时候竟然就是一个很乖的孩子：“家里人常说我小时候是个很乖的孩子，我的政敌们恐怕很难相信这一点。”

4号孩子做事专注，十分用功。他们可以做重复性很高的游戏，甚至别的小伙伴认为很枯燥的活动。例如，4号孩子可以一个人坐在客厅里玩很长时间，他们也可以把自己感兴趣的图片、故事书一口气看完。

4号的李阳就是靠枯燥无比的重复朗读英语起家，又是靠贩卖枯燥无比的重复朗读英语的“疯狂英语”造就了自己，他二十几年来做着同一件事，每天演讲同一个内容，但他以坚韧不拔的精神一路走了下去。

李阳说，成功就是一次一次的重复。应该承认，在某种意义上是对的。

专注是4号孩子的天性和本能。当4号的孩子专注看书时，即使家长叫他们吃饭，他们也会置之不理，如果家长一再催促，他们会很不高兴，整个一个“小学究”。

4号的列宁就是这方面的典范。

列宁是全世界无产阶级和劳动人民的伟大革命导师和领袖。小时候，列宁一旦读起书来，对周围的一切都理会不到了。有一次，他的几个姐妹用6把椅子在他身后搭了一个不稳定的三角塔，只要列宁一动，木塔就会倒塌。对此，正专心读书的列宁丝毫没有察觉。直到半小时后，他读完了一个章节，把头抬起来，突然，木塔轰然倾倒。

在学习方面，4号孩子耐心细致，而且脚踏实地。不过，他们是属于死记硬背型的学生，他们喜欢借助前人总结出来的经验做事，然后在实践中找到适合自己的方法。

不慌不忙的稳健态度，使4号人比别人学得更多、也学得更好。他们能够排除一切障碍，达到既定的目标。4号的孩子反应也许有一点儿慢，但是他们坚毅的性格会弥补这个缺点。

小时候的撒切尔夫人就是靠刻苦勤奋和稳打稳扎取得骄人的成绩。

“玛格丽特却总是那样精力充沛，勤奋好学，而且把一切都安排得那样井井有条，稳妥有序，显露出一个女强人的特色。她经常从晚上忙到次日凌晨两三点钟，早上六点半钟又起床。每天只睡五六个小时的觉。”“在牛津大学，玛格丽特小姐从不迟到，从不拖交学术论文。她无疑是学生中的佼佼者。”

不过，学习上认真和踏实的4号人缺少了一些创新和灵活性，比如，一个问题如果没有得到彻底解决，他们往往不会去考虑第二个问题，这样，宝贵时间就在毫无意义的苦思冥想中浪费掉了。如果家长在培养孩子的创新和灵活性方面多下点工夫，4 号的孩子将会有更加出色的表现。

4 号的孩子很实在，一切从现实的目标出发，追求实实在在的结果。比如，他们很在乎考试的成绩和排名。

4 号孩子追求安稳的性格使他们不喜欢冒险，所以，他们对课外活动和冒险刺激的运动不太感兴趣。在他们心目中，轻轻松松，没有压力，能够专心学习就是最好的。

4 日出生的奥巴马小时候也是一个乖巧、认真好学又讲求实际的孩子。

6 岁那年，他跟随母亲移居印尼，由于父母没有钱送他去国际学校，只好送他去了当地的普通学校读书，而这些学校是使用当地语言教学的。奥巴马的母亲为了让奥巴马保持上进的心态，坚韧不怠，每天早晨 4 点就催奥巴马起床学习英语。奥巴马跟随妈妈补习 3 个小时英语后，再去上学。按照当年老巴拉克（奥巴马生父）求学的模式，奥巴马的妈妈给他报了美国的函授课，于是，课余时间又给他加了几门课程。

这些对于成年人都是难以忍受的艰辛，但小奥巴马没有任何反抗，他老老实实听从母亲的安排，认真把书读好。

重视安全，不愿冒险

4 号的孩子第一需要的就是安全感，当他们还是小宝宝的时候，他们就会很黏人，他们喜欢被襁褓裹着，喜欢被抱着，这让他们觉得很安全。而有些 4 号的孩子则很依赖某些能带来安全感的东西，比如小毯子。这些孩子还有一个有趣的癖好，就是总会把他们喜欢的东西藏起来。

安全感的问题是一直困扰 4 号孩子的问题。当他们还不会说话的时候，如果家长去抱别的孩子，他们就会用力拉扯家长的衣角，意思是让家长抱抱他们。4 号孩子的这种依赖性有别于 2 号孩子的那种依赖性，这是 4 号孩子天生对安全的敏感表现出来的一种心理需求。为此，4 号的孩子需要获得家长更多的爱，他们内心总是希望一直像个婴儿那样被家长抱在怀里。在 4 号孩子的成长过程中，家长要多给孩子拥抱、鼓励，并给他一个让他倍感温暖的家庭。

撒切尔夫人在回忆录中这样写道：“我对童年的记忆是一种田园牧歌式的

朦胧感觉：阳光穿过菩提树叶子的间隙照进我家的客厅里，我的母亲、我的姐姐，或者是在店里干活的某个人总是在我的身边，不时过来抱抱我，或者给我一块糖果哄我安静下来。”

撒切尔夫人回忆她12岁那年到伦敦旅行：“我还坐了地铁——这对一个孩子来说是一次稍稍有些害怕的经历；我参观了动物园，在那里骑了大象，还被爬行动物吓得直往后缩。”

这些细节在很多孩子长大后基本被淡忘，但撒切尔夫人却记忆犹新，说明她真的很害怕。

4号的孩子对安全感的需求还表现在他们都不喜欢独处，也不喜欢一个人做事，他们需要亲密的关系。而且，他们只信赖那些与他们相处较多的人，因为他对他们有深入的了解。

4号的李阳就是这样一个人。

李阳的合作伙伴彭成谈到李阳时说：“李阳是一个钢铁般有血性的男人，但也是一个孤独寂寞的人。”“记得当时我回去很晚了，李阳已经睡着，我咳嗽了一声，他像个婴孩般被惊醒，我又咳了一声，他又睡去了。”“李阳一直孤军奋战，内心并不踏实安定。”

李阳证实了他的说法。“头发不可能是无缘无故白的，一定是晚上睡觉都在忧虑。我的竞争对手是我自己，岁月不饶人……我的焦虑在于我的事业已经超出了我的能力。梦想太大，实现的手段就比较疯狂。”

4号人自我保护意识很强，同样的一件事情也许别的孩子早已动手去做了，而4号的孩子一定要等到有充分的把握才会去干。例如：当4号孩子还不会使用电灯的时候，对触手可及的开关他们从不会主动去打开，宁可摸黑爬起来。而当他们一旦懂得了如何使用时，就会很巧妙地加以利用。

撒切尔夫人选择大学时就明显地表现出这个特质。

撒切尔夫人中学毕业后，喜欢政治和法律的她竟然出人意料地选择了化学专业，于是她顺利地进入梦寐以求的英国最高名牌学府牛津大学的萨姆维尔学院深造。选择化学是因为当时化学是冷僻学科，而政治和法律类的科目竞争较为激烈。传记作者这样写道：“有人说，撒切尔夫人当时对专业的选择反映了她头脑的现实与明智，是求安稳的表现。”

撒切尔夫人还有一段鲜为人知的秘密——她最害怕自己遭到抗议者泼酸性化学物毁她的容。

撒切尔夫人的朋友克里斯汀·哈密尔顿在回忆录中披露：“玛格丽特（撒

切尔夫人）有一次向我倾诉，她最担心有抗议者像扔臭鸡蛋一样将酸性化学物泼向她的脸。无论她到哪个地方，即使她被重重保镖守卫着，但她仍担心有人可以轻而易举地将酸性液体，譬如硫酸泼向她，她对我说，她的身上一直带着一管解毒剂。所以现在我知道，在玛格丽特著名的手提包中放着的是什么东西了。”自 1984 年她在布莱顿市遭遇炸弹袭击，到退出政坛时为止，撒切尔夫人的“硫酸恐惧”从来没有消失过。

4 号孩子总是希望处在一个稳定的环境中。同一所学校的同学在一起相处时间久了，就不愿意和同学分开，即便是和朋友有了分歧甚至闹了矛盾，他们也不会率先掀起冲突，更不愿直接交锋。尽管他们心中有不满和抱怨，但一般情况下他们会选择绕道而行。高度的敏感和怀疑主义倾向使得 4 号孩子的自尊心极其容易受到伤害。

追求稳定的 4 号人是一个遵守生活规律和社会法规的人。

关于遵守规则，在 4 号的列宁身上有许多有趣的故事。

有一次，列宁到理发馆去理发。当时，屋子里已有很多人。列宁一进门，便问谁是最末的一位，意思是要按照先后次序等候。大家认出了列宁，他们知道列宁日理万机，都不愿让列宁等候。有人说：“谁是末了一位这不要紧，现在空出位置来，请您先理吧。”列宁却回答说：“谢谢诸位同志们。不过这是要不得的，应该按班次和守秩序。我们自己订的法律，应该在一切琐碎的生活里去遵守它。”列宁说完，找了一张椅子坐下，并从衣袋里掏出一张报纸看起来。大家看到列宁态度很坚决，就再没有说什么。

列宁坚持“在一切琐碎的生活里”讲秩序，这除了与他革命领袖的思想、道德有关，也与他 4 号的性格有关。

4 号孩子非常有时间观念，喜欢事事都要按照时间表进行，包括学习、游戏、读书、吃饭以及和家长相处的时间。家长可以与 4 号孩子讨论如何更有意义地运用时间，怎样的方式让时间更有价值，如果家长能提供一些范例，他们会更加信任家长并能更好地遵守时间规则。

缺乏安全感和自我保护意识很强的 4 号孩子，一般对陌生的人和事比较排斥，他们很少主动参与不熟悉的游戏或团体活动，直到确认伤害不到自己之后，才敢投身进去。4 号孩子的这种特质让家人和小伙伴感觉到安全和贴心。反过来，他们也总是很希望得到来自老师和同学的呵护和照顾。

“公平”、“公正”对于有洞察力的 4 号孩子来讲十分重要。如果不能和 4 号孩子的思维方式保持一致，不能从根本上让他信服，顽固和倔犟的 4 号孩子很难被别人说服和打动。

撒切尔夫人刚考入牛津的时候日子很难过。“牛津对这位新生的确‘不是天堂，而是地狱’”，因为她遇到了多方面的麻烦。说是麻烦，其实也是撒切尔夫人4号特有的性格惹出来的。

玛格丽特小姐（撒切尔夫人）从默默无闻、名不见经传的偏僻小城来到牛津，她那土得掉渣的家乡口音受到别人的嘲笑，于是她“急于纠正自己家乡的土音，结果往往弄巧成拙，听起来不伦不类，引起哄然大笑，遭到讽刺挖苦。”所以，初到牛津的她感到孤独和压抑。

这就是自我保护惹的祸。

“女子学院都是女学生。但是玛格丽特小姐却很难跟这些女同学融合到一起。她的言谈举止似乎比同学们成熟一些，但有时说出来的话和做出来的事却又显得幼稚可笑。因此，玛格丽特经常遭受到同学们的冷遇和疏远。这既使她不胜苦恼，又加剧了她的恋家情结。”

这位女首相后来追述她在牛津大学的生活时不禁感慨万分：“我老是想家。头一次尝到孤独的滋味还真叫人难受哩!”在牛津大学的4年时间里，撒切尔夫人基本上是独往独来，没有结交下几个知心好友。到牛津求学的第三学年，她干脆搬出了学院的宿舍，邀了两个女同学合租一套公寓。她们之间虽能和睦相处，谈笑不苟，但始终没有成为知音。

这是典型的对陌生人和事的排斥而招致的自我孤独。

4号人缺乏安全感又派生出另一个特质——强烈的拥有感。

“人们有足够的理由告诉我们说，人类所有的成就都是建造在沙子上的，我们的胜利和我们的不幸都转瞬即逝。我们不能预见未来，更不用说决定未来。”

撒切尔夫人的这段话是4号“渴望拥有”的另一个角度的诠释。

4号的“拥有感”使他们总想“拥有”一些东西。

小时候，4号的孩子对玩具有强烈的拥有感。别的小朋友会把玩过的玩具到处乱丢，而4号的孩子都会把自己的玩具看护得很好，他们不仅记得带回家，还会把它放在一个很安稳的地方。所以，4号的孩子往往有很多“地主公、地主婆”，他们大多有一个自己的“百宝箱”，里面收藏了很多小画片之类的小玩意儿，这些都是他们的“最爱”。

“拥有”让4号孩子感觉“安全”和“开心”。

长大后，这种特性也会让他们买很多东西回家，即使现在用不到，甚至根本不会用，但是这种“拥有”使他们觉得踏实，从而很“幸福”。

循规蹈矩，不愿改变

4 号的孩子通过自己的感官来认识世界：他们喜欢各种东西的味道、触感、声音和气味。事实上，他们从出生那一刻起，就很喜欢吃。不过，他们也可能会特别偏爱某几种食物，顽固地拒绝尝试其他新东西。

4 号的孩子不会主动地尝试新鲜事物，他们看起来总是很传统，一个习惯养成以后是很难改变的。也正因为如此，4 号孩子对待已经拥有的东西就会很执著。家长会发现，4 号的孩子小时候玩自己的玩具时，不会因为某些玩具玩的时间长了而置之不理，即使家长给孩子购买了新玩具，他们也不会马上接受。这种特质在他们长大成人后，对待其他的人和事物也是如此。总之，他们不愿意改变自己的生活状态，总是循规蹈矩地重复着，并且乐在其中。

4 号孩子个性平和、情绪稳定、懂得谦让。但不喜欢过多的变化，需要有规律的生活节奏，静谧安然的生活环境。他们既诚实又现实，不喜欢夸张及唯唯诺诺的谈话。虽然有着浓厚的感情，但是却很少表达出来，多数都是靠自己的行动来表示。即使受了委屈，也不会轻易发脾气或者说出自己的不满，所以家长要时刻注意孩子的情绪变化。

列宁虽然是一个伟大的领袖，但他是一个相当谦和的人。

下面的故事给人一种温馨的感觉。

列宁上大学时开始吸烟。列宁的母亲是医生的女儿，她懂得吸烟的害处。她对儿子吸烟上了瘾感到很伤脑筋，她想了许多办法叫儿子戒烟，可都没有效果。后来，她终于想出一个好办法。有一次，母亲对列宁说：“孩子，我们是靠你父亲的抚恤金过日子，抚恤金是不多的，每一样多余的花费都会直接影响到家庭生活。你吸烟虽然花费不多，但日久天长，也是一笔不少的开支，假如你不吸烟，那对家庭生活是有好处的。”那时，俄国的纸烟并不贵，母亲是为了叫列宁不吸烟才这样说。列宁听到母亲的话，很受感动。他对母亲说：“好好，您说的这些过去我没有考虑到。好！从今天开始，我不吸烟了。”列宁说完，把口袋里的烟掏出来放在桌子上，不再摸它了。

4 号的孩子有自己的一套读书方式——按部就班。他们认为读书必须“学以致用”，所以，一定要深思熟虑达到真正的理解才行。所以，我们会发现一个很有趣的现象，4 号孩子在考试的过程中，他们一般会把会做的题目先答完，留下不会的再慢慢思考。真正是不折不扣的“实用型”。

4 号孩子这种墨守成规的态度，有时会使他们成为一个“近视眼”，即目光短浅。由于顽固，欠缺通融，再加上稍欠包容性和同情心，使他们对不喜欢的教师或科目有成见。所以，家长要加强孩子的情商培养，提高孩子与人相处和沟通的能力。家长要引导孩子认识到自己的与众不同，感受到自己生命的独特性。让孩子懂得只有改变才有进步，改变就是前进，从而成为一个愿意改变的人。

4 号人除了务实之外，还有果断、顽强的品质。

撒切尔夫人毕业后应聘做了税务法官。税务法官在英国一向由男士“一统天下”，撒切尔夫人硬是一头闯进了这一禁区，以特有的顽强精神、果断处事能力和高效工作方法，很快就进入了角色，她工作负责称职，最后还打赢了一场官司。

未来的“工作狂”

长大以后，家长就会发现，4 号孩子是为了“工作”来到这个世界上的。他们有超强的忍耐力，无论从事什么工作都能坚持到底，贯彻始终，很少会有半途而废的情况发生。

通常，他们喜欢一成不变，循规蹈矩的生活，可以反复地做同样的事情，并且有始有终。例如：他们可以用很快的速度去完成一件事情，在自己完成以后就会去帮助其他的同学。总之，4 号孩子是闲不下来的，一旦发现无事可做的时候，他们就会显得很不安，甚至于很焦躁，往往这个时候他们就会感到饿，于是就会想吃东西。其实他们并非真的需要吃东西，而是在用吃东西的方式来缓解心中的不安。如果有事情干了，即使真的饿了，也要做完事情再吃，否则也会吃不下去，因为这时他又在惦记未完成的事情了。如果作业没写完，4 号的孩子是不会去玩的。在作业量大的时候，他们会通宵达旦地去完成。

因为这个特性，4 号孩子到了假期的时候，常常会感到无所适从，他们会主动找一些事来做，比如提前学习下学期的功课。家长看到孩子这么自觉，往往会十分高兴。不过，在这里要提醒家长，孩子的学业固然重要，但自然轻松的休息也是必需的。如果只看眼前而不注意引导孩子锻炼身体，不重视孩子的全面发展，那么在孩子长大成人后，很有可能成为一个缺乏生活情趣的“工作狂”。

在牛津大学就读期间，撒切尔夫人几乎花费了自己的一半时间去干学生协会里无人干的琐碎事，而且兢兢业业，任劳任怨，最终成为该协会史上的第一位女性主席。

撒切尔夫人结婚的时候正在读法律。“初为家庭主妇，玛格丽特不得不调整自己的角色：既要白天去法律教育理事会听课，或去图书馆翻阅资料，撰写论文，又要晚上回家做饭，干家务，装饰居室，而且做得很尽心，很投入，也很有水平。她是一个贤妻和良母，是一位热情而又体贴的主妇。”

撒切尔夫人参加议会后，“无论议会何时休会，甚至是清晨，我都驱车赶回法恩伯勒为丹尼斯和家人准备早餐，也为自己拿点水果或喝杯咖啡。然后我会把两个孩子、有时还有另一个当地的孩子一起送到学校，我们几个母亲轮流负责送孩子上学。随后我一般出去买点东西，再驱车 45 分钟赶到威斯敏斯特，议会下午 2 点 30 分开会。”

为此，她不仅被尊为“男人的领袖”，而且被誉为“能够集妻子、母亲和政治家的美德与才能于一身的‘超人’”。

很多 4 号人都是程度不同的“工作狂”。

4 号的李阳也是一个超级“工作狂”，他在全国各地演讲，是一个空中飞人，“一年飞 300 次，一天一次，工作强度大，回家很少。”电视台请他做节目，他常要人家安排在晚上 12 点，因为他在外地演讲完后才坐飞机赶过来，节目录制完毕又飞走。

可惜的是李阳这个“工作狂”没有像撒切尔夫人那样成为“超人”。撒切尔夫人做到工作家庭两不误，但李阳这样“飞来飞去”，最后却“让他妻子很愤怒，让孩子很失望”。所以，4 号人在疯狂工作的时候一定不要忘记了家庭和亲人，否则得不偿失。

组织构建能力强

4 号孩子还有一个显著的特点就是组织构建能力强，做事精益求精，他们是天生的管理人才。

不管他们所在的学校是重点学校还是普通学校，也不管他们的家庭状况如何；不管他们参加何种社团，也不管社团组织的大小。4 号的孩子很多时候都会或多或少地在组织中负责一些事务。他们总是能将事情安排得很好，让组织或系统能顺利地运行下去。这是因为他们有较强的洞察力，他们总是能抓住问题的关键，并且懂得采取什么样的方式和方法来处理所面临的问题。

把一件计划好的事情加以完善，以更有效率的方法处理事务是 4 号孩子的另一大特质。

4 号的李阳就是这样的人物。我们不讲他在全国组建了多少个讲师团，也不讲他每个寒暑假如何在全国的十几二十个李阳疯狂英语集训营之间周旋，我们只讲一个细节。

演讲现场，一名年轻的讲师站在讲台上，面对全场近 3000 名学生，用流利的英汉双语介绍李阳的成就，这段必不可少的开场白，也是为渲染现场气氛做最后的热身。

尽管主持人一再请大家以热烈的掌声欢迎李阳老师，尽管掌声像浪潮一样一浪高过一浪，但是李阳始终没有露面。

李阳站在舞台一侧已经好一阵，他可以看见场内，黝黑的脸上没有表情。他始终没有进场。

“他太懂得掌控现场气氛了，也太懂得把握听众心理了，时间、节奏、手势、声音……都需要拿捏得恰到好处，高潮不是一下子到来的，火要一把一把地点。当讲座终于开始时，他马上发现，体育馆里的音响效果不符合他的要求，‘声音听起来有点破’。他随即要求手下，‘赶快，换我们自己的音响设备！’四个庞大的音箱马上被抬到了体育馆主席台后方，在两侧匀称布开。李阳事后告诉记者，他在全国各地备有几百套质量上乘的音响设备。学生听众的脖子越伸越长，李阳并不着急，一直等到音响调试好，他才拿起话筒走上讲台。”

李阳疯狂英语之所以有如此影响力，一是独特的英语学习法；二是疯狂的精神。许多人认为，除了学习英语，在李阳疯狂英语集训营所体验到的那种惊涛骇浪式的狂热，也是人生中一种珍贵的体验，可以说是青春之必修课。而这种撼动人心的疯狂，是由庞大的队伍、宏大的气势、火爆的场面构成，缺一不可。而这一切都来自于背后训练有素、组织有力、调动有序的人员和活动体系的正常运转。可以说，李阳的构建能力可以成为4号人物的标本。

4号孩子也许没有3号孩子那样丰富多彩的创意，但他们总是可以通过天生的逻辑思维和严密的组织能力把事情干得又快又好。

在团队中，他们总能替朋友着想，乐意为小伙伴服务。会想尽办法维系自己与同学之间的友谊，并且乐于帮助小伙伴解决问题。在与同学交往的时候，他们很容易发现同学的优点。并与其他同学分享他们的经验。

他们热爱学习，有自己积累知识的方法和严格的组织纪律观念。作业和笔记通常也都会很干净、很工整，平时还喜欢收集和归类整理图书和玩具，这是学习、工作和生活极有规划的4号孩子的特质。

列宁读书有一个有别于常人的习惯。他很喜欢在书页的空白处随手写下评论、注释和心得体会。有时还在书的封面上标出最值得注意的观点或材料。一旦读到具有较高学术价值的著作，他还在书的扉页上或封面上写下书目索引，特别注明书中的好见解、好素材及具有代表性的错误论断的所在页码。列宁把做批注视为一种创造性劳动，非常认真地加以对待，从不马虎草率。每当读到精辟处，他就批上“非常重要”、“机智灵活”、“妙不可言”等，读到谬误处，就批上“废话!”、“莫名其妙!”等，有的地方则干脆写上“哦，哦!”、“嗯，是吗?!”、“哈哈!”、“原来如此!”等。列宁的重要著作《哲学笔记》就是在读哲学书籍时写的批注和笔记汇编而成的。

4号孩子的这些优秀品质为他们将来在重要的工作岗位上做出卓越的成绩打下了坚实的基础。许多学者和政治家、管理人才都诞生于这个数字，这与这些优秀品质不无关系。

4号孩子的教育课题

固执己见

4号孩子很小的时候就给老师或家长一种老成持重的感觉。但是，老成持重的4号有时却会出现怠惰的心理，加上他们常常固执己见，所以，有时会给人“愚笨”的感觉。其实，4号的孩子很能干、感情很稳定。他们很少陷入深度的沮丧中，他们常常能稳定自己的情绪，安静地把事情做好，而且他们更能表现出顽强刻苦的精神。

常常，固执己见也有它的好处。固执己见的人往往能够坚持自己的观点，而且他们也比较坚定和顽强。

撒切尔夫人从小就是一个固执，坚持自己的人。下面这个小故事让我们看到她是一个多么与众不同的小女孩。

她家附近卖炸鱼片的小店，排队的人群很喜欢辩论时事。“有一次辩论的题目是希特勒，有人说希特勒至少让德国人有了一些自尊，而且让德国的火车能正点行驶了。我激烈地反对这种观点，这让那些比我年长的人非常震惊，而且无疑是有些恼怒了。女店主也笑着说：‘哦，瞧，她总是在不停地辩论。’”

撒切尔夫人也是这样评价自己：“无论是我的本性还是成长的家庭环境都决定了我是一个‘忠实的’保守党人。不管我读再多的左翼书籍，也不管听到多少左翼的评论，我对自己的政治信仰从来都没有产生过怀疑。”

4 号的奥巴马也是因为能够坚持自己，一往无前朝着自己的目标迈进，才使自己最终站上人生的巅峰。

奥巴马在读大学的时候就立志到社区工作，为社区穷人服务，为黑人争取平等权利。但是，奥巴马的计划进行得并不顺利，毕业前，他的所有求职信都如石沉大海。奥巴马不得不作出决定：把社区服务计划先放一放，以后耐心寻找机会。凭借在哥伦比亚大学获得的政治学学位，奥巴马被商务国际公司短期聘用为研究助理。

奥巴马的工作很出色，他很快就获得了升职——体面的薪水、独立的办公室、私人秘书。一切都预示着他在这行也有可能大有作为。

有时，奥巴马跟同事谈起自己的社区服务计划，大家反应平淡。他们认为奥巴马进社区完全是找罪受：一没钱、二没权，混得再好也不过是个“社区主任”，而且社区里面的人到底服不服管还得另说，浪费大把的时间和精力在这些下层群众身上又是何必？

尽管不被看好，奥巴马依然坚持自己的理想，继续寻找机会，几个月后，奥巴马谢绝了公司的挽留，踏上了实现自己社区服务计划的征途。也就是从那时开始，奥巴马翻开了他的政治生涯的第一页。

对于正确的观点，能够坚持当然是相当好的，但是，对于错误的认识或者观点，固执己见就不值得提倡了。没有道理又一味固执，那就变成执迷不悟，容易走入死胡同，这对孩子的成长是很不利的。所以，家长一定要正确引导。

撒切尔夫人有时就固执得让人生厌，以至于德国前总理科尔在回忆录里公然说撒切尔夫人是一位“很难打交道的女人”。

科尔有这样一段回忆：两德统一之前，苏、美等国领导人均采取灵活态度，先后表示支持德国统一。但撒切尔夫人却认为德国统一会破坏欧洲，甚至世界的势力均衡，因而屡次提出“统一尚不该被列入日程”，甚至反对两德统一。他在书中表示，当年撒切尔夫人曾对他说，她确信德国应该保持分裂局面，而且原东德部分不应当加入北约组织。

“我当时所猜测的东西已经被公开的资料证实了。撒切尔夫人确实曾试图通过各种方法来阻止德国统一的进程……她策划了一系列针对我、针对德国的阴谋。”

1989 年 11 月 9 日，竖立在两德之间的柏林墙被推倒。此后不久，科尔与撒切尔夫人在巴黎会面，科尔告诉她：“谁也无法阻止人们决定自己的命运，你也没有这种能力。”当时，撒切尔夫人情绪失控，她跳着脚尖叫：“这只是你的看法！只是你的看法！”

看起来，虽然 4 号有非凡的洞察力，但他们的固执常常使他的观察停留在第一印象中。所以作为家长要和孩子多沟通，多培养他们进一步深入观察的能力，帮他们尽力摆脱只认定第一印象的烙印，懂得事情都是在发展和变化的，只有这样我们才能够与时俱进。

家长可用“榜样法”让孩子认清事物的真相，改变他们的固执行为。

比如，22 号出生的静恒就是一个相当固执的孩子，许多事情即便家长说得口枯舌燥也不能改变他的看法。他看新闻看到一个人被爆炸的高压锅炸伤了，他从此害怕所有发出声音的电器和烹器。一次，他母亲正在接电话，电茶壶的自动报警器“呜呜”地叫了起来，妈妈叫他把电茶壶的开关关掉，这个读初一的男孩子不但不关，反而躲到房间哇哇大叫，让妈妈快点把电茶壶关掉。妈妈放下电话，并不急着关电源，而是把静恒叫过来，告诉他，这个声音只是报警器发出的声音，水到一定温度后，它就会叫，对人没有危害。电茶壶的嘴和顶盖处呼呼地冒着热气，看起来很吓人，其实并不可怕，因为热气跑了，里边没有压力，没有压力就不会引起爆炸之类的事。然后妈妈把电源关掉，电茶壶安静下来，一会儿妈妈再插上，电茶壶一报警，再让静恒自己关掉电源。操作了几次后，静恒不再害怕电茶壶了。

静恒的妈妈还用这个办法，让认为游泳相当危险的静恒学会了游泳。

另外，“体验法”对改变孩子的固执行为也很有效。

4号出生的森林也是一个顽固执拗的孩子，平时总喜欢按自己的想法行事，家长一旦提出反对意见他就很不耐烦，弄得大家常常很不愉快。面对这么倔犟的孩子，家长在一些小事上只好放手，让他按照自己的主意去做。

一次，天气预报说第二天会有雷阵雨，而且受冷空气影响气温会骤降，当天气温可能会降5度左右。妈妈提醒森林明天上学要带雨伞和加一件衣服。

第二天早上，晴空万里，森林穿着短袖衫就出门，妈妈拿着伞和衣服追赶出去，森林说，我看那些搞天气预报的一定看走眼了。然后一溜烟就跑远了。

中午吃过饭，天就开始暗下来，然后是雷电大作，狂风阵阵。妈妈和爸爸商量好，如果森林打电话来要他们去接，他们以各种理由不去接他。不过他们没有接到森林的电话。因为他自己没带雨具，他不好意思开口让爸妈来接。一直到傍晚7点，森林才冲进屋里。妈妈没有责备森林，只是把煮好的姜茶送到他面前。森林全身湿透，手臂上起了鸡皮疙瘩，一进门就打了一个喷嚏，他怕妈妈骂，赶紧捧起姜茶喝了。爸爸走过来幽了他一默：“俗话说，不听老人言，吃亏在眼前。”妈妈说：“现在用高科技手段预测天气，看来不信还不行。”以后，天气预报说下雨，森林再也不敢不带雨伞。其他方面，家长的建设性意见他也能听进去一些。

“体验法”有一个很大的好处就是避免和孩子硬碰硬，家长讲道理让孩子反感，而体验中得来的经验教训，会让孩子在不知不觉中改变自己的不当行为。

用“体验法”教育孩子时家长一定要互相配合，不能这个心硬那个心软，家长一旦心软，孩子就失去了体验的机会。所以，教育观点一致相当重要。

另外，4号孩子虽然很顽固，但却是个很会体贴别人的关怀者，他们只是讨厌强迫。所以家长要特别注意对孩子的态度——友善和温柔是化解他们与生俱来的倔犟和固执的最好手段。像森林的妈妈，用一碗姜汤的温柔就打动了森林。

可以想象一下，如果他一进门，爸爸妈妈就群起而攻之，森林肯定一拧脖子就躲起来，不喝就不喝，老子宁可生病也不喝。

改变孩子固执己见还有一个“灵丹妙药”，就是让孩子热爱阅读。

奥巴马在许多不利的条件下成长为一个阳光通达的孩子，除了家庭教育之外，热爱阅读，博览群书也是一个非常重要的因素。

阅读能让人获得智慧和启示，从而看清事物的真相。

奥巴马成长的过程中，书籍对他的影响很大。奥巴马当年在哥伦比亚大学读书时，花时间最多的地方就是图书馆。他常常在那里一待就是一整天，书籍是奥巴马最好的伴侣和朋友。可以说，博览群书是让奥巴马走向成功的重要因素。

“他（奥巴马）自传中体现出来的广博知识和优雅流畅的语言，可以猜想他的阅读是非常丰裕的。美国媒体也认为。他是美国很长时间以来难得一见的‘有文化的总统’。他在自传中写到，每次遇到问题时，他都会找来相关的书阅读，希望从书中得到启示。”

培根说：“读史使人明智，读诗使人聪慧，演算使人精密，哲理使人深刻，伦理学使人有修养，逻辑修辞使人善辩。”

“知书达理”就是这个意思，读书读得多自然就通情达理。通达的人自然就不会盲目执著。

缺乏安全感

缺乏安全感是4号人与生俱来的“胎记”。

凡事都有两面性，正常的安全感可以使孩子稳重务实，勤勉踏实。但是，过于敏感却让他们常常心生恐惧，而恐惧心理一旦表现得固执的时候，这种“危机感”就会严重影响到孩子的心理和行为。

4号孩子有时还会拒绝和抵触新事物和陌生人，这对他们的发展也是很不利的。

所以，培养孩子内在的安全感是4号孩子家长的首要任务。家长要让孩子认识到：生命中“真正的安全感”只能来自自身，不能依赖其他的人或事物。所以，要获得“真正的安全”，必须让自己的内心强大起来。

鼓励和增强他们的自信心是让孩子勇敢面对一切的最好办法。

奥巴马就是一个得益于家人的培养，成功走出“恐惧”怪圈的4号人。

同样是4号人，奥巴马比他的“同类”——其他4号人更具安全感。按道理，他比其他4号人失去更多。比如，撒切尔夫人小时候失去的是一些尊严——小城市人的口音和见识让人暂时瞧不起。但奥巴马缺失的是“父亲”——父亲和母亲在他4岁的时候离婚，奥巴马从小就在单亲家庭长大。让他内心深深失落的还有他的黑人的身世。

单亲家庭和种族问题对于一个孩子来说都是致命的问题，处理不好会毁掉孩子的一生。但是，小奥巴马在妈妈和外公、外婆3人的用心呵护下，弥补了他心中的缺失，基本上给了他一个完整的童年，让奥巴马健康、自信地成长起来。

我们来看看他们是怎样做到的。

“外公、外婆和妈妈组成的‘故事三人行’给小奥巴马讲述了不少关于老巴拉克（奥巴马生父）的奇闻轶事，这些故事在他的脑海中构建起父亲伟岸的形象。”

“小奥巴马从外婆、外公和妈妈那里听到许多关于父亲的故事。这些精彩的故事大多带点神话色彩，还不乏诗意，老巴拉克的形象慢慢有了些传奇和英雄意味，仿佛圣战中横刀立马的勇士一般。”

“一张张照片、一段段故事让父亲的形象在奥巴马的心中变得真实而生动。”

“即便不能和父亲朝夕相处，但还有外公陪伴身边，这时的斯坦利可以说是‘既当外公，又当爸爸’，走到哪儿都把孙子给带上，有客户请他去玩儿也不例外。”

“有次爷孙俩就一起去夏威夷的希凯姆空军基地看热闹。外公把奥巴马高高地放在肩膀上，看见宇航员出来了就叫他使劲儿挥手，信誓旦旦地说航天员正在跟他打招呼。外公希望为小奥巴马营造一种温情脉脉的氛围，让他觉得自己是独一无二的、备受大家宠爱的孩子。”

奥巴马的妈妈在离婚不久后很快就给自己找到一个丈夫，同时为奥巴马找到一个爸爸。后爸罗洛是印尼人，带着奥巴马移居印尼。罗洛是个不错的男人，“小奥巴马把罗洛作为自己效仿的对象，从他那儿学习如何适应这个新环境。和那些惹是生非的小混混周旋自然也成了学习的一部分。罗洛给小奥巴马买了拳击手套等，教他怎么跟别人打架，怎么躲拳头。就这样，奥巴马开始习惯和罗洛待在一起，父子之间的交流也多了起来，不到半年的时间，奥巴马就掌握了当地的方言，并且也渐渐习惯了这里的风俗习惯。”

虽然这一切都不能完全代替父亲这个角色，但在奥巴马那里，损失也不是太大，他始终处于大人的中心，成为宠爱的对象，小奥巴马基本上和别的孩子一样，有了一个完整的童年。

“闲暇时，安（奥巴马妈妈）会坐下给奥巴马讲美国民权运动的故事，把马丁·路德·金的讲演稿找出来给他读，或者给他放玛哈丽雅·杰克逊（Mahalia Jackson）的演讲录音。当时，美国黑人民权运动举步维艰，但安（奥巴马妈妈）总是有选择性地避开那些消极的内容，把光明、积极的一面留给小家伙去感受。还把这一切同老巴拉克联系在一起，给儿子心理暗示，让他觉得自己的父亲是个伟大的人，而他也应该向父亲看齐。”

关于父母离婚这件事，安也没有丑化老巴拉克，而是说“老巴拉克当年是带着国家使命来美国的，肯尼亚政府和美国的资助人之所以挑选老巴拉克赴美留学，是希望他能把先进的信息和技术带回到肯尼亚，为祖国的现代化建设尽一份力量。”这样一说，父母离婚就变得情有可原，而且父亲的形象也高大起来。

多么英明的故事，多么善意的谎言。

除了父亲的缺失，肤色的差异是让年幼的奥巴马感到迷惑的另一个方面。母亲是白人而自己却是一个黑人，有时候他甚至觉得自己根本就不是他们中的一员。

在美国，某人属于哪个种族跟他来自何方、父辈是谁没有太大关系，关键在于你身体里的那滴血来自哪里，在于素昧平生的人们怎么看你。

奥巴马是个黑人，这为他打上了不同的种族印记。为此母亲常常安慰奥巴马，说他兼有爸爸妈妈的优点，眉毛像母亲，智慧和性格则像父亲。鼻子、脸蛋、微笑、头发、修长的体型以及牛奶咖啡一般深褐色的皮肤也都来自于父亲。

“妈妈一家都是白人，但他们并没有把奥巴马看做异类——对他们来说，奥巴马就是自己的亲人，这一点纯粹而又简单。”

“奥巴马的肤色让外人忍不住好奇却又不明就里。经常有些来夏威夷度假的观光客被小家伙的奇特相貌所吸引，他们要么一知半解地谈论小奥巴马的身世，要么就盯着他看，半天搞不清所以然。对那些误把奥巴马当夏威夷人的，外公拉下脸来批评他们无知；对那些搞不清楚奥巴马到底应该属于哪个种族的人，外公则一本正经地说他是原夏威夷国王卡美哈美哈的后裔，自然与众不同。结果可想而知，这群游客争先恐后地跟奥巴马合影，为自己能偶遇皇室后代而激动不已。”

种族隔阂在白人看来似乎并不存在，但是对有色人群来讲却是无法改变的事实。一家人不仅尽力保护小奥巴马，使他不被美国当时的种族偏见所伤害，还试图让小家伙从自己和父亲身上寻找自信，让小奥巴马觉得自己血统优越、不同凡响。

所以，奥巴马并没有因为父亲的缺失和种族印记而受到伤痛和孤独的侵蚀，也没有因此变得更加缺乏安全感和孤僻。相反，奥巴马相当自信，他读小学一年级的时候，在老师的指导下写过一篇叫《我想当总统》的作文。后来，奥巴马上三年级的时候又在一篇名叫《我的梦，长大了想做什么》的课后作文中写到自己以后的理想是做一名总统。

奥巴马这么小就树立了鸿鹄之志，说明他是一个相当自信和勇气十足的孩子。看来，外公对他灌输的“国王后裔”、“血统优越”的理念已在他心里深深地扎根了。

奥巴马的外公、外婆和妈妈真不愧为天才教育家。

奥巴马家人的这一做法很值得家长们借鉴，这种教育方法其实就是心理暗示教育法。

这里顺便给家长们讲一下，怎样利用“暗示教育法”培养孩子的个性品格。

在日常生活中，许多家长习惯于明示教育，也就是直接给孩子以明确的指点，教他们应该怎样，不该怎样，从而规范孩子的行为。虽然这是一种重要的教育手段，但是，因为这种教育方法是直接的、外显的，只采用这一手段，会使孩子觉得家长总是管制自己，唠叨没完，从而产生一种逆反心理，大大影响了教育效果。

“暗示教育法”就是用言语、动作、表情等间接、含蓄的方式使孩子不自觉地接受某种意见或做某事的教育方法。

暗示教育法主要有以下几种形式：

❀ 言语暗示

就是不直接对孩子提出教育要求，而是通过讲故事、打比喻、作比较等方式把自己的观点巧妙地表达出来。例如，发现孩子抄袭别人的作业，家长可以提醒："这些题目你只要稍细心一点，就完全可以做出来，用不着看别人的。"而不是训斥："笨小子，你怎么又抄袭别人的作业?"家长给孩子讲故事也是语言暗示的方法，选择什么故事，在什么时候讲，用什么方式讲，对孩子都有暗示作用。奥巴马的家人用得最多的就是语言暗示法，他们用故事给他塑造了一个传奇父亲，用故事让他相信自己来自了不起的血统，用故事让他觉得自己是当总统的料。

❀ 眼神暗示

家长用眼睛把要说的话表达出来，孩子觉察以后会依据家长的意图去行事。例如，家里来了客人，孩子大吵大闹，家长不好当着客人的面吆喝孩子，就用严肃的目光看着孩子，孩子很快明白了家长的意思，马上停止喧哗。

❀ 表情暗示

通过表情使暗示对象做出反应。例如，发现孩子做了好事，家长对他会心的微笑，这对他是一种很好的激励。

❀ 心理暗示

心理暗示就是家长通过各种手段让孩子相信自己是聪明的，能学好的；认为自己是坚强的、勇敢的；而且让孩子相信自己是健康、懂礼貌的、很懂事的孩子。比如，奥巴马的妈妈安"把这一切同老巴拉克联系在一起，给儿子心理暗示，让他觉得自己的父亲是个伟大的人，而他也应该向父亲看齐。"心理暗示运用得好，常常会产生强大的力量。

❀ 人物暗示

人物暗示就是家长以身作则和给孩子树立榜样，从而间接地影响孩子。例如，家长想孩子不打架、不骂人，和小伙伴友好相处，那么家长自己首先要和睦相处，不打骂孩子，平时对孩子说话平声静气，态度温和。这样，孩子自然说话柔和，礼貌待人。又如，做家长的希望孩子是一个孝顺儿，当家长的自己首先要孝顺老人，爱自己的家人。

讲一个案例。

有一个孩子常对别人讲他很恨他的父亲，为什么呢，因为父亲天天和他的妈妈吵架，最后和孩子妈妈离婚了。奶奶每次一唠叨，爸爸就吼奶奶，有一次，这个坏脾气爸爸又吼奶奶，说很烦她，让她滚。那孩子突然冒出一句："爸爸，你老了我送你去养老院。"

家长的一言一行对孩子都有着很重要的影响和暗示作用，所以，家长，包括孩子周围的成人都要注意自己的一举一动。

奥巴马家人的人物暗示也做得相当好，他的生父有一年车祸后从肯尼亚来美国到他们家疗养，受到他们全家的热烈欢迎。老巴拉克在他们家像在自己家里一样，和他们相处得相当融洽，所以，小奥巴马从来没有排斥过父亲，和父亲相处自然，还非常崇拜他。

❀ 活动暗示

就是让孩子参与各种活动，让孩子在活动中受到熏陶和教育。孩子精力旺盛，好动，喜欢做事，家长可利用孩子的这种特性，多分配他们一些"任务"，使他们在完成"任务"的过程中受到教育。例如，爷爷行动不便，可以让孩子帮着端端饭；妈妈病了，帮着倒水拿药；邻居买了东西，帮着拿回家等。

为了使暗示教育法收到更好的效果，家长朋友可以将上述几种暗示方式综合运用。

"暗示教育法"可以达到一种"润物细无声"效果。积极的暗示会在孩子的潜意识中形成积极的影响，会成为一个自我实现的预言。如果家长在孩子的潜意识中种下某种预言，孩子就会在这个预言中不自觉地呈现相同的行为给家长（比如奥巴马被外公暗示为"国王的后裔、高贵的血统"）。反之，如果家长不断给孩子消极的暗示（你是一个窝囊废，什么都不如别人，不知道孝敬父母等），这无异于给自己挖坑，等待家长的势必是在这种"轮回"中越陷越深。

4号孩子的性格特质说明他们理性思维的成分较多，所以，家长也不妨从培养孩子的想象力和创造力入手，让孩子的理性思维和感性思维相对中和一下。这也可以改变孩子以上的几点不足。比如让4号孩子多看科教片和一些艺术方面的书籍，丰富他们的想象力。

还有，让孩子也多学习一些下棋的方法，不但可以发挥他们运筹帷幄的能力，还可以提高他的变通能力。

不轻易相信事物

4号的孩子很诚实，很务实，所以他们不会轻易地相信事物。

在孩子的心目中，家长就是他们的保护神。所以，家长一定要用心维护好自己在孩子心目中的形象，千万不要让孩子失望。孩子一旦对家长产生疏离感，要重新建立信任关系就相当困难。

4 号孩子会在内心给别人打分，当家长或小伙伴的行为得到他们的认可，他们就会给你们加分，反之就会减分。当他们把分值降到他们设置的底线以下，他们就会疏远你。所以，对待 4 号孩子一定要记住，不要轻易许诺，答应了的事就一定要做到。

4 号的李阳在这一点上已经是极端化了。

李阳连人类最崇尚和追求的爱情都不相信，他说："我一直认为，爱情是一件非常荒唐的事情。什么叫爱情？谁能说清楚？"

"这位工程力学系学生反对过分强调什么文学素养，'大部分人没有必要读太多文学的，文学是精神毒草，看了心理太复杂，太多愁善感了。学好专业知识，积极向上，永不言败，善于待人，就这几个道理就够了。'"这也是对情感的不信任，一种对情感讨厌和拒绝的姿态。

"我有强迫症，还有注意力丧失症，我很难专心，上课（大型英语培训）的时候，你看我那么投入，可我脑子里还在想别的事儿。精神抑郁症可能也有一点，我有时候突然会觉得做的事情都很无谓，没有意义。"

李阳的这种极端性格源于家庭教育的失败。

李阳小时候由姥姥带大，三四岁后回到新疆跟父母一起生活。所以，他跟父母"不是很亲"。再加上父母被打成"臭老九"，生活很不如意。"不如意以后，把这些东西都发泄在孩子身上，孩子是个发泄工具。"李阳常被父母骂"你个笨蛋"，"你将来掏大粪去吧"。结果小李阳在心里不断给父母减分，一直减，最后，李阳和父母之间隔着一条很深的鸿沟。

李阳说："（跟父母）拼抱我会起鸡皮疙瘩的"，"握手都没法握。我记得我叫我父亲是叫不出来的，我必须到他前面去，我只有到他前面去，'哎'，这样子才行。叫爸爸，脸会'刷'就红掉。"

成年后，家庭教育仍然在李阳的心里留下挥之不去的阴影，"他善于隐藏自己，刀枪不入，并掌握了一套极其正确的政治话语系统（爱国主义、感恩教育等）。"

"他的内心是复杂的，极度自信又非常脆弱，他逼自己每天不停地跑，尽管时常怀疑这样跑的意义。"

一个真正的矛盾体，一个怪胎。

显然，一个矛盾体不可能长期平衡运行，一旦有某种诱因，这个矛盾体就会像一颗炸弹一样发生爆炸。2011 年李阳的家暴事件可以说就是一次“大爆炸”。

李阳的成长历程给我们的启示是，对 4 号孩子来说，鼓励是成长中最重要的养分，“从小我父亲就骂我是没有志气的孩子，我父亲不懂教育，他要是懂教育就该说，孩子，你做不到是可以理解的，我们可以想别的办法来做到它，而不是老打击我。”（李阳语）所以，家长一定要学会赏识自己的孩子，尊重他们的感觉。

4 号孩子十分沉稳，他们做事步步为营，说话条理清晰，就像一部正常运转的机器，一旦出现了违反常规的事情，他们会心神不安。在和 4 号孩子相处的时候，不要在他们的面前做出夸张的动作和表情，因为他们喜好沉稳。指手画脚、絮絮叨叨，会让 4 号的孩子焦躁不安，注意力分散，甚至会产生厌恶心理。

李阳的“家暴事件”据他自己说就是由于妻子翻旧账，唠叨了好几个小时，让他忍无可忍，于是头脑失控。虽然夫妻之间的战争是由长期积怨而起，但这无疑也是产生家暴的直接诱因。

所以，对待 4 号人，一定要给予他们充分的自由，让他们获得自由发展的时间和空间。

另外，4 号孩子略欠开拓精神，对于变化的适应能力也较差，这方面的欠缺有可能限制他们的发展。所以，家长要鼓励孩子尝试新鲜事物，积极参与社会活动，使他们在稳定和变通之间更有力地把握好自己的人生。

4 号孩子教育方法概述

1. 针对孩子缺少创新和灵活性

- 带孩子参加自助游，让孩子体会到新鲜的环境和未知的安排带来的快乐。
- 通过培养孩子对艺术的喜爱，培养他们的想象力和创造力。
- 多让孩子看科教片和卡通片，丰富他们的想象力。
- 与孩子做一些谋略方面的游戏，如围棋、国际象棋、跳棋等，提高他的变通能力，锻炼他们运筹帷幄的管理能力。

● 经常有意识地突然改变计划，“求助”孩子拿出解决办法，对他们的出色表现表示赞赏，以锻炼他们适应“变化”的能力。

2. 针对孩子循规蹈矩，不愿改变

● 借孩子在日常生活中的一些小事提醒孩子做事要变通。

● 借日常发生的因循规蹈矩、不愿改变导致不良后果的新闻事件、身边故事，给孩子分析变通的重要性。

● 让孩子学会接纳自己不喜欢的人，甚至与自己意见不一致的人。

● 日常生活中，让孩子看到自己的缺点和优点。让孩子懂得，每个人都有自己的优点，也有缺点。没有十全十美的人。

● 经常跟孩子练习如何看到别人的优点，接纳别人的缺点。

● 经常跟孩子练习，让孩子学会与自己不喜欢的人打交道。

3. 针对孩子“工作狂”的特质

● 当孩子碰到问题苦思冥想，白白耗费时间的时候给孩子一些必要的提示。

● 提醒孩子考试时先做会做的，不会做的放到最后再做。

● 让孩子参加唱歌、跳舞、器乐方面的培训。

● 让孩子多参加游泳和球类方面的运动。

● 让孩子一起做家务事。

● 每天安排一点时间与孩子散步。

4. 针对孩子缺乏安全感，不愿冒险

● 与孩子保持亲密关系。

● 给孩子一个温馨和谐的家庭环境。家人之间友好、平等、轻松、愉快的氛围会让4号孩子有安全感。

● 鼓励是4号孩子成长中最重要的养分，多给孩子鼓励和赞赏。

● 增强孩子的自信心是让孩子勇敢面对一切的最好办法。

● 当孩子遇到害怕或恐惧的事情时，通过耐心讲解，让孩子了解事情的真相而消除恐惧心理。千万不能恐吓孩子。

● 通过“暗示教育法”给孩子信心和勇气。“暗示教育法”就是通过各种暗示手段让孩子相信自己是聪明的，坚强勇敢的，健康快乐的，懂礼貌的好孩子，从而有效地增强孩子的内在安全感。

● 通过讲故事、打比喻、作比较等“言语暗示法”把自己的观点巧妙地传达给孩子。

- 一个鼓励的眼神和一个会心的微笑都会让孩子充满信心。
- 给孩子找一个崇拜的对象，让孩子在认同榜样的同时认同自己。
- 多让孩子参加各类活动，多给孩子分配“工作任务”，如帮忙照顾老人、帮邻居搬东西等。让孩子在活动和完成“任务”中找到自信和快乐。

5. 针对孩子固执己见，不轻易相信事物

- 经常带孩子去见朋友，郑重地把孩子介绍给朋友认识，并让孩子学会自我介绍。
- 让孩子多结交与自己兴趣爱好不一样的朋友。
- 让孩子成为一个爱好广泛的人，培养孩子活泼有趣的性格。
- 经常和孩子一起玩有趣的游戏。
- 家长和孩子之间经常交流一些笑话或幽默故事。
- 给孩子讲自己小时候的有趣故事。
- 和孩子一起欣赏家里的老照片。
- 培养孩子的观察能力，让孩子了解事物的发展变化。
- 家长可通过行为示范让孩子看到结果从而改变自己的看法。
- 通过“体验法”，即让孩子自己尝试体验练习，让孩子熟悉和掌握事物的原理和规律，从而改变他们的固执行为。
- 让孩子热爱书籍。阅读能让人获得智慧和启示，阅读是改变孩子固执己见的“灵丹妙药”。

4号擅长和喜欢的领域

4号人做事极为细心、勤勉可靠，在结构和逻辑方面的能力也相当强，能做出最完整的分析、最科学的规划和执行方案。4号人在银行、室内设计、机械、建筑、规划、食品制造、会计、精算、人力资源、统筹分析等方面总有极佳的表现。他们的稳定和持久性也非常适合做大型企业的高层管理者、外科医生等。

4号生日组合解读

4/4：（4日出生的4号孩子）
4：代表稳定与秩序

对于4日出生的孩子来说，他们具有典型的4号人特征。他们多半是十分懂事的孩子，鲜少惹上麻烦。比如说：总是按时完成作业，过马路特别小心，这些孩子总能以自己的方式照顾好自己。他们天生喜欢收集各种东西，不仅是实质的物品，也包括真理和详细的信息。

这些孩子非常实际，注重纪律，擅长搜集资讯、分析和研判事物，而且很有效率，经常能够以最少的努力完成工作。但是，他们的想象力也可以天马行空。只不过，那可不是凭空胡思乱想，而是以现实世界为基础的梦想。就像所有的孩子一样，4日生的孩子偶尔也会很淘气，但通常这是他们在用顽皮的举动来测试家长的界限，看家长可以容忍自己到什么界限。缺点是他们长大后经常对别人要求标准太高，并且缺乏变通能力。

22/4：（22日出生的4号孩子）
2：代表合作与平衡
4：代表稳定与秩序

22/4：拥有这种组合的孩子从小给老师、家长和同学的感觉就是十分亲切、友善的，他们非常在乎小伙伴之间的人际关系。小伙伴们也会发现他们对待别人是真心而贴心的，没有任何的功利目的，总是从关心朋友的角度出发。22/4知道小伙伴需要什么，知道什么时候需要他的帮助。他们在关心同学的时候，更关注小伙伴的内心世界。平时，他们与同学的合作能力也很强，他们喜欢和同学一起写作业，探讨学习，不喜欢单打独斗。他们唯一希望的就是能从老师、家长、同学那里得到安全感。未来，他们一旦找到自己信赖的人和事业，产生的能量是非常巨大的。这一天出生的 4 号孩子长大后对于具有组织和建设本质的活动相当积极，其范围不只是抽象的思想体系，还包括实际物质方面的建设。他们很擅长组织并经营家庭、餐厅、学校或任何社会团体，能使它们正常地运作。他们能以身作则，很真诚，做事有始有终，很有承诺感。让人感觉值得依赖。矛盾的是，这些人并不特别爱交际，反而比较喜欢独来独往。他们大多是安安静静的，不太喜欢吸引别人的注意力。

13/4：(13 日出生的 4 号孩子)
1：代表创造与独立
3：代表表达与敏锐
4：代表稳定与秩序

13/4：这个组合的孩子是 4 号中独立性最强的，他们从小就有一股子闯劲儿，他们认为只有做其他小伙伴不能做、不敢做的事情，只有自己的学习成为第一名才是最安全的。

在小的时候，他们就喜欢和比自己更优秀的孩子一起玩，因为这样才能从别人身上学到更多东西。但这时他们会有点缺乏自信，总是不能真正的肯定自己。而 13/4 的组合最先需要的就是要认清自己的价值，增强自信心，那他们的前途将无可限量。而作为此组合的朋友或家长，您需要做的也是经常鼓励他们，认可他们的优点，那您将收获惊喜。

13 日出生的孩子，有时看似外在比较强大，但他们的内心却是脆弱的。脾气顽固，太过坚守自己的想法。不通融，少宽容，缺少了应有的弹性和柔软度，所以也经常被人误解。

13 日出生的 4 号孩子除了擅长表达自己之外，还有很强的独立作业的能力，这一点是很多人都不知道的。

31/4：(31 日出生的 4 号孩子)
3：代表表达与敏锐
1：代表创造与独立
4：代表稳定与秩序

31/4 组合与 13/4 的不同是他们是那种先思考再行动的孩子，所以避免了很多因为冲动带来的错误行为。这个组合的孩子性格活跃，接受新事物的能力比较强，内心充满创意，敏感，不甘寂寞；善于向家人和同学表达真情实感，爱好哲学，随时喜欢展示自己的才能；他们在乎外在形象，总是喜欢将自己所学所感“秀”给别人知道。在这一天出生的孩子还颇有叙述或视觉的才华呢！

他们学习努力，脚踏实地，多才多艺，非常具有开创精神，通常在很年轻时就已经取得了不小的成就。一旦有了学习和成长目标，就会努力达成，是那种不喜欢中途放弃的孩子。31 日出生的 4 号孩子，还有非常好的记性，美好的、伤心的、虚幻的事情也都会让他们有所记忆。

他们还是典型的外刚内柔的性格，在同学和小伙伴面前他们是班干部，但人后他们通常会非常脆弱，对家人和老师充满依赖。他们要求其他同学做事也都要安全牢靠，而他们自己在 4 号孩子中是相对最喜欢尝试新事物的，这样的矛盾，有时会给他们带来很多的困扰。

他们还有意愿积极参加学校的各种活动，热爱自由，喜欢抛头露面，有时会出现个人主义倾向。

4 号名人堂

美国第 44 任总统贝拉克·侯赛因·奥巴马：生于 1961 年 8 月 4 日；

著名影星，奥斯卡影后奥黛丽·赫本：生于 1929 年 5 月 4 日；

英国历史上第一位女首相“铁娘子”撒切尔夫人：生于 1925 年 10 月 13 日；

马克思主义者、无产阶级革命家列宁：生于 1870 年 4 月 22 日；

第六章　5号孩子

纵横驰骋千里马——萍踪侠影

（每月5日、14日、23日出生的孩子）

关键词： 活泼开朗、聪明好动、多才多艺、热衷冒险、灵活善变、缺乏责任感

5号孩子的剪影

5号孩子是“阳光天使”。他们活泼开朗，在他们眼里，这世界总是晴空万里，阳光明媚的。

5号孩子也是“聪明的小一休”。他们聪明好学，有强烈的好奇心，喜欢新鲜事物，兴趣广泛。一旦某个事物吸引了他们，他们就一头扎进去。

5号孩子极具语言天分，喜欢沟通，但容易冲动，爱随心所欲地做事。

5号孩子崇尚自由，追求变化，但是缺乏定性，害怕承诺。

5号孩子思维敏捷，颇具幽默感，也有很强的模仿能力，他们天生具备表演艺术家的潜质。

5号孩子的家长要有快速反应的头脑和敏捷的行动，跟上他们的节奏，陪伴这个友好、聪明、好奇而早熟的孩子一起成长。

要想记住5号孩子的特性就请记住下面这些人物：

华特·迪士尼：生于1901年12月5日

相对论创立者爱因斯坦：生于1879年3月14日

著名电影导演李安：生于1954年10月23日

5号孩子的性格特征

喜好自由

5号孩子从小就喜欢天马行空、自由自在的生活状态。无论是在家里还是在学校，都不喜欢听家长和老师的命令和指挥。当他们的感觉和状态良好的时候，学习成绩就会好，感觉糟糕的时候，学习成绩也随之下滑。总之，5号孩子凡事凭兴趣去做，学习成绩时常不稳定。尽管有的5号孩子考试成绩不错，但知识的掌握却未必牢靠，一旦面临重大考试，常常会变得无所适从。

发现相对论，被誉为科学巨匠的爱因斯坦就是5号人。

爱因斯坦天生就拥有一颗追寻自由的心。“慕尼黑郊外的自然风光，在爱因斯坦幼小的心灵中播撒下了自由自在、不拘一格的种子，同时，也过早给他带来了一种与年龄不相称的‘孤独’。但这种‘孤独’不是那种人生的痛苦感，而是一种有强烈人格意蕴的自由、创造品性。如此强调独立的个性，既催生出爱因斯坦在物理学领域中的创造性思维成果，又让他的生活方式显出许许多多常人眼中的‘怪癖’。”

爱因斯坦5岁时，父母为他请了一个家庭女教师。第一次上课时，小爱因斯坦大概发现自己将失去自由的个人世界，大发脾气，向老师扔椅子以示抗议。父母只好结束这第一次还未开始的教育。

在（瑞士）阿劳州立中学的那段时光，爱因斯坦感到非常快乐。“阿劳的学校精神是自由学习、不赖权威、空气淳朴、老师热情、使人难忘。这与在德国所受的6年教育完全不同。那里处处权威、事事指导；而这里是自由行动和自我负责。相差何其远，这里超越得太多了。”为此，爱因斯坦正式申请瑞士公民权。

为了自由，连国籍都可以放弃，可见自由是5号人内心深处的渴求。

5号人比较喜欢独自行事，他们不喜欢和其他人合作，主要是害怕行动受到限制，互相牵制，失去了自由。

5号的“欢乐英雄”华特·迪士尼就是一个喜欢独自闯荡，讨厌别人干扰，害怕被人限制的人。

华特·迪士尼这个名字可能许多人还很陌生。和所有导演一样，人们常常认识他们拍的电影，却不认识把电影制造出来的人。

米奇、米妮、高飞狗、布鲁托、小飞象、唐老鸭、黛丝、维尼、钢牙与大鼻、史迪奇、小胖、辛巴……好啦，你现在知道了吧，他就是“米老鼠之父”，也是“迪士尼之父”，他创造出这么多可爱的动画人物，征服了一代又一代的人。在他的一生中，一共获得29项奥斯卡金像奖、4项艾美奖和1枚总统自由奖章。

当年，《白雪公主》的制作过程相当艰辛，这是有史以来第一部动画长片，华特期望很高，制作上要求精益求精。所以，制作费用大大超出了预算——最初预计25万美元，后来他们花去了75万美元。终于，提供贷款的银行家坐不住了，他们要求看看制作的进展，好决定是否继续支持此片。主管公司财务的罗伊（华特哥哥）接受了他们的要求，准备安排他们观看《白雪公主》的片段。但华特对此非常不满，他说：“我拿不出计划书，所有的钱都是一点点花出去的，我从来不让别人在影片还没完成的时候就看，因为那样太危险。”罗伊据理力争：“我们能获得更多财力的唯一方式就是给他们看到他们借出来的钱都做出了些什么东西。”华特无法，只好答应下来。

为了不受干扰，连供养他们的“上帝”也敢不放在眼里，真是本性难改。5号孩子在学校宁可单独去参加某项游戏，也不愿意和小伙伴共同完成。

同样，出于对自由的追求，5号的孩子不会轻易向家长或老师承诺自己的学习目标。因为一旦承诺了，他们就要努力去实现，去兑现诺言，这就会牵绊他们，导致他们身心不愉快。所以，我们平时很难听到5号孩子说：“我保证……”之类的话。

解决这个问题最好的办法就是培养孩子的兴趣和爱好，因为5号的孩子一旦对某一事物产生兴趣，他们就会全身心投入，这时，你在5号孩子身上也能看见“坚韧不拔”、“不折不挠”的精神。

爱因斯坦上小学前，有一次卧病在床，父亲送给他一个罗盘解闷。当他发现指南针总是指着固定的方向时，感到非常惊奇，觉得一定有什么东西深深地隐藏在这现象后面。他一连几天很高兴地玩这个罗盘，还纠缠着父亲和雅各布叔叔问了一连串问题。尽管他连“磁”这个词都说不好，但他却顽固地想要知道指南针为什么能指南。

华特小时候想当画家的故事更加感人。

> 华特读初三时，对课业并没有太大兴趣，而是把大量的时间用在绘画上，他还帮校报的编辑画漫画……没多久，他就成了校报的美术编辑，被同学们称为“小漫画家”。这给了华特极大的鼓舞，把他对漫画的热情完全燃烧起来了。此时他听说芝加哥艺术学院招收夜校生，便迫不及待地报名去上课。但是，华特的父亲对儿子想成为一名漫画家的雄心壮志却毫不赞成。没有得到父亲的支持，华特只好申请了许多份工作——杂工、守夜人、铁路警卫、送报等，以赚取夜校班的学费。艰苦的日子，华特唯一的寄托就是漫画，这也是他终其一生不变的初衷。从接触漫画，到之后历尽磨难，最终成功打造“迪士尼神话”，可以说，漫画是华特生命的“支点”。

家长可以从这两个案例中得到信心，5号孩子一旦迷上了某样东西，他们就会给自己订立一个很高的目标，而且他们会穷追猛打，不达到目的绝不罢休，那时，你想拦都拦不住。

5 号孩子喜欢随心所欲的生活方式，不愿意把自己锁在条条框框中。对于老师和家长的命令，5 号孩子会有受限制的感觉。

爱因斯坦 16 岁那年逃离德国的故事让我们看到 5 号孩子不愿受限制的强烈愿望。

根据德国当时的法律，男孩在 17 岁以前离开德国，就不必回来服兵役。爱因斯坦“呆在军营般的路易中学已忍无可忍，学校的半军事化管理使他感到窒息和痛苦”，“爱因斯坦没有同父母商量就毅然私自决定离开德国，去意大利与他们团聚。”

半途退学没有文凭，为了拿到文凭，爱因斯坦想出了一个馊主意。“他请数学老师给他开了张证明，说他数学成绩优异，早已达到大学水平；又从一个熟悉的医生那里弄来一张病假证明，说他神经衰弱，需要回家静养。他以为有这两个证明就可逃出这厌恶的地方。”“谁知，他还没提出申请，训导主任却把他叫了去，以他败坏班风、不守校纪的理由勒令退学。”

不惜一切代价都要抛开羁绊，解放自己，这就是 5 号人。

爱因斯坦对自由的追求还表现在对待爱情的态度上——任何爱情都不能以牺牲他的内心自由为代价。所以，他常常是浅尝辄止，一旦爱情让他感觉是一种羁绊时，他就会选择全身而退。

爱因斯坦还患有“婚姻恐惧症”，他说：“一切婚姻都是危险的……婚姻的确是披着文明外衣的奴隶制。”“婚姻使得人们互相把对方看成是自己的财产，不再是一个自由的个人。”

说来说去，任何剥夺他自由的事情他都深恶痛绝。

对于崇尚独立自由的 5 号，家长一定要以平等的方式与孩子沟通。家长若对孩子有要求，千万不要用命令的口气，最好采取商量建议的方式，多与孩子沟通，否则孩子会觉得受到限制，一旦他们感觉不舒服，就很容易产生抵触心理。

李锐是 23 日出生的 5 号孩子，平日父母把他当朋友待，因为他根本不吃“指挥”、“命令”那一套。父母知道他喜欢自由自在，事事自己做主，一般事情都让他自己做主，但前提条件是要为自己的行为负责。

那天，班主任来家访了，因为最近李锐上课无精打采，老爱打瞌睡，老师来看看他们家是不是发生了什么事。

妈妈一听就知道怎么回事，他们规定李锐每天晚上做完作业才可以上网，11点一定要上床睡觉。虽然每晚11点他们都能看到李锐房间的灯关了，但他们有时发现里面会发出一些声音，他们早就怀疑李锐偷偷上网，因为没有证据，不好指责他。

妈妈对老师说，我们规定李锐每天晚上11点之前一定要上床睡觉。老师说，11点睡觉的话不至于瞌睡到如此程度。妈妈望着李锐的眼睛轻声地问李锐，是不是晚上关灯后偷偷上网。李锐见妈妈都知道了，只好低头承认。

送走老师后，妈妈将电脑从李锐的卧室中搬走，还告诉李锐，这个月零花钱没有了。李锐眼睁睁看着妈妈把电脑搬走，也无可奈何。因为他们早已有约在先。

当初把电脑买回来的时候，爸妈就与李锐讨论过电脑的使用和放置的问题，李锐坚持要放自己房间，爸妈同意了，但是，条件是签订协议。协议里有一条，违反规定无条件搬走电脑，并扣除一个月的零花钱。

5号的孩子就吃这一套。

有商有量，给孩子足够的空间和自由。孩子得到尊重，做错了，自然愿意反省自己，也愿意承担犯错的后果。

开朗活泼的5号还是一个喜欢抛头露面的人，他们一般很乐意参加各种集体活动。不过，这得有一个条件，就是他们最好是团队的“领导”或“核心”人物。因为当了“领导”就不用接受别人的命令和指挥了，他们才能真正舒心愉快地投入进去。

华特常常就是这样的角色。

20岁时，华特和尤比合作办公司，华特因为有营销才能，常常跑外，拉业务、谈合作，尤比是专业方面的人才，一般待在公司设计动画和广告，他们谁也离不开谁。但“尤比一直在华特背后甘当幕后英雄的角色，华特风光无限，尤比却只是一个无名无姓的影子，他完全淹没在华特耀眼的光芒里。”

5号人口才好，加上讨人喜欢的性格，在团队中成为核心人物是司空见惯的事。

他们长大以后，选择职业的第一个条件也是自由。只要能依照自由自在的个性工作，通常都能愉快胜任，并能发挥最大的潜能。但是如果没有自由，则万事免谈。

华特受聘于一个大公司，公司的卡通片制作是一种流水线作业，各部门负责不同的步骤，华特工作起来束手束脚的，他对公司的编剧部门尤其不满。华特眼睁睁地看着自己辛苦制作的动画不能达到最好的效果，如同戴着镣铐跳舞一样难受。

同时，华特不仅不满足于制作广告，也不甘听从客户摆布。他想制作人物形象饱满、情节生动曲折的卡通故事片，他的提议却遭到了老板的坚决反对。理由只有一个：公司效益非常好，不想冒险。华特有了再次创业的念头，他想做自己喜欢的动画故事片，创造圆润、个性化的动画人物。

5号人爱自由不喜约束的个性延伸到生活上，他们不太喜欢有纽扣的衣服，也不喜欢绑鞋带的鞋，因为那样会给他们带来束缚感。所以，5号人在穿着方面常常是很随意的。在他们看来，随意、舒适是最好的。

5号的爱因斯坦就不喜欢受到衣着的束缚。

这是他的形象描述：“爱因斯坦并不太关心自己的衣着和形象，他个子中等，态度悠闲，一头蓬乱的黑发。”

下面的两则小趣事，会让你印象更深。

爱因斯坦还未成名时，一次在纽约街上碰见一个熟人。那人看见他穿得这么寒酸，就问：“你怎么穿得这么破啊？”爱因斯坦笑着说：“反正这里也没人认识我。”多年以后，爱因斯坦成为了伟大的科学家。有一天，他在纽约街上又碰见那位熟人。那人上下打量爱因斯坦一番，惊讶地问：“你怎么还是穿得这么破？”爱因斯坦依然笑着说：“反正这里的人都认识我。”

真是一个洒脱的人。

比利时国王和王后有一次宴请爱因斯坦，按约定时间，他们派司机前去接爱因斯坦。但是，半小时后，司机却开着空车回来。原来爱因斯坦穿着破皮鞋和破雨衣前去赴约，致使司机没有认出他来。

一般人们都认为爱因斯坦是因为一心从事研究，而不讲究穿着。其实这与爱因斯坦的5号性格有关。如果爱因斯坦对穿着有兴趣的话，他不会没时间，比如尽管他对婚姻有恐惧心理，多情的他都可以花很多时间去谈情说爱，还为许多心仪的女子写了很多很多肉麻的情书和情诗。

值得一提的是，随着年龄的增长，5号的少男少女会比别的孩子更加注意异性。他们的青春期是多事之秋，每天会有上百种感情冲动。他们的友谊和罗曼史极富戏剧性——充满了斑斓的色彩，会使他们心驰神往或伤心不已。

另外，5号的孩子很喜欢参加晚会之类的活动，家长要信任他们，给他们充分的自由，苛刻的要求会刺伤他们的自尊心。

对于喜欢宽松自在的5号，套衫是他们最好的选择，松紧带的鞋或船鞋会深得他们的喜爱。我们常常见到5号人穿着有鞋帮的鞋，但他们却把鞋帮踩在脚下，变成了拖鞋。对5号孩子的这些特性，家长最好不要有太多干预。家长更不要因为自己要面子而强迫孩子穿这穿那，这会让孩子很不开心。

快乐加工厂

5号孩子是“阳光天使”。他们开朗大方、活泼好动、聪明伶俐、阳光快乐。他们是家长、老师、小伙伴都喜欢的“小可爱”。

华特小时候天天跟在母亲身后，他是一个性格温和、乖巧的孩子，母亲对他格外宠爱，三个哥哥也都很喜欢他。

小华特对什么都感到好奇，他会赶着猪到处找食物，会不顾任何反抗地骑在猪的后背上，会牵着拉磨的马绕圈子，也会到农场附近的树林里观察各种动物——兔子、松鼠、啄木鸟、野云雀、臭鼬等。小华特和这些动物谈话，给它们取名字、编故事，玩得不亦乐乎。

5号的小男孩喜欢玩武器，或喜欢与勇猛的大哥哥玩耍，他们还喜欢投机性很强且具有挑战性的游戏。5号的小女孩则喜欢四处蹦蹦跳跳，就像怀揣着跳跃的炒豆儿一般，这正是他们天生好动的表现。

5号孩子是非常受欢迎的人物。他们聪明、有趣、笑容满面、开朗乐观，他们的热力总是能感染身边的人。不管走到哪里，5号的孩子身边总是聚集了很多小朋友。在圈里，他们往往能成为热门人物。

所以，5号孩子天生就是一个“交际家”。

华特离开罗宾广告公司时，几个同事跟着他一起“逃跑”。与生俱来的“不安分”让他决心打破条条框框的束缚，把“欢笑动画公司”真正变成一个充满欢笑的地方。当老板的华特才21岁，不过是个大孩子，这个年轻团队，没有等级观念，畅所欲言，其乐融融。“在欢笑中制造欢笑”，这是华特的信念。

5 号人对世态炎凉非常敏感，但心情常能保持“万里无云”的最佳状态，之所以保持阳光的心态，并不是因为他们感受不到“秋风苦雨”，而是因为他们善于自我开导，不拘小节。

前面说过华特和尤比合作办公司，但后来没有生意可做，公司无以为继，几乎连饭也吃不上。华特到处应聘，却屡屡遭拒，但是，“华特天生是一个乐观的人，受尽磨难却仍然拥有一颗赤子之心。他始终相信前方总有惊喜在等候，也一直为迎接这个惊喜而不停地奔走。华特带着自己的画作去罗宾公司应聘。这一次他成功了，他接到通知，第二天到罗宾广告公司上班。”

另一方面，5 号人做事情比较重视享受过程，而不是苛求结果，所以他们不但能很快原谅自己所犯的错误，也能原谅他人的错。

华特受聘于罗宾广告公司后，他原来的合作伙伴尤比同意留守公司。但是由于尤比不善社交，没有生意可做，公司几乎处于停滞状态。华特“视公司为己出，尤比管理不善，他不免年轻气盛，劈头盖脸数落了尤比一顿，尤比心中很不是滋味，但性格隐忍的他并没有表现出什么。华特的背叛（受聘罗宾广告公司）以及这次的数落，在敏感的尤比心中留下阴影，大大咧咧的华特却丝毫没有察觉。”

华特“把尤比当做手足，说起话来也毫不修饰，口无遮拦，喜欢戏弄他甚至对他冷嘲热讽，毫不顾及尤比的面子”。

20 岁的华特雄心勃勃却依然单纯，这些不成熟的做法为这对“黄金搭档”的关系埋下了定时炸弹。多年之后，这条裂缝便会毫无征兆地爆裂开来，这是后话。

说华特“单纯”不如说他“生性快乐”，因为自己“阳光”，所以忘记了别人心里有“阴影”，结果，他的“强光”给人投射了更多的阴影。

喜欢旅行和冒险

5 号的孩子从小喜欢视觉和感官的东西，喜欢接触新的环境，他们对未知的一切总是乐于尝试。

华特高中毕业后去看望在芝加哥城边上的大户海军基地接受训练的罗伊（他哥哥），看到罗伊穿着水兵服，华特羡慕不已，罗伊给华特讲了一些海外战争的故事，让华特对炮声隆隆的战场无比向往，他也想效仿罗伊，去感受战场的氛围。当天他就决定要入伍。由于征兵人员对华特的年龄有疑问，要求他出示出生证明。由于找不到准确的证明，华特就模仿父母的签字，成为了国际红十字会的一名志愿兵。

5 号人强烈的好奇心和活泼性格使他们总是向往遥远的地方，外界的生活要比学习更能吸引他们。所以，长大以后，他们会很热衷于旅游。

5 号人对韵律、表演、运动和旅游的喜好，让他们年轻的时候富有传奇式的名声，例如最棒的徒步旅行家、户外运动员、表演艺术家等等。环游世界将是他们未来生活中最渴望的一部分。

小学的时候，华特常和一个小朋友表演滑稽剧。古怪的服装加上搞笑的表演，很受同学欢迎。反响最热烈的是一出叫做《照相馆里的故事》的短剧，华特扮演摄影师，滑稽搞笑，逗得大家前俯后仰。在林肯的诞辰日，华特排演了一场“变装秀”：一顶自制的大帽子，父亲的燕尾服，假胡子，夸张的皱纹，俨然就是林肯总统。老师和校长对华特的表演赞不绝口，让他到每个课室表演，华特一夜之间成了大名人。

好奇的天性让 5 号人喜欢冒险。

前面说到华特在罗宾广告公司“戴着脚镣跳舞”，干得很不愉快，想离开公司再次创业。于是，就发生了下面的一幕：有一天，华特走进老板办公室，对老板说：“我不干了。”然后，走人。

华特做出这个抉择需要很大的勇气，因为这又是一次面临生存危机的冒险。但是华特最终选择了拒绝平庸，冒险生存。

在冒险中生存，5 号人的血性所注定。

在游乐场里，那些看起来比较危险的游乐项目上总能发现 5 号孩子的身影。虽然他们心里和别的孩子一样也充满恐惧，但冒险的冲动使他们敢于面对危险和各种挑战。

和别的孩子不一样的是，5 号的孩子在充分享受了新鲜与刺激之后，很快就对那些东西失去了兴趣。他们的情绪仿佛是变色龙，一眨眼的工夫就起了变化。如果家长再想用相同的方式吸引他们，那是不可能的了，他们早已把精力放在下一个挑战的目标上去了。

5 号孩子的这种特质注定了他们喜欢改变，他们不喜欢一成不变的生活方式。不断地改变才能刺激他们的热情。

颇具语言天赋

5 号人是天才的演说家。

“妙语生花”这个词用在他们身上是再恰当不过了。

5 号人的听觉和语言神经发展得很早，所以他们拥有语言方面的天赋。

那次，给迪士尼公司贷款的美国银行董事局副主席约瑟夫·罗森伯格来看他们正在制作的《白雪公主》。当时，华特坐在自己的工作室“甜蜜盒子”里，亲自为这位银行家放映《白雪公主》的片段，由于后期制作尚未完成，华特只得亲自在空缺处唱歌和对话，制造效果。罗森伯格在观看时面无表情，但他在将要上车离开时，突然转身对华特说：“这个东西将给你带来一大笔钱。”可见《白雪公主》多么成功，华特的现场表演又是多么的精彩。

富于语言天赋的 5 号孩子健谈而且阅读能力超强。

他们口才极佳，有的小小年纪就会说一口流利的外语。他们还能创造新词汇。

上学以后，他们很容易在课堂上脱颖而出，因为他们很喜欢当众朗诵和回答问题。在学校和同学相处时，他们喜欢与人交流，通过口头或笔头的方式取得自己想要的信息，仿佛天生的政治家和推销员，他们将来从事的职业多数和他们的语言天分有关。

因此，家长要在这方面多加留意，多培养孩子的语言天分，比如律师、法官、教师等职业都需要良好的语言天分。

活在当下

5 号人常常因为眼前的快乐而不去想或很少想将来的事。

中学时爱因斯坦放弃了德国国籍，可他并不申请加入意大利国籍，他要做一个不要任何依附的世界公民……为了使自己与这个世界保持“和谐”，爱因斯坦不得不从意大利迁到荷兰，又从荷兰迁居美国，最后他加入了美国国籍。他认为，在美国这个国度里，各阶级的人们都能在勉强过得去的友谊中生存下去。

对于地球人来说，国籍是赖以生存的重要条件。没有国籍的人在这个地球上可谓寸步难行，但是爱因斯坦竟然就敢不要国籍，让自己悬在空中。只有一个活在当下的人，才有可能这么洒脱。

5 号人通常认为，努力把眼前的事做好就行了。就像正在蜕变中的蝶蛹，可以把自己所有的精力投入在破茧成蝶的那一瞬间，这一刹那的力量是石破天惊的。可以说，5 号孩子在被自己感兴趣的事物吸引后，他会将全部身心完全地投入在这个事物中，不会被其他事情分心。

小华特从不按部就班地做事。在老师眼里，他也不是一个循规蹈矩的学生。这个被老师责骂为“没有出息”的怪学生，兴趣越来越集中在绘画上。一开始，他模仿杂志上的漫画，日积月累，他的绘画技能也逐渐娴熟起来。有一次，小华特去理发店理发，坐等的时间百无聊赖，他画了店里顾客的各种姿态。老板觉得他画得惟妙惟肖、妙趣横生，就把画作挂在店门口招揽生意，并约定让他每周都来画一幅，待遇是可以享受免费理发的福利。

日常生活中，家长会发现，5 号孩子在玩耍的时候，即使有小伙伴来找他参与其他课外活动，他也会无动于衷。家长叫他去吃饭他也不去，如果被家长逼急了，小家伙也许会无可奈何地顺从，但他们心里却会“恨你恨得要命”。不过，家长可不要着急，一旦事情过后，他们就会“雨过天晴”，什么也不计较了，而且还会像以前一样和妈妈亲热呢。这就是 5 号孩子“活在当下”的表现。

在学校里，5 号孩子对某位同学感兴趣的话，他们就会很友善地对待他；但对他们不感兴趣的小伙伴，即使每天黏着他们，他们也爱理不理。如果 5 号的孩子想和同学交流，他们就会主动出现在人家的面前；但是，如果碰到他们不想做的事，无论小伙伴怎么邀请，他们也会坚决拒绝。

兴趣广泛、多才多艺

5 号孩子从小兴趣广泛，有超强快速的行动力，只要触动了他们的神经，他们马上就会采取行动尝试一下。

人们这样评价华特：“华特·迪士尼是一个成功的故事讲述者，一个实践能力很强的制片和一个很普通的艺人。”“成功的故事讲述者”——意思是他擅长编故事，他用卡通向人们讲述了许多让人着迷的奇幻故事。“实践能力很强的制片”——“制片”是做什么的？就是看中一个选题（这需要卓越的感悟力和敏感的市场意识），找人投资（这得有很好的活动能力和口才）。“普通的艺人”——他模仿能力强，能够上台表演。

爱因斯坦是一个科学家，但他爱好音乐，拉小提琴是他的“第二职业”，节假日他还喜欢外出旅游划船。

在团体中，5 号孩子通常是速度最快的人，这是他们的天赋。他们通常是最快说话、最快阅读、最快懂得书写的孩子，还能在同一时间内做好许多事情。总之，反应能力居 9 个数字之首的 5 号人，思维活跃非凡。所以，5 号人很擅长那些需要动脑子的工作和活动，比如读书、写作、辩论，他们也很擅长那些需要手指灵活的活动，像弹钢琴、绘画等等。

5号的孩子多才多艺，有追求知识的强烈欲望，理解和判断能力比一般孩子强。或许是神经敏感的缘故，他们有很强的观察能力，这让他们对事物常常抱有极大的兴趣，也正因为如此，他们要比其他同龄孩子更加有见识，涉猎的范围也更广。在长大成人后，他们能够胜任艺术性较强的工作，如文学、绘画、服装设计、大众传媒、表演艺术等。

华特在小时候就明显表现出这样的特质。

他在学校的成绩平平，老师经常跟他的母亲抱怨："这个孩子的全部心思都放在白日梦和卡通画上，这样下去，恐怕跟不上进度。"的确，小华特对学校开设的课程都不感兴趣，作业也不认真做，倒是经常泡在图书馆里。

当时，小华特认识了一个小伙伴裴弗，裴弗的爸爸老裴弗是个老戏迷。在老裴弗的指导下，华特和裴弗开始在学校里做表演。但是小华特父亲反对他参加这种表演。华特只好瞒着爸爸，每天早上偷偷从窗户爬出来，晚上再悄悄从窗户溜进去。华特对卓别林的表演佩服得五体投地。他怀着极大的热情模仿卓别林的表情、手势、声音、情绪等，凭着天赋和努力，华特的模仿惟妙惟肖。

5号孩子思维活跃、极富创意，对变化的信息相当敏感，掌握信息的速度也比其他人快。因为聪明好学，人们经常可以听到老师对5号孩子某一方面才能的赞许。

思维活跃、多才多艺固然好，但爱好太过宽泛却不值得提倡。人的生命是有限的，时间也是有限的，多才多艺却不懂得取舍，样样事情都涉足，势必一心多用，分散了时间和精力，最后很有可能一场空。如果专注于某一特长，精心锤炼，更有可能在某一领域取得卓著成就。

5号孩子的教育课题

兴趣多变，缺乏长性

5号的孩子是"喜新厌旧"的家伙。还是婴儿的时候他们就是一个"小麻烦”，因为他们一刻也安静不下来，一发现新东西，就会迫不及待地把手上的东西扔掉，伸手去拿新玩意儿。

长大后他们兴趣广泛，但却过于“多变”。

“多变”有时是好事。因为孩子是在“变”中发现自我，寻找自己，所以家长要正确对待孩子的“多变”。可以多给孩子尝试的机会。

5 号的李安就是在“变”中找到了自己的“真爱”。

他在自传里这样写道：“到了伊大，语言不行就不能演，只能演默剧、小配角，埋头在一边学习导演功课，比较没意思。那时我开始兴起念头，当导演就要当电影导演。1980 年拿到戏剧学士学位后，我同时申请去伊大的戏剧研究所和纽约大学电影研究所学习。我将转学纽约大学电影研究所的想法，征询父亲的意见，得到父亲的支持。”

“我一读电影就知道走对了路……电影主要靠声光效果，没什么语言障碍，这是最适合我的表现方式。”“拍电影我很容易上手。”虽然英语讲得不太通，但大家都听他的。“一到电影系就不一样了。”“一拍电影就很快乐，就想到很多点子实验。”

孩子不可能一下子就知道自己的天才在哪里，也不可能一下子确定自己的发展方向，只有不断尝试，才能把自己的“真本事”和“真爱好”找出来。

有能力有冲劲，如果找不到最佳的发力点，就会事倍功半。所以，家长在鼓励孩子爱好广泛的同时，要有意识引导孩子，让他们清楚自己的专长，明确自己的发展方向，一心一意往前行。

家长可与孩子讨论，通过孩子的自我认识，发现自己的特长。

担任孩子课程的老师往往更了解孩子的性格和智能。家长在为孩子做成长规划时，可以听取老师的建议。

家长一旦认准了孩子的发展方向，可以大胆实施培养计划。姚明父母把姚明培养成世界级球星的历程很值得家长借鉴。

姚明的父母都是篮球运动员，但姚明小时候并不喜欢篮球，也没打算做篮球运动员。他‘从小就想当个考古学家，到世界各地去猎奇探险。”

姚明的篮球人生，全是父母一手制造的，姚明父母是怎样把他引上篮球之路的？

由于父母都是“巨人”，姚明一出生就相当巨大，手长脚长。与篮球打了一辈子交道的父母认定姚明就是打篮球的料，于是开始他们的“明星制造”之路。姚明4岁生日时，他得到了第一个篮球；6岁时父母带他去看美国哈里篮球队在上海表演，他知道了NBA；未满9岁父母就安排他去体校训练。

每天下午下课后，姚明就站在学校门口，等教练用自行车带他去体校。开始，姚明的大块头和他笨拙的动作常常让人忍俊不禁，但姚明坚持了下来。简单而枯燥的基础训练让人厌烦，姚明回到家的神情大都是垂头丧气的。不过爸爸没有让他懈怠下来，爸爸把他带到小区的一个简易篮球场，对着篮圈练投篮。只要姚明投篮够一定数量，父亲就给他买一件礼物。

6岁那年的一天，姚明妈妈带他去观看哈里篮球队的表演，小姚明突然发现打篮球原来这么有趣，从此，姚明与篮球难舍难分。

科学加上严格的训练，本来就对篮球有很高悟性的姚明飞速进步。14岁那年，他进入上海青年队；17岁入选国家青年队；18岁穿上了中国队队服。

从姚明的成长经历我们可以看到，对于孩子的兴趣爱好，引导很重要，必要时也可以“干预”一下。

聪明的5号常常有为实现目标努力奋斗的强烈愿望，但在努力的过程中，稍微遇到一点挫折，他们很容易就选择放弃或改变目标。也因此，5号孩子不喜欢承诺。所以责任感、毅力和耐心的培养是5号孩子一生中很重要的课题。

培养孩子的责任感要从小开始。

孩子还小的时候，家长可以从小事着手，培养孩子负责任的习惯。比如，玩过之后，不帮孩子收拾玩具，而要孩子自己动手收拾。

孩子找不到东西，不要急着帮他找，而要让他知道下次用过的东西一定要归类放好。让他们懂得什么事情都要自己去做，为自己负责。

再大一点，让孩子自己收拾自己的床铺和房间。

遇事要让孩子自己做决定，并自己承担后果。

家长还可用心培养孩子为自己说过的话负责，不可言而无信。

有一个案例很值得家长借鉴。

那天，刘琼回到学校发现忘了带作业。头一个晚上完成作业后她太累了，就想，明天再收拾吧。结果早上一着急，忘记把作业本放进书包了。

学校的规矩是上课前先交家庭作业。刘琼忙给妈妈打电话，让妈妈把作业送到学校。但是，她妈妈说："你自己回来拿吧，我现在没空。"刘琼急得声音都发抖了："我现在不能离开学校，否则我就算迟到。"妈妈说："没有别的办法，你只能迟到一次了。"

刘琼气急败坏，让老师跟妈妈求情，妈妈对老师说："我真的不能帮她送作业，我希望这一次的经历给她一个教训，让她学会为自己负责。"

放下电话，刘琼非常恼火，她觉得妈妈太不讲情理了，在危急关头不帮自己一把，太不够朋友了。没法，她窝着一肚子火回家拿作业。

放学后，刘琼一见妈妈，就像机关枪一样吧嗒吧嗒对着妈妈"扫"了一轮。她说，妈妈这么绝情，让她在同学和老师面前很没面子。她耽误了课程不算，因为她的迟到，他们班让学校值班领导扣了5分，这一周他们班评不上先进了，老师为此很生气。刘琼最后说，反正我就知道，你根本不把我放在眼里。说完，刘琼委屈地哇哇大哭。

妈妈等刘琼哭够了，轻声地对她说："你很委屈我当然理解。"刘琼撅着嘴巴不搭理妈妈，不过妈妈理解她，让她感觉好受一点。妈妈说："我硬是要你回来拿作业你以为我心里好受吗？我一整天都在为你心痛。但是，我知道，我爱你的话我就必须这样做。"

刘琼泪眼汪汪看着妈妈，她说妈妈不把她放在眼里是一时赌气说出来的气话，她有点后悔。妈妈看出刘琼的悔意，又说："今天的经历你不觉得收获很大吗？我们来看一看，你为什么忘了带作业？"刘琼说："不就是着急赶上学吗？我下次做完作业立即把作业放进书包里去。"妈妈很高兴："你看，会吸取教训了。还有，如果闹钟一响就起床，多十几分钟就不至于那么紧张了。"刘琼嘀咕了几句，回房间去了。妈妈知道，刘琼只是嘴巴硬，心里是软下来了。

亲身经历的"体验法"是培养孩子责任心最有效的方法。"无微不至"的关怀只会让孩子失去成长机会。家长若能抛开"恻隐之心"，适当地给孩子出点难题，让他们丢丢脸，然后选择时机，引导孩子认识自己的缺点和错误，孩子的责任心就会日益增强。

不专注、易分心

5 号孩子喜欢随心所欲，这就容易分散注意力。所以，5 号的孩子是一个爱分心的孩子。

爱因斯坦在工业大学的师范班时，“我很快地发现，如能获中等成绩，便心满意足。因为要做一个好学生，实在不易。要集中精神做功课，要心甘情愿于作业上，要记笔记……遗憾的是，这些正是我的性情所欠缺的。我喜欢广泛地自学。”

5 号孩子很容易被新事物吸引，而且他们会很快发生兴趣并立刻动手去做，即使从未接触过的事物他们也喜欢体验一下。5 号的这种行动力是相当可贵的，只可惜他们一旦拥有了这个“新东西”，他们就放弃“旧东西”。计划没有变化快，致使 5 号的孩子常常是只有开始而没有结果。

华特小时候生活在仙鹤农场，他画小动物，立志当画家。后来遇到裴弗一家，受他们的影响，华特又迷上了表演，扮演了好几个相当出色的角色，差点成为专业小演员。后来，他送报纸的时候被钉子扎了脚，足足在床上躺了两周。躺在床上的华特只有通过看报纸打发时光，没想到报纸上的连环漫画让他如痴如醉。这让小华特左右为难，做演员还是画画？他开始认真审视自己：表演是他的兴趣所在，但做一个演员绝不是他的梦想，他发现最不能割舍的还是绘画。于是，他打消了去当少年演员的念头，立志做一个漫画家，画出报纸上那样精彩的漫画。

华特好在适时认清了自己的真正所需，否则他在表演和绘画中来来去去，他的能量就在选择中挥发殆尽，他的前途也在跳来跳去中渺渺茫茫。

5 号孩子聪明，所以，他们学习上往往很出色。但好奇心常常让他们分心。例如，课堂上，他们正陶醉在语文老师那优美的阅读声中时，突然窗外飞来一只漂亮的小鸟，他们的注意力马上就分散到这只小鸟身上了。这鸟从哪里来，到哪里去，鸟窝搭在哪里，会不会被坏人打伤……思维转变之快几乎无人能及。当然，从看到小鸟那一刻后老师讲的是什么，他们基本就置之不理了。总之他们的思维是发散式的，而且常常是漂浮不定的。

不少 5 号孩子还有一个不好的习惯就是一边学习一边听音乐或看电视，尽管这对于具有多向思维能力的 5 号孩子来说妨碍不大，但时间长了，势必会导致能量分散，学习成绩受到影响。

培养良好习惯是改善孩子“多变”的有效方法。

5号孩子“多变”的另一个原因是缺乏意志力。在前进的路上，遇到一点困难或挫折，5号人会知难而退，立即放弃目标或改变目标。5号人的这种性格缺陷将成为孩子健康成长的最大障碍。所以，家长从小就要有意识地培养孩子的意志力，不要让孩子轻易与自己的“天才”和“特长”挥手告别。

激励是培养孩子勇敢面对困难和挫折的最好办法。除此之外，对孩子进行必要的监督也很重要。

有时，喜欢自由自在的5号孩子也有可能为了追求快乐而逃避责任。有些5号孩子缺乏自我约束力，在吃和玩等方面容易“过火”，他们虽然不会明目张胆地与家长老师对抗，但也会暗中和约束他们的人“玩心眼儿”。碰到这种情况，家长就必须学习唐僧，坚持不懈地“念咒”，让他们感受到自己肩上的责任，同时让他们懂得，为了责任，快乐是应该暂时“搁置”起来的。

我们来看下面这个案例。

5号的小鹏很聪明，他从3岁时就开始学习乐器，钢琴、扬琴都弹得很好。后来，他的一幅美术作品获了奖，他开始迷上了画画，妈妈送他去少年宫学习绘画，几年下来又得了无数奖。妈妈和小鹏说好，将来就选择与绘画有关的专业。

但是，一上中学，小鹏喜欢上了足球。他把画画的时间都给了足球，即便有时拿起画笔，也心不在焉，随便涂几笔就丢在那里。周六和周日去少年宫上课时，他也总是走神，盼着快点下课，好去踢球。

有一次，被妈妈逼急了，小鹏干脆对妈妈说：“我不想画画了。”

妈妈说：“当初我带你拜访了好几个教授，他们都认为你在绘画上特别有天赋，你自己也很喜欢。你现在都学到这个程度了，你怎么能轻易放弃呢?”

小鹏不语，妈妈说：“你可以踢足球，但一定要摆正位置，足球运动对你来说是锻炼身体的方式，而画画是你的特长，你不是说好了将来要学建筑设计的吗？我们可不能为了开心好玩把自己的爱好特长都丢掉。这是得不偿失的。”

妈妈和小鹏一起，订下一周的时间安排，既保证了小鹏踢球的时间，又没有影响小鹏继续学习画画。小鹏考上建筑设计学院后很感谢妈妈当时没有对他让步。

家长在日常生活中要善于观察，把孩子分散的能量集中起来，使他们把精力全部集中在自己的目标上。

5号孩子无论是学习还是做事往往难于持久，他们喜欢新奇的东西：新的知识、新的老师、新的方式，总之“新”、“奇”才能刺激他们的神经。当他们对一件事情感到厌倦的时候，即使这件事情背后隐藏了多么大的价值他们也毫不在乎，而且毫不痛惜地松手放弃。这种特质往往导致他们做事虎头蛇尾，半途而废。这对于聪明敏捷的5号人实属可惜。所以，过于浮躁，不够精钻，妄下断论是5号人的“短板”。

针对这种性格，家长可不断给他们制造新奇悬念：比如不同的激励方法和手段、不同的学习地点、不同的学习伙伴，让他们对学习总是怀有一种好奇的心理，就像是一部充满了悬念的连续剧，使他们放不下。

家长要与孩子保持亲密的关系，密切关注孩子的学习状况，安排固定时间跟他们总结学习情况。如果家长能很真切很诚恳地指出孩子学习上的问题，他们会觉得受到了尊重，会主动与家长沟通，并配合家长改正自己的缺陷。

自由散漫

因为自由自在的特质，家长和老师很难要求5号孩子中规中矩，严格地遵守纪律。他们又比较固执，犯了错误往往不愿主动承认。另外，因为他们拥有开朗活泼的可爱性格，这特有的“吸引力”常常让他们产生一种错觉——从小就认为自己的行为无需受约束。他们有时甚至会表现出懒散、无精打采的样子，连手指都懒得动一下，等着别人来伺候他们。如果任由这个错觉无限扩展下去，就会使孩子有放纵自己的危险恶果。长大后，很有可能成为一个“思想独立，生活依赖”的“无能儿”。

爱因斯坦在这方面的特质也很明显。读大学时，他因为我行我素，行为散漫受到多个教授的严厉批评。德国数学家闵可夫斯基当时担任他们的教授，他因为讨厌爱因斯坦而名震全校。有一次，他看见爱因斯坦蓬头垢面地从实验室里钻出来，就对爱因斯坦说：“也许你是个聪明人，但你绝对不适合搞物理。为什么你不尝试一下其他工作，比如说医学或者法律呢？”还有一回，爱因斯坦做实验时引起一场爆炸，手被严重烧伤。物理教授韦伯毫不客气地对他说：“你很聪明，但有个缺点，你听不进别人的话。”

针对5号孩子的这种特质，家长首先要让孩子明白，人不可能有绝对的自由，绝对的自由是“无序”和“混乱”，人就没有进步，所以，人要学会约束自己的思想和行为。同时让孩子懂得，能量分散，一心多用，行为散漫不受制约，这绝不是自由，真正的自由是首先要遵循规律，就像鱼儿可以在江河湖海中自由地畅游，但是离开了水，鱼儿就不能生存下去，更不用说什么自由了。

家长可让孩子学习棋类，让孩子在静心中慢慢养成专注的习惯。家长还可以让孩子参加各类竞赛，让孩子对自己的特长项目始终保持高昂的热情。

另外，家长可利用5号孩子在某方面所取得的“成就”，激发孩子其他方面的学习热情，让孩子得到全面发展。

5号人叶子从小聪明伶俐，能歌善舞，学习成绩也不错，就是英语成绩很不理想，因为她特别讨厌背单词。当老师的爸爸后来想出一个主意来激发她学英语的热情。爸爸召集了一帮爱文艺的孩子，组成了一个英语小剧团，指导他们编英语小剧，每周为同学们表演。爱上舞台表演节目的叶子很积极参与，为了表演好节目，她拼命背单词，每天早上起来大声朗读英语，上课认真听老师讲课，英语成绩迅速提高，一直稳居班上前三名。

讨厌压力

5号人讨厌条条框框，讨厌被人束缚。由此，他们也不大愿意管别人。同时，他们也自以为别人会以同样的心态对待自己，但往往事与愿违。

5号的孩子一旦在学校受到老师批评，或家长为之订立了过高的学习目标时，这个不受约束的“先锋”立即就会缩起来，或“转身逃跑”。压力会让5号孩子过度忧虑，甚至会影响孩子的心理健康。

5号的李安就是因为小时候对父亲给他的压力过度忧虑，致使他一辈子都身心沉重。

李安从小就背负着父亲望子成龙的压力。“我学戏剧、美术，爸爸虽然答应支持，但内心一直很矛盾。”有一年暑假，李安参加环岛巡回公演，“又歌又舞又搬道具，像跑江湖似的很好玩。一到嘉义，我就开始紧张，因为快回台南了，我也心里老犯嘀咕地气自己，在外面本来高高兴兴的，为什么一接近家就倍感压力。踏进家门，爸爸一看我因公演累成的黑瘦模样，就在饭桌上开训：‘什么鬼样子！’我当时把筷子往桌上一放，走回房里，把自己锁在屋内。这是我第一次胆敢有此犯上举动，已经是很革命了。当时父子俩都很不开心。因为在父亲的印象里，我的公演和小时候我们看的军中康乐队没两样，他很伤心，一心指望能光宗耀祖的我没考上大学，居然沦落为给人逗乐子的康乐队队员，所以他一直催促我留学，希望能拿到学位，成为戏剧系教授。”

“直到现在，我格局比较大了，这层心理障碍依旧存在。我一回台湾就紧张，搞戏剧，我是跑得越远，能力越强，人也越开心。一临家门，紧张压力就迎面而来。对我来说，越接近生活，我的压力越大，越难以从事艺术处理，能力越低。”“想来有趣，返家、离家，压抑、发展之间的拉扯，都和父亲有关。”

李安的这个心路历程对家长来说有很好的警示作用。孩子的成长过程中，压力是需要的。但家长在给孩子施加压力时，一定要考虑孩子的能力和心理承受力，订立的目标一定要让孩子“跳一跳够得着”，要让孩子追求目标的过程成为愉快的人生之旅，否则就得不偿失。

如果孩子因为学习目标而抑郁不乐时，家长一定要弄清楚孩子不开心的原因，一定要和孩子一起解开心头的那个“结”，否则，目标再高，计划再好也会流产。

5号孩子教育方法概述

1. 针对孩子不喜欢受到约束和限制，害怕承诺

- 兴趣和爱好是牵引孩子走向成功的最好途径。如果孩子喜欢各种艺术、体育项目，热情鼓励孩子参加学习。
- 用商量和建议的方式对孩子提出要求，“尊重”会让孩子主动“就范”。比如，当孩子拒绝和比他年幼的孩子玩时，可以对孩子说：“他喜欢你哦，我知道你也很爱他的，玩一会儿，怎么样?”
- 适当给孩子独立外出的机会，比如生日聚会、毕业联欢会等。外出前对孩子提出条件，比如要真实告知家长活动地点、约会朋友、活动内容、回家时间，孩子守约给予赞赏，否则给予取消外出机会，或增加家长随往的条件。

2. 针对孩子喜欢旅行和冒险

- 节假日组织短途自助游，选址、议程安排、旅游点资料信息、导游全部交给孩子完成。既可以满足孩子旅游冒险的愿望，又可培养孩子的责任心，提高孩子的能力。

- 让孩子学会摄影，拍摄沿途美丽风光，回来后放上博客或为孩子举办旅游摄影展。

- 烧烤和户外露营也是5号孩子热衷的活动。

- 加强孩子的安全意识，经常提醒孩子参加活动要做好防护工作。可作为参加活动的条件之一。

3. 针对孩子兴趣多变，缺乏长性

- 在鼓励孩子爱好广泛的同时，要有意识引导孩子了解自己的特长。一旦认准了孩子的发展方向，可以大胆实施培养计划。使他们的精力集中在自己的理想上，从而抑制孩子贪“新”厌“旧”。

- 为孩子制定长远规划时，听取老师的意见和建议。

- 专家对孩子的肯定可以起到积极的心理暗示作用，同时可以形成“隐形压力”，对抑制孩子“多变”有一定效果。

4. 针对孩子缺乏责任心

- 让他们懂得什么事情都要对自己负责。

- 从小培养孩子负责任的好习惯。比如，让孩子自己收拾玩具；让孩子自己找东西。

- 让孩子自己收拾自己的床铺和房间。

- 遇事要让孩子自己做决定，并自己承担后果。

- 孩子许诺的事情要记录下来，让孩子签上名，贴在大家看得见的地方。完成任务给予适当的奖励。

- 孩子守信时要给予赞赏。赞赏孩子时，不要简单地说“你真是好孩子”，要描述你所看见的事物和你的感受。比如，“你按时回到家真的太好了，这让我很开心。”这样的赞赏会让孩子继续自己的正确行为。

- 让孩子懂得一般的社会规则和常识，让他们明白，人生活在社会上，不能凭兴趣和感觉去做事，许多事，不喜欢也得做好。

- 亲身经历的“体验法”是培养孩子责任心最有效的方法。让孩子自己去体验不负责任的后果，这将让孩子得到深刻的教训。

• 当孩子犯了错，却推说“都是他，和我没关系”时，反问孩子：“换成是那个孩子，他会怎么说呢?”这会让孩子发现自己的责任所在，并反省自己推卸责任的错误。从小训练孩子冷静分析对方立场和感受的能力，长大后，孩子定能成为一个有主见有责任感的人。

5. 针对孩子不专注、易分心

• 针对孩子天生不喜欢受人支配的特性，根据人的“越是被禁止，越是想尝试”的心理，把“你去做某事”改为“你不准去做某事”，如“你去做功课”改为“你不准去做功课”，这会提高孩子的干劲。

• “心理饥饿疗法”可以达到恢复干劲的效果。即当孩子情绪陷入低潮或干劲不足时，停止他不肯做的事，让孩子尽情玩乐，当孩子重新开始时会干劲渐高。

• 培养良好的习惯可以让孩子更加专注。比如，做作业时不看电视、不听音乐、看书时不讲话，吃饭时不跑来跑去，做完作业把本子收进书包等。

• 家长可让孩子邀请好朋友来家里一起做作业，和好朋友在一起，孩子会把做作业当作一种乐趣。

• 有时可让孩子去好朋友家一起做作业，改变环境会让孩子提高热情。条件是回来要检查作业。

• 孩子完成一项任务后要给予适当的奖励。

• 如果孩子能力有限，家长可把大目标分拆成小目标，让孩子一步一步完成。每一次小小的成功都会让孩子增添信心。

• 与孩子保持亲密关系，密切关注孩子的学习状况，如安排固定时间跟孩子一起谈论他们的学习成绩、经常与班主任和科任老师沟通等。这种“隐性施压”可让孩子产生一定的压力，从而不敢懈怠。

6. 针对孩子自由散漫

• 让孩子明白，行为散漫不受制约，这绝不是自由。人不可能有绝对的自由，绝对的自由是“无序”和“混乱”，人就没有进步。

• 让孩子懂得，一心多用会分散能量，致使一事无成。

• 通过训练，让孩子学会约束自己的思想和行为。比如，训练让孩子分清事情的主次；训练孩子想好的事立即行动。

• 让孩子分担家务事，可培养孩子的好习惯。

• 棋类游戏可以让孩子静心、专注。

• 让孩子参加竞赛，让孩子对自己的特长项目始终保持高涨的热情。

• 利用孩子在特长方面所取得的“成就”，激发孩子学科方面的学习热情。

• 根据孩子的能力和心理承受力给孩子订立目标，一定要让孩子“跳一跳够得着”，否则，孩子会产生畏惧心理而放弃努力，甚至会给孩子带来心理问题。

5 号擅长和喜欢的领域

5 号人宽广的视野、热情的性格和出色的表达能力，使他们能在与公众相关的工作中找到自己的位置，如教师、舞台表演（模仿）、电影、电视、演说家、销售、公关等。5 号人喜欢冒险，爱寻求刺激，因此，马术师、体育教练、运动员、旅游、探险家等职业也非常适合他们。

5 号生日组合解读

5/5：（5 日出生的 5 号孩子）
5：代表自由与冒险

5 日出生的孩子具有典型的 5 号人特征。他们是一群静不下来的孩子，永远在尝试新的活动，像是爬树、放开双手骑车，或者和朋友们打赌，去干那些调皮捣蛋的勾当。追求冒险的过程中，难免会发生一些意外，所以家人对他们也很“头大”，时时关注他们的身心安全成了家长紧绷的一根筋。而这种冒险还可以在头脑中遨游，探索心中的想法，也是他们偏好的方式。

5/5 的孩子思想很敏锐，做任何事都信心满满；他们乐观，好奇心和求知欲强，具有很好的说服力；好学不倦，勤勉，凡事注重实践和身体力行。他们的复原能力很强，感情受挫能够很快平复，不会无缘无故地发脾气。缺点是有时太自负，不听别人的意见；理想太高，有点不切实际。

14/5：（14日出生的5号孩子）
1：代表创造与独立
4：代表稳定与秩序
5：代表自由与冒险

14/5组合是5号人中最独立、最具开拓性的。因为受“1”数的能量影响，通常个性也比较强烈、很有决心，而且像老鹰一样，总是展现绝佳的勇气。同时“4”的特质又使他们对周围的事物有着敏锐的观察和判断力。在处世上，他们相当善于利用自己的这个优势坚持己见、说服别人。他们在学校可以独当一面，有自己的思想和学习方式，虽然不喜欢听家长和老师的指挥，但学习非常踏实。是那种想“赢”就会努力实现的孩子。他们只要坚定自己的目标，抱着勇气一起走，是很容易在学业上有所成就的。

这个组合的孩子要注意的是：如果他们想成为学校或班里的风云人物，就要多注意与其他小伙伴和同学合作。懂得借助老师和同学的力量，获得别人的帮助和支持，是14/5组合的孩子成长中需要学习的课题。

23/5：（23日出生的5号孩子）
2：代表合作与平衡
3：代表表达与敏锐
5：代表自由与冒险

这种组合的5号孩子受“2”数能量的影响，不太喜欢个人式的英雄主义，反倒乐于参与整个团队的合作，而且他们很在乎和同学与伙伴之间的良好关系。他们从小就与家长最贴心，也很容易成为其他小伙伴的好朋友。他们不喜欢卷入纷争，还会常常出面帮小朋友调解问题。和这样的孩子在一起，其他的小伙伴会永远被理解和疼爱。他们小的时候就像个大哥哥、大姐姐，甚至是小妈妈或小爸爸一样，能懂得每个小伙伴的心思。所以他们想哄家长、同学高兴的时候，特别知道他们为什么高兴，想惹老师和小伙伴生气的时候，也特别知道你们为什么生气。

他们个性外向好玩，喜欢运动、跳舞、下西洋棋、玩扑克牌等各式活动；

而与生俱来的科学天赋，则使得他们念书就像输入电脑一般的轻松容易，仿佛电流传送一样自然顺畅。由于能在感官欲望和理智之间取得极为良好的平衡，因此多半身心健康。

受“3”数天赋的影响，他们从小就喜欢艺术、音乐和文学，那些了不起的人物角色、奇妙的文字与音乐、迷人的色彩与线条总是吸引着他们。因此长大后，艺术会在他们的生活中占有很重的分量。如果家长能从小对23日出生的孩子在演艺和艺术上多加培养，他们会比其他小朋友在这方面更容易有所成就。此外，有趣的是，他们还非常关注小伙伴的外在形象，例如服装搭配等等。

5号名人堂

“戏剧女王”费雯丽：生于1913年11月5日；

著名诗人、作家、翻译家、儿童文学家冰心：生于1900年10月5日；

华特·迪士尼公司创办者华特·迪士尼：生于1901年12月5日；

相对论创立者爱因斯坦：生于1879年3月14日；

美国著名童星秀兰·邓波儿：生于1928年4月23日。

第七章　6 号孩子

乐于付出不怕难——爱的天使

（每月 6 日、15 日、24 日出生的孩子）

关键词： 乐于付出、正义感、敏感、负责、善于联想、领悟力强

6号孩子的剪影

有两个字用在6号人身上非常合适，这两个字就是——好人。

生命密码研究者们喜欢用大树来比喻6号人，大树底下好乘凉。就是说6号人总是在你最需要的时候出现在你面前，给你庇护和安慰。

6号孩子善解人意，乐于助人，愿意承担责任，他们身上总有一种忠厚的气质，是温情、灵活、神秘且善良的孩子。

6号孩子有爱心，关爱别人胜过关爱自己，他们常常像个“小爸爸”或“小妈妈”。

6号孩子心智相当早熟，很懂事，非常能体会周围人的心情，容易管教，而且他们也努力用功。

6号孩子是非常好的倾听者，他们擅长于帮助同学和小伙伴解决难题，却拙于处理自己的困难。

6号孩子的直觉和第六感非常灵敏，对于那些抽象的、无形的、不可度量的事物的理解能力很好。

6号孩子孝顺长辈，注重家庭和美。

6号孩子是不太懂得关心自己的人，他们容易做出承诺，一旦承诺就会竭尽全力去做。他们往往因为太关注家人和别人的感受，忽略了自己内心的真实想法。所以，6号孩子最需要学会说“不”。

要想记住6号孩子的特性就请记住下面这些人物：

里根：生于1911年2月6日

小布什：生于1946年7月6日

拿破仑：生于1769年8月15日

6号孩子的性格特征

愿意付出，助人为乐

属于6号人的美国总统里根有一次这样说道：“要辛勤地工作，了解事情的真相，乐于倾听并了解他人，有坚强的责任感和指挥感，并替你所代表的人民做出最好的决定。”里根总统的这段话可以说是6号人性格最典型的写照。

6号人天生就是具有爱心、愿意助人为乐的人。他们就像夏日的绿荫、冬日的暖阳，永远在人们最需要的时候出现在他们面前。

美国总统小布什是7月6日出生的6号人，他身上有着非常明显的6号人的特质。

美国宾州罗文斯坦学院的一项研究表明，小布什的智商指数（IQ）为91，仅为前任克林顿（182）的一半，是过去50年来美国总统中智商最低的一个。但他却有着极高的情商，而这正是他制胜的法宝。无论是合作精神、领导艺术，还是个人魅力，小布什都不逊色于一些杰出的领导人，尤其是在“9·11”之后，小布什的一些特质充分地得到展现，并成为赢得民众支持的关键。

这里说的“情商极高”就是指6号人身上的那些美好特质——强烈的责任感、积极的态度、宽容、善解人意、适应变化、奉献精神等等。

6号孩子是极好相处的人群，他们与人为善，很少与人发生争吵。

小布什在安多弗读中学的时候，他任命自己当曲棍球联盟主席，他在自传里这样写道：“我们还想出一个诡计，仿造身份识别证件的设计，印制会员识别卡。这个计划被校方发现，我们被勒令立刻终止该计划，我也照做了。”

虽然小布什组织能力强，身边有许多的朋友，可以说一呼百应，但他压根儿没想到要和学校对抗一下。6号人就是这样一个平和守规矩的人。

6号孩子天生就像个小大人，他们喜欢和小伙伴在一起，谁跟他们成为朋友都是幸运的，因为他们爱别人胜过爱自己，关心别人胜过关心自己，朋友在6号人的生命中也占着很重的分量。

善解人意的6号孩子是一个很好的体贴关怀者，他们拥有一颗爱心，愿意帮助别人。这种帮助他人的特点在很小的时候就显现出来。他们很能理解他人的痛苦，他们最不忍心看到其他小伙伴伤心。看到别人伤心，比他们自己不开心更让他们觉得难受。例如：在和小朋友一起玩耍的时候，如果大家都有属于自己的玩具，而有一个小朋友什么玩具都没有，6号孩子就会主动地把自己的玩具借给他玩，根本不用家长开口。又比如：在聚会时，如果大家正玩得开心，一个陌生小朋友出现了，6号孩子一般都会立即走过去，对那个新朋友说：“和我们一块玩吧。”

6号孩子乐于助人的天性，会吸引很多同学在他身边。刚入学的时候，他们安排好了自己的东西后，会马上帮助其他小朋友整理衣物。做游戏时，6号孩子总是像个“小爸爸”、“小妈妈”，他们对周围的朋友总是那么贴心照顾。

他们平时温柔敦厚，看起来像阳光一样和煦、讨人喜欢。他们对周围的小朋友总是一视同仁，他们也不计较小节，喜欢公正。

他们的心灵总是在追求一个平衡合理的结果，为此，他们会为某件事辩解到底，直到事情真相大白，就像个严肃的小法官。如果他们认为自己的想法和行为是为了维护公平和正义，那么他们就会毫不犹豫地坚持下去，甚至把自己的意志强加给别人。

新东方的创始人，属于6号人的俞敏洪就有过为了公平、公正而六亲不认的经历。

俞敏洪的一些管理人员兼朋友都接受过西方管理文化的熏陶，而他却是在中国的传统社会中成长起来的，于是在管理上就产生了一些矛盾。这个矛盾说白了就是，西方的管理文化摈弃亲缘关系，特别忌讳家庭作坊式的管理。而新东方公司在发展初期像中国很多私营企业一样，上上下下都是“自己人”。经过一段时间的磨合，新东方做出了一个决定，任何人的亲属都不得在新东方任职。不过，大家看在俞敏洪是创始人的份儿上，还是给他一个特权。可是极其重视感情和公平的俞敏洪当即表态，将自己在新东方任职的亲属全部调出新东方。为此，他的母亲和老婆半年都没有理他。结果，俞敏洪通过了人情的考试，2个月内，新东方公司里不再有他任何的亲属任职。

说起他为了让母亲不干涉公司事务，还有一段故事。

> 在父亲去世后，孝顺的俞敏洪怕母亲在家里孤单，便把她接到北京自己身边。母亲来到北京无所事事，就常到新东方去看看，久而久之和大家熟悉了，便免不了指手画脚。人家看在老总的面上，也不敢出面干预。但时间一长，闲言碎语就出来了。俞敏洪这个大孝子当然不能对母亲硬来，他是绝不会去伤母亲的心的，于是，他“咚”一声跪在母亲面前，求母亲别再插手新东方的事了。到了这份上，母亲还有什么好说，她的身影慢慢地在新东方消失了。

这就是一个追求公平性的6号人。虽然这种做法让人感觉有点生硬，有点不近人情，让人感觉不好接受。所以，家长们在这一点上可以给6号孩子一些指导，让他们学会以婉转的方法坚持自己的原则。当然这个道理比较抽象，家长可以给孩子讲一些故事，通过这些故事给孩子以启发。平时看报纸看到有类似的文章可以剪下来给孩子看，在文章旁边最好写上自己的感悟，好让孩子去体会。生活中碰到类似的事件，家长可以引导孩子自己去思考和评论。这样，孩子慢慢懂得了不要因为追求公平性而简单生硬地批评指责，再碰到类似的事情他们会处理得更好。

追求公平正义的6号人具有悲悯之心和强烈的正义感，对朋友非常无私，对陌生人也能伸出援手。为朋友两肋插刀、仗义执言的故事常在他们身上发生，在小时候他们很容易成为小伙伴们最值得依赖的朋友。

15日出生的6号人马云的传记中有这样一段："喜欢打抱不平，经常帮别人打架，少年马云坚定不移地践行他在武侠小说中看到的'侠骨仁心'。到了小学四年级，他在学校又帮人打架，伤得白骨都露出来了。没有麻药，只好直接缝针。'虽然很疼，但我当时眼泪都没掉一颗。'马云的勇敢赢得了同学的好感。"马云不仅仅为朋友两肋插刀，他还是"一个有着'侠义'梦想、希冀拯救全世界的孩子。"

这种正义感使6号孩子有一定的自发性的领导力，他们常常像个没有架子的小"老大"。

小布什在安多弗自己任命自己为曲棍球联盟的主席时，还真有点"老大"的味道。他专门给自己取了一个很有意思的名字——特威兹·布什。这个名字源自"老大特威兹"——19世纪纽约臭名昭著的腐败政客。他还任命了助理内阁，包括一个主裁判和一个联盟心理医生。然后制定了详尽的比赛规则和加赛规则。

"自己任命自己"，看来小布什天生就有"老大"的潜质。

马云在大学期间，"在学生会中混得非常有名气，以至于邻近的学校中，一些活跃的男生都认识他。马云将往日打架的劲头转到学生工作上，不仅顺利当选为学校学生会主席，还再接再厉登上了杭州市学联主席的位置，对于一个二流高校学生来说，这几乎是个奇迹。"

在这里特别提一下，在6号人中，6日出生的6号人是最能践行"爱"的人。他们愿意付出，具有服务精神，真心诚意地帮助大家解决问题。人们常常会在一些和平组织或医疗救助单位等类似的机构见到他们的身影。

孝顺长辈、顾家爱家

6号的孩子安静、温顺、彬彬有礼，他们天生就对家庭具有责任感，他们从小就是个顾家、孝顺的孩子。

小布什小学毕业后，他将被家里送到“可怕的”安多弗上学。安多弗可怕到什么地步？“在那个时代的德克萨斯，如果有人被送往外地上高中，多半出于惩罚的目的。”这所学校治学严谨，“不管是去上课，还是吃饭，还是去教堂做礼拜，我们都得打领带。安多弗的冬天漫长而寒冷，我们仿佛被流放到荒无人烟的西伯利亚。”“在安多弗读书是我经历过的最艰难的事情，其艰难程度与我40年之后竞选总统的难度有得一拼。”虽然“我非常喜欢金凯德中学，但是家里已经做出决定，不容更改。去安多弗上学是布什家庭的传统，我要延续这一传统。”

由此可见，小布什真是个听话孝顺的6号孩子。

1769年8月15日出生的拿破仑，人称“奇迹创造者”，这个智勇双全，无所畏惧的绝世英雄身上却有着6号人的柔情。

拿破仑青少年时期的资料记载“他的性格中存在着一种真挚的感情”。拿破仑第一次与他哥哥约瑟弗分别时，约瑟弗伤感地哭了起来，而小拿破仑只流了一滴眼泪。但学校的导师却说，这一滴眼泪，其意义完全不亚于约瑟弗的泪如雨下。因为“大自然给拿破仑塑造的性格是磐石般的坚定”。“磐石般坚定”的人都流下了一滴眼泪，可见其感情的真挚。

做了军官的拿破仑很懂得为母亲分忧，他把大部分薪金都寄给了家里，只留下一小部分，仅够维持生活。

他能够严格要求自己，不容许自己有任何一点额外的花销，比如娱乐、上酒馆等，也不与闲人交往，不想也不敢想进入上流社会的社交场合。

在拿破仑的后期生活中，对亲属之爱，是影响他制定政策的一个重要因素，流言蜚语始终无能抹黑他这样一个人的性格，他热爱并且尊重他的母亲，他说他母亲的意见常常是对他最有帮助的。

1789年法国大革命爆发后，拿破仑回到他的家乡科西嘉，希望推动科西嘉独立，但遭到亲英反法的保守集团排挤。拿破仑的弟弟告发了叛乱者保利，不明真相的农民誓死保卫保利。拿破仑有一天在半路上被一群保利分子包围，他费了九牛二虎之力才逃脱。当天晚上，他划着一条小船，沿着海岸绕了一段，然后上岸骑着马飞奔回家，通知母亲逃走。就在他母亲逃走后的第二天，他们的家被洗劫一空，并烧成废墟。

6号人总认为自己对家庭、对同伴有一份义务和责任，因此他们很会照顾家人与小伙伴。

属于6号人的里根“到好莱坞几个月后就决定把父母亲接来。他先把他们安顿在一家旅馆住下，后又为他们找了一套房子。‘我这里需要你们。’他对父母亲说。”

“他意识到，如果让父母亲觉得在这里无所事事，这对他们的心理很不利。所以他让父亲负责处理影迷们向他表示崇拜的信件。自他演的第一部电影上映之后，这样的信件就开始大量涌来。他为父亲弄来一张制片厂的出入证，方便父亲与制片厂的来信组联系，领取剧照、文具等。”

“星期天的晚上，里根经常出现在一家名叫拉鲁的好莱坞饭馆，但不是同某个年轻的女明星而是同父母亲在一起共进晚餐。一个英俊的年轻小伙子花那么多时间陪着父母亲，这在好莱坞是罕见的。”

有这样一位孝顺儿子，真是父母的福气。

6号孩子平时很少惹麻烦，目的是要让家里的人开心。

马云小时候就相当懂事：“由于家庭出身的原因，马云从小就被邻家孩子欺负。那时的马云就有忍气吞声的英雄海量，因为他不想惹是生非，不想让家人失望。”

马云常常为了朋友大打出手，但自己受到欺侮却一忍再忍，只为不想让家人失望。什么是孝顺？不让家长失望、不让家长操心就是最大的孝顺。

6号的孩子从小就愿意跟着妈妈进厨房，并且很快成为妈妈的小帮手，他们简直就是天生的美食小厨师。无论男孩子还是女孩子都喜欢玩过家家的游戏，喜欢厨房里的锅碗瓢盆。他们有着惊人的记忆力，对美食入口不忘。

很多6号的女孩子长大以后是绝对的贤妻良母，她们把结婚、生子作为自己的人生终极目标。

当然，6号女生如果把她们的责任心和服务精神用在工作上，她们也可以干得非常出色。

“乒乓女王”邓亚萍就是6日出生的6号女生，她以她的刻苦勤勉，一共拿下了18个世界冠军。除了运动方面的成就，在其他方面她也做得相当出色。

2001年，作为北京申奥团成员之一的邓亚萍就为北京申奥做出了巨大的贡献。当时，奥组委分配给她的任务是负责做好运动员委员会的工作。国际奥委会运动员委员会共有12人参加投票，国际奥委会规定，委员不可以到申办城市考察。这样对北京申奥就很不利。因为这十几个人中，只有两三个人来过中国，而且还是好些年前的事，他们都不了解现在的中国，所以做他们的工作挺费劲的。不能请进来，只好走出去。“我有一个比较有利的条件，这四五年，我与运动员委员会的同事们相处得很好，大家都当过运动员，又是年轻人，比较容易沟通。”邓亚萍虽然5岁就开始打球，但她作为6号人天生的社交能力和她的服务精神帮助了她。她事先与在欧洲的委员们联系了一遍，然后按着预约的时间分别飞到一个个城市与他们碰面。为了见美国的鲍伯，邓亚萍曾在三天里从北京到洛杉矶打了一个往返，在飞机上的时间比在美国停留的时间还长。两三天跑一个地方虽然很辛苦，但邓亚萍觉得很值。凭借着强烈的责任感和良好的沟通能力以及那一股子韧劲，邓亚萍出色地完成了任务。

在6号孩子的成长过程当中，他们都希望自己的家庭和谐、幸福，爸爸妈妈和自己始终快乐和健康地生活在一起。所以，给6号孩子营造一个温馨的家庭环境至关重要。

6号孩子很容易感悟到家长的心思，这种天生的领悟力给6号孩子的家庭带来福气。比如当爸爸为财务问题所困扰时，他们会适时表达出对父亲的关怀；当妈妈生病不舒服时，他们也会出其不意地、温柔又亲密地给妈妈来一个吻。

天生的领悟力更是让6号孩子对家长充满孝心和爱心。他们很愿意听从家长的安排；只要家庭需要，他们愿意无条件地付出；他们愿意承担一些力所能及的家务事；当家长生病时，他们愿意主动护理；家长或长辈辛苦工作之后，他们会搬个小椅子，帮家长和长辈捶捶背。

另外，6号孩子会很快乐地模仿妈妈做家务事，而且他们往往不需要大人反复叮咛，只要交代一遍就懂了，这也是他们的天分。

6号孩子是最爱家的人，无论在外面玩得多么忘形，天黑了他们都记得回家。他们也不会忘记家长和长辈的生日。长大后的6号人是最恋家的孩子。

在年龄稍大之后，他们总是尽力来到父母身边照料父母，让父母明显感觉到孩子的贴心。所以，6号孩子的家长在提及自己孩子的时候，总会露出非常幸福的笑容，这是家人发自内心的幸福感。

善于倾听和修补问题

6号人大都是“话匣子”，孩提时，他们很早就能流利地说话，长大后他们往往话特别多，一打开“话匣子”就关不住。

6号人里根可以说一辈子都在说，他在大学时就常常做体育比赛解说员，毕业后他当电影演员、电台播音员和电视节目主持人，当总统后不停地演讲，可以说他的嘴巴一辈子都没停过。

6号人马云嘴巴也是出了名的。“在国内互联网圈内，马云的能言就像张朝阳的时尚、陈天桥的稳重、王岐涛的迷球、王雷雷的直爽一样出名。创办阿里巴巴之后，一直在国内土生土长的马云可以很轻松地在欧美向海外用户做精彩演讲，‘水平丝毫不差于国内演讲’。而马云自己则解释说：‘这两下子主要是当年教书的时候练出来的，现在上台从来不备讲稿，一开口收都收不住。’”

有意思的是国际互联网还有一个“话匣子”，这个人就是缔造苹果帝国的6号人乔布斯（1955年2月24日出生）。他的传记中这样写道：“上苍让他具备了吸引公众的‘魔力’，而这样的特征只有福音传道者和具煽动性的政治家才拥有。目睹他长达数小时的演讲，就好像是在看一位善于展示的演讲家在没有讲稿的情况下尽情挥洒内心的独白。”

同时，6号人也是一个良好的倾听者。所以，他们常常被人当做最好的交流对象，人们很愿意把自己的心里话和所遇到的困难向他们倾诉。

6号人在很小的时候就表现出这个特质，他们不仅仅会认真聆听，还会尽力帮助小伙伴们把困难解决掉。有这么一个可以信赖的好朋友，同学们都感觉十分舒服。所以，6号孩子是一个很受同伴欢迎的人。

6号的孩子还喜欢了解所有事物的运作过程和规律，因为他们天生就想要“修补东西”和“治疗问题”。

这里所说的“修补东西”和“治疗问题”是一种精神上的“修补”和“治疗”。也就是说他们是那种能够用自己的爱心和力量帮助别人解决困扰的人。

6 号人有一种天生的“嗅觉”，他们很容易发现那些需要处理和解决的事情，他们对周围那些需要帮助的人也很敏感。一旦发现别人有需要，他们就会毫不犹豫地施以援手，因此家长经常会看到自己 6 号的孩子整天都忙忙碌碌的。

“9·11”事件后，小布什去世贸中心视察，“在我走到最后一个角落的时候，我发现一个家庭围绕在一个坐着的女性旁边，于是我坐到她的旁边。她告诉我，她的儿子是港务部门的一名警官。9 月 11 日他正好休息，但一听说发生了袭击，便自愿赶去帮忙。有人最后一次看到他的时候，就是 3 天之前，当时，他奔向了浓浓的烟雾中。正当我准备离开的时候，她从她的包里掏出了一样东西。她伸出手，里面是一个金属物体。‘这是我儿子的徽章，他的名字叫乔治·霍华德，请您记住他。’她一边说着，一边将徽章放到了我的手里。我向她保证，我会记住她的儿子。就在这位母亲给我她儿子的徽章后，我又在总统职位上工作了 2685 天。而每一天，我都将徽章随身携带。”

6 号孩子这种毫无防备的热心有时会被人利用，如果碰到不善之人，孩子就会受到伤害。所以，6 号孩子的家长最好经常关注自己孩子结交的朋友，用自己的人生经验帮助他们鉴别交往的对象。另外，还要提醒他们，帮助朋友要量力而为，要善于把“友谊关系”保持在一种“平衡状态”，付出太多，往往容易让自己受伤。

勇于承担责任，遵守秩序

6 号人另一个突出的特点是愿意承担责任。他们做事认真，而且愿意“一人做事一人当”。

“9·11”事件发生后，小布什这样写道：“我的心情可能和大多数美国人是一样的，但我的责任是不同的。之后会有时间哀悼，会有机会将袭击者绳之以法，但首先我要应对这一危机……在那样一个上午，我总统任期的目标变得清晰起来：在国家自由受到威胁的时候，保护人民，维护自由。”小布什是这么想的也是这样做的，事实证明他做得相当好，所以，“9·11”事件后他在美国人民心目中的威望一下飙升了许多。

“9·11”事件之后，小布什担心恐怖分子再次挟持飞机袭击美国，他决定监控基地组织打入和打出美国的电话。但是，在美国，监控公民电话是必须走法律程序进行审批的。

“由于威胁十分紧迫，我们不能让自己困在申请法庭批准的程序之中。我让白宫法律顾问办公室和司法部去研究我能否授权国家安全局，在没有获得《外国情报监视法案》法院授权的情况下监控电话。”

“两个部门都告诉我可以这样做。他们得出的结论是：在战时对敌人进行监控，符合国会战争决议以及宪法赋予总统为战时总司令的权力。”

“在我批准《恐怖分子监视计划》之前，我想确保能够防止权力滥用。我根本不希望把国家安全局变成肆无忌惮的监听机构。”

“法律团队来到白宫椭圆形办公室。他们向我保证《恐怖分子监视计划》是经过仔细设计的，以保护无辜者的公民自由。此项计划的目的是要监控所谓的问题号码，因为情报人员有理由相信这些号码属于基地组织成员。这些号码很多来自在战场上被捕的恐怖分子的手机或是电脑。如果我们无意中拦截了任何单纯的民间通话，这种侵权行为将报告给司法部进行调查。为了保证这一计划只在必要时进行，我们必须定期对计划进行重新评估和重新批准。”

一般来说，头目们都比较强势，特别是在紧急情况下更是容易表现出武断，但6号的小布什却表现得相当温和，他不以战时紧急为借口而强硬监控公民电话，而更多的是考虑公民的自由和利益，可见他是一个善解人意、愿意负责任的人，正因为他能够这样理解公民的需求和尊重公民的权利，所以他得到公民的热爱。

这方面的特质体现在6号孩子身上就表现在，他们能够充分考虑到小伙伴的情绪，重视小集团内部的团结与和谐。

在生活上，6号人为人友善、随和，是公认的遵守约定和规则的人。

6号的俞敏洪身上就表现出这种特质。

新东方创建之初，和许多做培训的一样，他常常把招生广告贴到电线杆上。有一次，他看到居委会大妈在那里一张张抠掉，感觉这样做很不对头，他就带人去把自己贴的广告抠掉。居委会大妈看这个人挺实在，就帮他们去讲情，把广告贴到广告栏里。

后来，俞敏洪的学生越来越多，别人的学生开始减少。结果，每次他去贴广告，就有人在旁边等着撕他的广告。有一次还用刀把他的一名员工捅进了医院。俞敏洪从来不和别人发生冲突的，他只好去求助警察。

警察来了，他也不知道该讲什么，只是一杯接一杯地喝酒，半小时不到，一瓶五粮液就被他喝光了。平时不太喝酒的他被送到了医院，差一点儿就没命了。警察看他人实在，对他说，只要他不做违法的事情，在他们区，新东方不会有任何问题。在民警与教育局的协调下，新东方终于在广告栏上有了自己的一块地方。

平时，类似做学校值日生这种平庸的工作，6 号孩子总是比其他孩子更重视。在他们看来，这是一项重要的工作，是学生的基本职责，而且他们每次都能有效率地、没有依赖地把这些工作完成。

在学习上，6 号孩子在语文和专业科目上的表现很突出，常常超越一般同学。

里根在上小学之前，他妈妈就花了很大精力教他识字。有一天晚上，小里根躺在地板上，双手捧着一张报纸。他父亲很奇怪，问他："你在干什么？"

小里根认真地说："看报纸。"

"是吗？读一段我听听。"爸爸说。

小里根果真一字一句地读了起来。他母亲高兴极了，忙出去把邻居请来听小里根读报。

里根长大以后，在演讲、游泳、球类、表演等专业都相当强势，就是没有和任何理科的东西打过交道。

马云身上也有 6 号人的明显烙印。马云喜欢英语，他被一个他十分喜欢的老师激发，发疯似的学英语，读中学的时候就可以带外宾游览西湖。但是他的其他科目都拿不出手，而数学还极差。差到什么地步？马云考高中一共考了两次，其中一次数学只得了 31 分。高考也一共考了三次，第一次数学只得了 1 分，第二次数学考了 19 分。因为数学拉了分，他第二次高考的总分离录取线差 140 分，只得参加第三次高考。

6 号的这个特质可能要引起家长的重视，如果不加以引导，6 号的孩子很容易偏科。

家长首先要告诫孩子不能偏科。家长最好让孩子知道，不喜欢某些科目是正常现象，但不能轻易放弃。理科方面的知识能培养人的逻辑思维能力，并能让我们掌握很多科学知识，所以，一定要坚持下去，尽量把它学好。

下面有几个让孩子不偏科的方法提供给家长参考。

❀ 一是可以在课外找一些水平很高的老师为孩子补课。

补课的老师如果年轻又博学，讲课生动又幽默，很容易得到孩子的认可，孩子也会在不知不觉中热爱这个科目。

马云大学毕业后在一所高校任教，同时马云还在一家夜校兼职教外语。由于他的课讲得很精彩，每当他讲课，许多班级的课都上不成了，因为那些学生都跑去看马云“表演”了。马云的“表演”效果还真是相当不错，基础极差的学生，经过他一番“折腾”，居然在课堂上爆出满口洋文。

好的老师有化腐朽为神奇的力量，学生听课就不再是“受刑”而是“游戏”了。

❀ 家长还可以有意识地让一些有影响力的老师影响和引导自己的孩子。

马云小时候因为喜欢地理老师而苦学英语，因为喜欢英语而“厚着脸皮”找老外对话的故事很值得家长借鉴。

马云传记中讲到这么一件事。“马云读中学时，教地理的女老师上课教学方式非常活泼，讲课让人如沐春风，经常给同学讲自己的一些经历和故事。马云和其他同学一样特别崇拜这位地理老师。”有一次这位老师讲到一件事，使马云受益终生，甚至改变了马云一生。老师说，有一次她在西湖边漫步，几个外国人询问她中国地理，她英语很好，于是对答如流。老师最后说，你们要学好地理，更要学好英语，不然碰到这种情况，你会给中国人丢脸的。“老师的话犹如醍醐灌顶，使马云茅塞顿开，对老师的崇拜也使得马云对老师的话深信不疑，马云由此发奋，开始了他的英语学习之旅。”一回家，马云花了6毛多钱买了一个小喇叭，每天听英文广播。那年马云才12岁。没有一点底子的马云学英语自然遇到了许多的困难。但他凭着对英语的热爱，克服了许多困难。为了练口语，马云跑到西湖边老外多的地方，厚着脸皮和老外讲英语，或主动为他们当英语导游。

❀ 孩子喜欢的老师对孩子的影响可以说是“四两拨千斤”。

另一方面，6号孩子往往有很多特长和爱好。孩子有某些特长和爱好是相当可喜的事情，家长不能因为怕影响孩子学习文化课而对孩子进行限制。相反，家长要让孩子自由发展。孩子在特长爱好方面容易取得成绩，而这些成绩又可以带动孩子文化课程方面的学习。

如果孩子能在自己的特长方面有所作为，那是他人生中最完美的事情。

像马云就是因为喜欢英语才当了几年英语教师，因为当过英语老师，英语基本功扎实他才办了翻译社，因为翻译社他才有机会迈出国门早早地接触到了互联网，最后才有了今天叱咤风云的马云。里根一辈子也是靠特长吃饭，而且是特长成就了他光辉的一生。

社交能力和表演天赋

6 号孩子与生俱来就拥有很强的社交能力。

小布什在回忆录中写道：“我在社交生活方面则适应的快得多。在安多弗，有一小群德克萨斯州的老乡，其中一个叫克莱·约翰逊，来自沃思堡，我跟他非常谈得来，不久便成了亲密的朋友。我的交际圈扩大得很快。对于我这样一个喜欢和人打交道的人来说，安多弗是一个适合交友的好地方。”

小布什实在是一个天生的外交家，他常常把与外国首脑之间的交往演变成朋友之间的交往，他会把接待首脑的宴请放在家里，家庭晚宴加看电影之类的活动让政治交往变得轻松自然，趣味盎然。

6 号的里根总统之所以取得卓越的成就，也是因为他是一位伟大的“思想交流者”。

邓亚萍虽然 5 岁就开始打球，一直在球场上奔跑，但她擅长社交的能力一样没有埋没，她以她可爱的性格和高超的球技赢得了萨马兰奇的喜爱，她两次受邀做客国际奥委会总部——洛桑，并与萨翁成了忘年交。2001 年她成为中国“北京申奥形象大使”，为了拉票，她走访了远在世界各地的国际奥委会运动员委员，为北京申奥作出了巨大的贡献。

总之，6 号人天生就是“外交家”，他们从小就不认生，别人一伸手要抱，孩子就会马上迎上去，感觉很配合的样子。在幼儿园他们也是非常合群的孩子，喜欢和小朋友们一起玩耍。在学校和同学的交往过程中，他们总是彬彬有礼，很有“绅士淑女”的作风。

6 号孩子对美有极高的品味和标准，凡是跟色彩、设计、装潢等相关的事物以及跟戏剧、音乐、舞蹈等相关的表演艺术，都强烈吸引他们，并且影响着他们日常生活的态度与感受。而许多生日数为 6 的孩子，更是为美和艺术而活的。他们对艺术有着超强的感悟力，特别是对音乐异常敏感，由此，他们很可能是未来的作曲家或指挥家。

小布什曾说到他在耶鲁大学就读时的情况：“我自由地挖掘并发展自己的

兴趣。在学校，我选修的课程覆盖范围极为广泛，其中包括天文学、城市规划、史前考古学、西班牙文学名著，还有我的最爱之一——日本俳句。”

里根是唯一一个当演员出身的美国总统。在之前当过电台体育播音员，后来在53部电影中担任过角色，继而又从电影界转入电视界。他是一个出色的演员和电视人物，还是一位伟大的演说家。

作为家长，当孩子还小时只需要了解孩子的成长规律和特长，切记不要用成人的标准来要求他们。

欣赏美、追求完美

6号孩子追求完美，也懂得欣赏美。

小布什的自传中记载了这样一件事：

“在我早期的一篇作业中，我抒发了失去妹妹鲁宾的悲伤。我想我一定要用一个比‘眼泪’（tears）更好的词。毕竟，我现在是在东海岸了，和在粗犷的德克萨斯不一样了，我觉得应该学会使用一些更高深的词汇。于是我拿出之前母亲装进我行李里面的近义词典，查出了tear（在英语中也有撕破的意思，作动词）的一个近义词，然后写道：Lacerates（撕裂）从我的脸颊流过。”

一篇小小的作文也对自己要求这么高，这就是6号的个性。

总之，6号的孩子为了达到他们眼中的“完美”，他们会费尽心机去做一些事情，例如：班里开主题班会，其他同学准备把桌椅摆成4个长排，但他们却想把桌椅摆成4个圆圈，他们觉得自己的决定是最好的而且千方百计让其他同学认可。为了达到自己心中完美的标准，他们会亲自动手去做，哪怕辛苦一点都无所谓。

6日出生的女孩子程星，曾经为了房间的窗帘跟父母折腾了好半天。事情是这样的：家里装修，程星说好了她房间的窗帘一定要用她选的那种粉红碎花棉布挂帘，但是，程星大概是在网上看到的，爸爸和妈妈去买窗帘的时候没有找到这种。爸爸妈妈商量后给她做了一块很高档的淡紫色窗帘，还加了一层淡紫色薄纱。淡紫色是程星喜欢的颜色，妈妈想，程星一定会非常喜欢的。没想到，程星从学校回来一看，就对妈妈大嚷，说那不是她要的。妈妈说都做了，又不是什么原则性的问题，下次装修再换吧。程星不听：“把我的房间搞得像大人的房间，一点感觉都没有。”

她立即拿起尺子爬上窗台去量尺寸，她要上网去买她喜欢的那一块。妈妈这下生气了："你叫人来评一下，这块哪点不比你喜欢的那块好，你这不存心跟人过不去吗？"程星不听，继续量尺寸，妈妈怕她摔下来，又气又急："你给我下来，这块窗帘碍着你什么，你又不是成天对着它看。""我就是不要这么俗气的东西在我的房间里。"妈妈也不让步："我就不准你去买，我那钱就白花了？"程星不量了，把窗帘取下来还给妈妈。看到程星坐在光晃晃的窗子前看书，把妈妈急得团团转，到了晚上难道她还这样？没法，妈妈只好对她说："尺寸我这里有，你上网去买吧。今天先把这个挂上去。"

6号孩子常以近乎挑剔的态度要求完美，看上去很不好相处。不过家长对此不必担心，因为，爱家顾家的6号人一般不会因为追求完美与家人发生冲突，他们始终是家庭中最友好的成员，这也不会影响他们成为尊老爱幼的典范。

另外，由于6号人善解人意，所以，当伙伴们提出意见和建议时，他们一般会表示接受，但在内心里，他们却会坚持自己的观点，最后还是按照自己的计划来行事，这不免会让友情受到伤害。所以，6号孩子的家长要提醒孩子懂得，每个人对完美的理解是有差别的，不要刻意地为了达到自己所认为的完美而不顾及别人的想法。

由于这种对完美的追求，6号孩子虽然朋友很多，但可以达到他们内心要求的朋友却不多。另外，他们有时不愿把自己的真实感受表达出来，而是喜欢用行动去感化家人或同学，因此他们的付出就会很多。当他们付出很多，却没得到回报时，他们心里就会很失落，心想："我付出了这么多，你们怎么都没有反应！"于是，隔阂就产生了。

6号孩子的教育课题

付出要求回馈

前面提到，6号孩子喜欢助人为乐，但同时，他们心里也会想，付出就应该有回馈，虽然他们平时会很沉默，不愿意表达出来。但是随着年龄的增长，希望得到回报的这种特点会越来越明显。

小布什在自传里写了这么一件事，可以看到6号人的这种特质。

“有一天，父亲出差在外，母亲叫他马上开车送她到医院。我连忙问发生了什么事情。原来母亲流产了。”“第二天，我到医院接她回家。她谢谢我这么照顾和负责……那天我为母亲做的事微不足道，但对我却意义重大，因为这件事进一步加深了我与母亲之间的情感联系。”

从这个小故事我们看到，小布什因为得到妈妈对他的感激内心相当受用，这小小的感谢加深了小布什在内心深处对妈妈的尊重和与妈妈之间的情感联系。

每位家长都会为拥有一个助人为乐的6号孩子感到幸福。不过，家长在享受这份幸福的时候，最好不要忘记了6号孩子有“要求平等”的特质。他们在给家人或小伙伴关爱的时候，总是希望得到回应——一个微笑、一份感激、一次认可。所以我们要像小布什的妈妈那样，用自己的心去观察，看到孩子的每一点好和每一点付出，而且要及时表达我们的喜悦和感激。

另外，6号孩子在付出和给予的同时，他们也期待家长和小伙伴们同样拥有一颗仁爱之心。他们会希望家人和小朋友也能心领神会，说到做到。如果大家都因为6号的孩子很谦逊，就认为他们与生俱来就愿意帮助别人，没有什么要求的话，时间一长，6号的孩子就会感觉自己受到伤害，他们会悄悄地把自己的心门关闭起来。最糟糕的是6号人又是一个爱和自己较真的人，受到伤害无人理解时，他们会悄悄地把自己的心门关上。

所以，家长要教会6号的孩子懂得爱要由心底里发出，在别人有需要的时候义无反顾地去帮助别人。如果希望得到应有的回报，那就变成了一种心理期待，会让自己感到有压力，时间一长，自己就会不开心。家长要让孩子知道，爱是无私的，真心对待他人，心里的幸福和平静比什么回报都美好。

6号孩子的家长最好自己也做一个有奉献精神的人，而且以乐观的精神对待付出，给孩子做一个榜样，让孩子愉快地帮助别人。

另外，6号孩子帮助和关爱的对象是要经过他们心理认可的，对不认可的事物和与自己关系一般的小伙伴，他们的态度会比较冷淡。家长要让孩子明白，这种心态是不值得提倡的，无条件的付出，才是真爱，才能获得真正的欢乐。

不懂得拒绝

家长常常会发现，6号孩子关注别人往往超过关注自己，或者不懂得拒绝别人的要求，一味无条件地帮助别人，久而久之，就会形成巨大的压力。

在学校里，总会有同学请6号孩子帮忙写作业、帮忙打扫卫生做值日等等。他们不管自己能否做得到都答应下来，即使做不到也不懂拒绝，实在不行就找家长来帮助解决。

> 读高二的贤波是6号的孩子，他是一个班上公认的大好人。他当班长和数学科代表，是一个真正的大忙人。另外，除了本职工作和自己的学习外，他还是班里的“义工”。因为他是数学科代表，辅导同学完成数学作业变成他的义务。“一帮一”活动中，老师还让他带了一个差生。后来，班里另一个同学的家长也来找到他，说自己的儿子也希望得到他的帮助。贤波知道自己的时间已经分配不过来了，但他还是不好意思拒绝，只好答应了下来。他觉得帮助同学是他应尽的责任，如果一个同学有上进的愿望自己却拒绝，很说不过去。除了在学校很忙外，贤波回到家也很忙。他父亲和母亲两年前离婚了，他跟着母亲过，但和父亲住一起的奶奶又舍不得他。他只好三天两头就跑到父亲那边和奶奶吃一顿饭，让奶奶开心，吃过饭他又得马上赶回家。因为他知道，如果他不及时赶回来，妈妈也会担心他。这样跑来跑去，贤波做功课的时间就少了，他只好挑灯夜战，常常累得头晕眼花。他很怕自己身体出问题，因为再过一年就要高考了。到了高三学习任务更重，他不知道到时该怎么办才好？

只懂得付出不懂得拒绝慢慢就失去了自我，对孩子的成长是很不利的。

对于一个孩子来说，要拒绝别人的确不是一件易事，为此，家长要有意识地培养孩子这方面的能力，让他们学会适当地拒绝。

家长首先要认可孩子的付出，并告诉他自己有一个这样体贴、善解人意、热心助人的孩子非常幸福，同时要告诉他，人的时间和精力是有限的，学会拒绝，可以为自己减轻心理压力，生活会变得轻松、自由。

家长可以给孩子讲一些名人拒绝人的故事，让孩子知道，只要活在这个世界上谁都面临拒绝人的问题，懂得了拒绝的艺术，说“不”并不可怕。

然后家长可以跟孩子讨论哪些事可以拒绝，比如：违背自己做人的原则的事——如帮同学模仿家长的签名；不符合自己的兴趣爱好的事；助长虚荣心的事——如同学鼓动你去纹身；庸俗的交易——如同学花钱请你做作业等等。

关于拒绝的办法有很多，家长最好常常和孩子做一些练习，比如：朋友给你一根香烟或一杯酒并游说你去尝试，而你对吸烟和喝酒十分反感，你会怎样拒绝他？又如：你的朋友邀请你和他的朋友一起去歌厅唱歌，而你后天有一个科目要考试，你需要认真温习，而且你也不喜欢他的朋友，你怎样拒绝他？又比如，你的同学向你借钱，说是用作购买参考书之用，但你怕他不会还给你，又怕他是用作玩乐的，你如何拒绝他？

当有小伙伴需要帮助的时候，让 6 号孩子要学会问自己两个问题：这件事是真吗？我可以帮助他们多久？有任何疑问尽量早点提出来，不要藏在心里。这些训练会让孩子面对拒绝的对象时能比较容易地说出一个“不”字。

6 号孩子很多时候是处在无奈和痛苦中的，他们在帮助别人的时候，常常不了解事情的真相，又不好意思拒绝别人，完全把自己置于一个被动的地位，有时他们甚至会变成一个受害者。

另外，非常值得一提的是，“承诺后却没有办到”是 6 号人身上常见的毛病，这种“好心办坏事”常常成为 6 号人与人发生冲突的主要原因。所以，“轻易承诺”也会让 6 号人失去威信或失去朋友的信任。

有一个“昂贵的承诺”的故事，家长可以讲给 6 号孩子听。

1797 年 3 月，拿破仑在卢森堡第一国立小学演讲，当时，他满怀激情地将一束价值 3 路易的玫瑰花送给了该校的校长，与此同时，他还信誓旦旦地说：“贵校对我和夫人的盛情款待让我十分感动，为了答谢您的这份厚爱，我不仅今天献上一束玫瑰花，而且在此后的每年的这一天，只要我们法兰西还存在，我就派人送贵校一束价值相等的玫瑰花。”校长听后表示十分高兴。

但是，拿破仑一直忙于应付战争，最后他还是战败了，他的诺言自然就成了一句空话。拿破仑忘记了自己的诺言，卢森堡人却没忘记。1984 年，卢森堡人旧事重提，要求法国政府兑现拿破仑曾经许下的诺言。他们给了法国政府两个选择：要么在各大发行的报刊上公开说明拿破仑是一个言而无信的人，要么就从 1797 年算起，以 3 个路易一束玫瑰花作为本金，以5厘利息计算全部偿还。

法国政府当然不能做有损拿破仑声誉的事，无奈之下，他们只能选择赔偿。然而当他们算出赔偿的总额时，却大大地吃了一惊——原本才3路易一束的玫瑰花，如今本息却已高达1375596法郎。

面对这笔巨额赔款，法国政府无计可施，只好向卢森堡求和，法国决定：以后无论在精神上还是物质上，法国都将始终不渝地对卢森堡的中小学教育予以支持和赞助。这样，事情才得以妥善解决。

少说多做，是良好的品行；多说少做，是投机取巧的行为；说而不做，是最快的自我毁誉的途径。当初站在台上的拿破仑一定没有想到事情的后果，就是因为他一时的激情之语（6号人常犯的毛病），给后来的法国带来了沉重的负担。

因此，6号孩子一定要客观评估自己的承受程度和实际能力，在为别人服务的时候记得给自己留出一定的空间。这样才能成为一个真正的“爱的使者”，才能在服务他人的时候找到真正的快乐。

不表达真实感受

6号的孩子外柔内刚，不轻易流露自己内心的真实的想法，针对不同的声音他们可以倾听，但内心的原则不会改变。

无论在家里还是在学校，他们都是一群“乖乖女”或“乖乖仔”。小布什年轻的时候，就常常为了让家长高兴去做一些自己不愿做的事。

“宗教一直是我生活的一部分，但是我却不是一个虔诚的教徒。”“在安多弗读书期间，我也定期去教会，那是因为这是学校硬性规定。在耶鲁读大学时，我就从来没有去过教会了。我只是在看望父母的时候才会去，但这也主要是为了不让母亲生气。”

但是，这是一群相当敏感的孩子，很多时候，他们能立即察觉到好朋友或家长哪里不对劲。他们可以说是最不容易被欺瞒的孩子，因为他们下意识地就能了解你的内在。假如家长不快乐了，不知不觉中，你就会发现这个6号孩子在学校的表现慢慢变差了，也越来越难以管教了。

如果家长对6号孩子施压，他们会服从，也会想办法让你开心。但他们会把对家长的怨气放在心里，这就不利于他们心理的健康发展了。

想要获得他们的信赖，最佳方式是经常让他们知道家长很感激他们的协助，并赞赏他们的天赋与成就，特别是在他们犯错的时候更要这样对待他们。应该制作一张“天赋表”贴在他们房间的墙上，让他们不会忘记自己对别人是多么好，用这种方式来提升他们的自信和对你的信任。

6号孩子终身的功课是坚持最真实的自己，别老是迎合他人的期许或要求。增强自己的才华与意志，别让虚荣心作祟。

6号孩子教育方法概述

1. 针对孩子无条件地帮助别人

- 给爱家、顾家的6号孩子营造一个温馨的家庭环境。
- 与孩子建立亲密关系，经常和孩子谈论他的同学、朋友，通过对话帮助孩子鉴别朋友的“善”与“恶”。
- 6号孩子特别需要记住一句话：“害人之心不可有，防人之心不可无。”尽量让孩子免遭不善之人的伤害。
- 经常提醒孩子，帮助朋友要量力而为。要善于把“友谊关系”保持在一种“平衡状态”。

2. 针对孩子容易偏文科

- 家长首先要告诫孩子不能偏科，不喜欢的科目不能轻易放弃。
- 课外找一些水平高、孩子喜欢的老师为孩子补课。
- 通过孩子在特长方面所取得的成绩来带动孩子文化课程学习的热情。

3. 针对孩子为追求完美而伤及别人感情

- 提醒孩子，每个人对完美的理解是有差别的，不要刻意地为了达到自己所认为的完美而不顾及别人的想法。
- 家长可以给孩子讲一些故事，通过这些故事给孩子以启发。
- 平时看报纸看到有类似的文章可以剪下来给孩子看，在文章旁边最好写上自己的感悟，好让孩子去体会。
- 生活中碰到类似的事件，家长可以引导孩子自己去思考和评论。这样，孩子慢慢懂得了，再碰到类似的事情他们会处理得更好。
- 通过训练让孩子学会以婉转的方法坚持自己的原则。

4. 针对孩子付出希望得到回报

- 要用心去观察，看到孩子的每一点好和每一点付出，而且要及时表达我们的喜悦和感激。

• 让孩子懂得，爱要由心发出。如果帮助别人希望得到回报，那就变成了一种心理期待，会变成一种压力，时间一长，自己就会不开心。

• 给孩子做一个榜样，以乐观的精神对待付出，让孩子愉快地帮助别人。

5. 针对孩子轻易许诺和不懂得拒绝

• 认可孩子的付出，让孩子知道，你为有这样一个体贴、善解人意、热心助人的孩子而高兴。

• 让孩子懂得，人的时间和精力是有限的，学会拒绝，就不至于把自己置于一个被动的地位，同时可以减轻心理压力，生活会变得轻松、自由。

• 家长可以给孩子讲一些名人拒绝人的故事，让孩子知道，只要活在这个世界上谁都面临拒绝人的问题，懂得了拒绝的艺术，说“不”并不可怕。

• 跟孩子讨论哪些事可以拒绝，比如：违背自己做人的原则的事；不符合自己的兴趣爱好的事；助长虚荣心的事；庸俗的交易等。

• 和孩子做一些练习，让孩子掌握一些拒绝的方法。比如：推迟法、借口法、不予回答法等等。

• 训练孩子当朋友需要帮助时，让孩子问自己几个问题：这件事是真的吗？我帮得到他吗？我可以帮助他多久？这些训练会让孩子面对拒绝的对象时能较容易地说出一个“不”字。

• 和孩子一起做训练，让孩子学会客观评估自己的承受程度和实际能力，在许诺时记得给自己留出一定的空间。这样才不至于“好心办坏事”，失去威信或失去朋友的信任。

• 让孩子学会少“说”多“做”，没有把握做到的事，干脆不“说”。

6. 针对孩子不表达自己的真实感受

• 告诉孩子，要尊重自己的意愿，不要做违心的事。

• 让孩子增强自己的才华与意志，用自信驱赶虚荣。

• 赞赏孩子的天赋与成就，“天赋表”应该贴在他们房间的墙上，或贴在大家都看得见的地方。

• 如果孩子帮助了家人或朋友，立即加以赞赏，让他们不会忘记自己对别人是多么好。

• 与孩子保持亲密关系，用这种方式来提升他们的自信和对你的信任。

• 即便孩子犯错了，也要这样对待他们。

6 号擅长和喜欢的领域

6 号孩子因为具有爱心和治疗别人伤痛的耐心，所以长大后很适合从事医生、护士、营养师、心理咨询师、哲学家等与看护、照料和精神安慰有关的行业；同时他们优雅的形象及出色的语言表达能力，使他们在公共关系、政治、新闻发言人、慈善事业、教育领域、行销、人事管理等方面出类拔萃；他们对于艺术、音乐、美学的热爱，也使他们在艺术设计、室内装潢、时装、文学、作曲、广告业、城市规划等方面大显才能。

6 号生日组合解读

6/6：（6 日出生的 6 号孩子）
6：代表远见与奉献

对于 6 日出生的孩子来说，具有典型的 6 号人特征。他们心地善良，朴实亲和，热爱大自然，相当有魅力，也因极具宽容心和爱心，在很小的时候就有了不错的人缘，相当容易相处，在同学中还蛮有号召力的。他们还很在意家长、老师和自己喜欢的小朋友对自己的表扬与赞美，同时也非常喜欢美的人与事。他们自己也像一朵花似的，赞美可以使其绚丽盛开，而枯萎一定是遭到了批评。他们最不愿意看到丑陋真实的另一面。

由于他们不喜欢伪装，所以他们开放的心胸会让熟识，甚至是陌生的伙伴们都能够认同他们。因为他们从不愿意与任何人为敌，处理事情，他们都有承担责任的意愿。所以每到一处都受到欢迎，更不愁没有同伴加入。随着年龄的增长，6/6 号孩子越来越有美感的特质，穿戴气质也会越来越与众不同。但是有时会有多愁善感，易受影响的倾向。

15/6：（15 日出生的 6 号孩子）
1：代表创造与独立
5：代表自由与冒险
6：代表远见与奉献

这种数字组合的 6 号孩子身体是 6 号里最健康的。他们无论在生活中还是在学习上，非常独立，有出色的原创力与想象力，并具有开拓精神，多半能够使独特的幻想与梦想转化成真。还从小就有着领袖魅力，甚至有时还有很多的同学对他们尊崇有加。他们性格开朗而乐于为小伙伴付出，不喜欢听从老师和家长的命令和指挥，喜欢自由自在，愿意按照自己的方式去努力学习。他们是那种一旦拥有学习目标后，行动力很强的孩子。在学校里，喜欢某位老师或小伙伴的时候，怎么都行，不喜欢某位老师或同学时，怎么样也看不上对方。

这种类型的孩子从小也是大自然的爱好者，喜爱自由自在地漫游，随心所欲地思考。从小也还很愿意承担家务，在意家长的感受，在学校里，他们分得清什么是他们必须努力学习的课程，什么是“60 分万岁”的功课。他们是 6 号组合中最会缓解压力的孩子，但也是这个组合中最追求自由和冒险的孩子。

24/6：（24 日出生的 6 号孩子）
2：代表合作与平衡
4：代表稳定与秩序
6：代表远见与奉献

这个类型是 6 号组合中人缘最好、最贴心的孩子。他们活泼的个性中具有特殊的迷人特质。

因为受 2 数能量的影响，他们从小的性格就平和、细腻、善解人意，很在意家长的感受。因 4 数的影响，在学校里，他们显得很稳定，并善于处理同学间的人际关系。很清楚别人的需要，能与之友好地相处与合作，因此也极容易走进小伙伴们的内心世界。小时候在艺术表演方面也颇有专长，家长可以在这方面多加培养，将来会有不错的成就。

6号孩子喜欢帮助别人，但希望自己每次付出能够得到家长、老师或同学的回馈，哪怕是一个微笑，一份感激或一次认可。即使在帮助小伙伴后没有得到应有的回报，也不会当众表现出自己内心的感受，24/6的孩子是最会给家人和同学面子的6号孩子。但同时，他们的自我保护系统会马上打开，觉得受了伤害，只不过家长或同学感受不到而已。这个组合的孩子需要学习的是：帮助别人的时候是由心而发，要学会独立，学会承担自己必要的责任。

6号名人堂

美国第43任总统小布什：生于1946年7月6日；

美国第40任总统里根：生于1911年2月6日；

"俄国文学之父"普希金：生于1799年6月6日；

好莱坞武打动作巨星史泰龙：生于1946年7月6日；

法国近代资产阶级军事家、政治家、数学家拿破仑：生于1769年8月15日；

伟大的艺术家达·芬奇：生于1452年4月15日；

著名歌唱家芭芭拉·史翠珊：生于1942年4月24日。

第八章　7号孩子

打破砂锅问到底——智慧之星

（每月7日、16日、25日出生的孩子）

关键词：踏实可靠、精准细心、求知欲强、善于分析、直觉敏锐、爱质疑、情绪化

7 号孩子的剪影

7 号孩子的另一个名字叫“十万个为什么”。

7 号孩子喜欢提问题，求知欲强，诚实可靠。

7 号孩子天生就是一个优秀的观察者，直觉强，生性喜爱探究真理。

7 号孩子对宇宙、神秘学有一种本能的爱好。

7 号孩子比较喜欢独处，很少有人知道他们真正在想什么。有时比较情绪化，爱钻牛角尖。家长要多给孩子灌输正面的情绪，鼓励 7 号孩子表达内心感受。

7 号孩子比较容易管教，且非常用功。

7 号孩子也是一个“说到做到”的人。

要想记住 7 号孩子的特性就请记住下面这些人物：

居里夫人：生于 1867 年 11 月 7 日

普京：生于 1952 年 10 月 7 日

鲁迅：生于 1881 年 9 月 25 日

7 号孩子的性格特征

强烈的求知欲，喜欢提问题

7 号孩子是一个很独特的群体，他们独立而且聪明。

7 号孩子普遍文静、不爱表达。7 日出生的普京就是一个沉默寡言的人。他自己也说自己：“我不爱说话，脾气也不好，有时还会让别人受委屈。”

不爱说话的 7 号偏偏又是一个爱提问的人，不论是在家里还是在学校，他们总会有各种各样的问题提出来。“汽车为什么会跑呢?”“为什么这个叫航天飞船的东西能带着人飞上月球呢?”“我是从哪里来的呢?”不把事情搞得一清二楚，他们誓不罢休。搞得老师和家长要不停地翻书查字典才能满足他们的疑惑。

爱提问缘于他们强烈的求知欲。孩子的每一个“为什么”都是孩子对事物缘由或发展的想象；每一个“怎么样”都是孩子对事物发展过程与机理的思考；每一个“是什么”都代表了孩子对新事物的好奇和探索。不管用什么办法，当面对孩子的各种提问时，家长都要尽可能给孩子一个满意的回答。

用“求知若渴”四个字来形容7号孩子再准确不过的了。很小的时候，他们就对益智性玩具充满强烈的兴趣，如果家长给他们讲故事，会让他们非常高兴，不过他们的胃口可是大得惊人，讲了一个还要讲一个，恨不得家长一口气把天下的故事都讲完。

在课堂上，7号还有可能出其不意地当众指出老师的错处，这是因为他们太爱问为什么了，又总想知道真实的答案。

7号的小鲁迅进入江南水师学堂读书时就犯了这样的毛病，这个学校的教员水平很差，他心里一万个看不起。当一个教员把“钊”字念成“钩”时，鲁迅忍不住当众讥笑那位教员，结果，两天之内连记了两大过两小过。鲁迅读了半年，便赶紧转学了。

对事物的不断探寻和对知识的孜孜以求让7号的孩子总是走在别人前面。

小鲁迅就是这样。来到另一所学校后，智力超群的鲁迅很快又“吃不饱”了。那些功课他几乎不用温习也能考个第一二名。“这样念书有什么味道呢？他只好将眼光投向课堂之外，或者是买书报来看，或者是租马来骑。”

鲁迅18岁在南京读书，有一次，他看见墙上贴着一个纸印的茶壶，顺着那壶嘴的方向望去，前面十字路口的墙上又有一个同样的茶壶，他好奇极了，一路追踪下去，直走到荒郊僻野，几乎迷了路，才猛然醒悟：这大概是一个秘密组织的联络暗号，于是赶紧止步，转身就跑。

真是打破砂锅问到底的人。

随着年龄的增长，他们的求知欲更加强烈，问的问题也更加复杂。常常让老师、家长搔头挠耳也无法应付。碰到这种情况，7号孩子的家长可千万不要着急，能回答多少就多少，不懂就“老实坦白”，孩子不会因为家长不懂而生气。但如果家长表现出不耐烦，或草草打发孩子，孩子就会相当失落，这无形中会让他们的求知欲望受到抑制。

如果7号人从小未能接受充分的教育，长大以后会成为很不愉快的成人，因为他们自认所知不足，会因为自己的知识匮乏而感到痛苦和窘迫。

所以家长要给孩子提供足够好的学习条件，只要孩子为学习知识提出的要求，家长都要尽可能满足。

是一个幸运儿，常常好运相伴

7号的孩子天生就是一个幸运儿，他们的好运让老师、同学和小伙伴非常羡慕，他们就像是上帝的儿女，总有好运气包围着他们。

鲁迅先生的传记，第一章就是“幸运儿”。鲁迅的确幸运，他投胎于一个好家庭——祖父周介孚，出身翰林，又是京官，在当地备受敬畏。“鲁迅真是幸运，他的人生长途的起点，就设在这样一处似乎距乐园相当近便的地方。”“这就使鲁迅获得了一系列穷家小户的孩子所无法享受的条件。”

这个翰林家族自然充满书香之气，鲁迅家有两只大书箱，从四书五经到《三国演义》、《封神榜》全有。众多亲戚家中藏书也甚丰，枯燥难懂的正经书有，小孩子非常喜欢的好玩的书也有——“从画着插图的《花镜》，到描写少男少女的《红楼梦》，几乎什么都有。”这些书都由鲁迅自由阅读。在过去的中国，有这样条件的家庭可以说是凤毛麟角，但却给鲁迅碰上了。

鲁迅的好运还没完，脾气暴躁的祖父，在教鲁迅读书时，竟然给他“选了小孩子比较感兴趣的书。即使读唐诗，也是先选浅直的诗。”“这就大大减轻了鲁迅开蒙的苦闷。”“祖母更是特别疼爱他，每每在夏天的夜晚，让鲁迅躺在大桂树下的小板桌上，摇着芭蕉扇，在习习的凉风中给他讲故事，什么猫是老虎的师父啦，什么许仙救白蛇啦。”如果没有这个环境，鲁迅这个大文豪可能就没戏了。

7号的普京也是个幸运儿。他虽然不像鲁迅那样生在大富人家，但他父亲是老来得子，一家人对他疼爱有加。他是在温馨的环境中，享受着爱长大的。

“那时幼小的普京经常看见一个个家庭走向破裂、解体，其中许多是因为男主人毫无节制地酗酒造成的。他亲眼目睹了这些悲剧。”

许多年以后，在政坛崭露头角的普京回忆起自己的童年和家庭仍然充满了自豪和幸福感：“我的家就是我的一座堡垒。可以说，这是我最大的优势，当时虽然我还没有清楚地认识到这一点。很显然，在父母心目中，最为珍贵的就是我。所以，即使我口头上什么也不说，但只需看看周围，我就有充分理由认为，自己所处的家庭环境是最好的。对我来说，这是非常重要的，非常重要！”

大学，正是世界观开始形成的时期，他遇到一个对他的命运产生最大影响的人——阿·亚·索布恰克教授。他是普京的经济法老师，普京从三年级开始听他的课。普京的毕业论文《论国际法中的最惠国原则》也是由索布恰克主持审查的。这篇论文得了“优”。后来，当普京退出克格勃，前途未卜之时，索布恰克把他带入政界，为普京的政治生涯打下了基础。后来他还亲自为普京竞选总统而奔走。

普京加入克格勃的经历更是充满了奇遇和好运。

普京的家庭出身和从小受到的教育，以及苏联歌颂隐蔽战线无名英雄的文学作品和电影，使他对克格勃颇有好感。读中学的时候，他就决定要参加克格勃。

在大学期间，对于加入克格勃的理想，普京一直没有放弃。他甚至在憧憬着有一年在克格勃办公室遇到的那个人能够突然出现，招收自己到克格勃工作。然而4 年过去了，克格勃的人一直没有露面。在大学四年级的时候，普京几乎要放弃这个希望了，他准备毕业后去当律师，或者做一个检察官，因为少年时期的这个理想看来已经没有什么希望了。

其实，普京不知道，克格勃一直在默默地关注着他。普京出身工人阶级家庭，在大学里又品学兼优，热爱运动，着实是可造之才。这自然引起了克格勃的注意。

大学四年级时，学校忽然通知普京，说有一个人要见他。在一间教室里，只有那个来人和普京两个人。来人没有做自我介绍，但是普京立刻就猜出来了。他对普京说：“我想和你谈一谈你的工作分配，但我现在还不想说究竟是什么工作。”他们约定在教师休息室见面，但是那人却迟到了。普京等了20多分钟，心想：“这头猪！是不是在戏弄我？”

正当普京准备离开时，那人忽然跑过来，上气不接下气地说：“抱歉。”普京心下释然了，他喜欢这句话。

“这都是安排的。”对方说。

好在普京没有走。

“普京同学，如果邀请你到情报部门工作，你会怎么想？”普京立刻就同意了。

在毕业分配时，又险些出了岔子。大学就业委员会在安排学生去向时，一位法律系的老师指着普京的名字说：“我们要让他当律师。”就在这时，墙角传来一个声音：“不，这个问题已经决定了，我们要让普京为克格勃工作。”原来是监督学生分配的克格勃特工喊了起来，他刚刚还在角落里打盹。几天以后，普京开始填写各种加入克格勃的申请表。

普京在还没有毕业的时候就加入克格勃，一是可以提前确定今后的去向，二是立即就有了物质方面的好处。不久，普京就驾驶着一辆扎波罗热人牌小轿车进出校园，一些同学为之侧目。当时苏联的小轿车虽然并不稀奇，但是也不十分普及，大学生有自己的轿车更不多见。

普京是幸运的，好像命运都顺着他的理想和目标前行，当然，他的好运也是他努力的结果。

“普京政治生涯的运气之好，与其说是升迁得快，不如说是时机恰当。”

“叶利钦在位8年，身边的谋士亲信和高官重臣换了一批又一批。8年里叶利钦换了7个总理，7个安全局长，10个财长，6个内政部长，7个总统办公厅主任，6个安全会议秘书，只有外交部长和国防部长换得少些，各换了3个。以此推断，普京不管是作为安全局长、安全委员会秘书还是总理，如果长期干下去的话，恐怕也是前程难料。但官员轮换的走马灯到了普京这里停住了，因为叶利钦已没时间再换下去。普京成了唯一一个不被撤职的政府总理。”

7号就有这样的好运气，像普京这样复杂的身世，要在乱世中胜出，没有上天的护佑恐怕真的很难。

由于好运过多，7号的孩子自然对好运习以为常，别人梦寐以求的大好事在他们眼里只不过是稀松平常的小事儿。长此以往，7号孩子自然会生出懒惰情绪。碰到问题和困难，他们总是期待别人的帮助。在家里，他们基本上不自己动手打理事情，在学校，他们一般会逃避劳作方面的活动，比如大扫除，收发作业本等等。他们有这样的想法：让我安静地思考吧，至于生活上的小事，还是留给其他家人、同学和小伙伴去做吧。对此，家长最好不要放任，要让孩子知道爱思考很好，但动手劳作也是必不可少的锻炼，全面兼顾才能让自己健康成长。

寻求智慧

7号的孩子一生都想成为“智慧之人”。在才智方面，他们是属于早熟型的。小时候他们不停地问家长“为什么”，来到学校，他们就围着老师问这问那。课余时间，他们广泛浏览课外读物，是最早懂得阅读的一群孩子。

“鲁迅是个聪明的孩子，四书五经之类的正经书并不能满足他的求知欲，他对这些枯燥乏味的说教，从心里不感兴趣。因此，他从很小的时候起，就自己来开辟另外的求知途径。首先是看杂书，从画着奇形怪状的神话人物的《山海经》，到《封神演义》和《西游记》之类的神话传说，凡是他觉得有趣的，都千方百计搜来读。其次是抄杂书，从陆羽的《茶经》，陆龟蒙的《耒耜经》，一直抄到《西西丛书》里的古史传和地方志。再就是绘画，先是从大舅父那里借来绣像本的《荡寇志》，把里面的一百多张绣像全都描下来！后来更自己买来好几本画谱，用纸蒙着，一页一页地描。”明明是自己买来的书，却这样耐心地描画，看来是想把这些东西变成自己的知识，装进自己的头脑里。鲁迅在这当中感受到的乐趣，想必是非常强烈吧。

两次获得诺贝尔奖的7号人物居里夫人小时候努力学习，追求智慧的故事说起来有好大一箩筐。

“玛丽（居里夫人原名）来到巴黎索尔本学院求学，大学的图书馆紧紧地吸引着玛丽，一次，她忘了吃饭晕倒在图书馆。玛丽像块贪婪的海绵，拼命地吸吮着知识的乳汁。忘记吃饭，对于玛丽来说已经成为司空见惯的事了。最后，在索尔本学院的学位考试中，玛丽以优异的成绩获得了物理学硕士第一名。”

普京也是一个读书迷，这个习惯是在中学时代就养成的。那时他有个很好的俄语老师。正是这位老师教他学会了爱书、用书。普京最喜欢俄罗斯近代作家契诃夫、托尔斯泰、陀思妥耶夫斯基的作品，他也很喜欢大仲马、凡尔纳和莫泊桑等法国名家的著作。直到他执政，仍不时阅读这些大作家的著作。他还很喜欢俄罗斯现代文学，他也常常读一些有关俄国历史及文学史和文化史等方面的书，如《叶卡捷琳娜二世执政史》、《思考俄国》之类，从中获得启发。

7号孩子还喜欢一些关于神秘的宇宙和天体的书籍。这一切都因为他们希望自己能拥有智慧的人生，希望借助各种知识和力量来成就自己，通过体验和感觉了解智慧的真谛。7号的家长不妨征求孩子的意见，给他订阅他喜欢的报刊资料，购买他喜欢的书籍，让孩子在智慧的海洋中遨游。

7号孩子更愿意与有智慧的小伙伴结伴而行，甚至不介意做一个在幕后做具体事务的“小实干家”。7号孩子也不热衷于在别人的称赞中生活，没有强烈的愿望在舞台聚光灯下做中心人物，所以学校的表演竞赛的舞台上很少见到他们的身影。

大多数7号孩子的性格温和、谦虚、腼腆，甚至有些害羞，作风朴实无华，不喜欢也不善于炫耀自己。因此，家长可以给孩子创造机会，比如开家庭故事会，家庭图书角，参观展览，邀请“志同道合”的小伙伴一起活动，孩子之间互相争论探讨，让他们有机会展示自己的特长，以便更能激发 7 号孩子追求智慧的热情。

直觉敏锐、善于分析

7 号孩子一旦发现了新事物以后，就喜欢把它们分析清楚，想把隐藏在事物背后的真相挖掘出来，并弄清原委。他们在得到知识以后，仍然不会停步，而是继续分析，在分析中得到快乐。正是这种不断的分析，让他们发现了更多需要掌握和学习的新功课，这样的性格让他们不停地进步，很容易取得成功。

普京上中学的时候跟人家打过一架，这是普京第一次挨打，这一架却让普京悟出了一大堆的道理。

普京在回忆时提到：“当时我感到很委屈，打我的那小子看上去是个瘦猴。不过，我很快便明白了，他年龄比我大，力气也比我大得多。对我来说，这件事不啻于是街头‘大学校’给我上的很重要的一课，由此使我得到一次获益匪浅的教训。”

“我从这一教训中得出以下四点结论：

“第一，是我做得不对。当时，那孩子只是对我说了句什么，而我却很粗鲁地把他给顶了回去，那话简直把人噎死（7 号人经常说一针见血，得罪人的话）。实际上，这样欺负人家是毫无道理的。因此，我当场就受到了应得的惩罚。

“第二，如果当时站在我面前的是个人高马大的壮汉，也许我就不会对他这样粗暴了。因为这孩子一眼看上去瘦骨伶仃，我才觉得可以对他撒野。但等我吃了苦头以后，我才明白，不论对谁都不能这样做，对任何人都应当尊重。这是一次很好的、有‘示范意义’的教训。

“第三，我明白了在任何情况下，不管我对错与否，只要能进行还击，就都应当是强者。可那孩子根本就没给我任何还击的希望，根本就没有希望。

“第四，我应该时刻做好准备，一旦受人欺负，瞬间就应当进行回击。总的来说，我打架，并没有什么鲁莽和过火的举动。不过，我从中悟出一个道理：如果你想要成为胜者，那么在任何一次对打中，都要咬牙坚持到底。”

此外，普京还明确意识到，不到万不得已，不能轻易卷入冲突。但一旦有什么情况发生，就应假定无路可退，因而必须斗争到底。也就是说，一旦你下决心打这一架，那你就要坚持到最后。换句话说，不打则已，打则必赢。

打一架就洋洋洒洒总结出几百字“准则”，真可谓“天下第一架”。

在童年时代就能够悟出这样的道理，并把它作为自己生活和工作的准则，无疑和普京聪颖的天资、坚强的个性有关，当然，也与他7号的性格有关。也许正是因为有这样的性格，普京才能够在俄罗斯政坛上脱颖而出，成为一位受人爱戴的总统。

不过，7号因为不停地发现新问题，分析新事物，使他们可能怀疑一切，而不能当机立断。

7号的孩子读书很有自己的一套方法，事实上，他们是别人眼中可怕的敌手，因为他们直觉敏锐，能了解其他同学的弱点，知道如何去击败对手。对于不喜欢的老师非常憎恨，不管他们是不是好老师，但他们不喜欢的功课却总能有办法突破，学习对他们来说从来都不是问题，他们只需要更多的自信。即使是反应较慢的7号孩子，由于他们性格中一贯的勤勉好学，往往也能以勤补拙。所以在学生时代，7号孩子的学习成绩相对来说比较稳定，较少出现大起大落。而且，不少7号名人都有大器晚成的倾向。

7号孩子具有敏锐的观察力与超群的领悟能力，他们那双犀利的眼睛就像一台小小挖掘机，无时无刻不在探寻。可以说，任何事物的变化都逃不过他们的眼睛，他们总是千方百计去发掘遗漏的东西，也喜欢用各种方法来解开神秘的事件。

鲁迅小时就是一个小机灵，也很调皮。他的曾祖母平常不苟言笑，总是一本正经地端坐在门口一张硬邦邦的太师椅上，让人觉得不大好接近。鲁迅却偏偏要去逗她，故意从她面前走过，假装跌跟头倒在地上，引得老太太惊叫：“啊呀，阿宝，衣裳弄脏了呀……”过一会儿又从她面前走过，又假装跌，要引她再作那样的惊呼。

有一回，一位同学偷看了先生的对课题目，是“独角兽”，就悄悄地来问鲁迅：“你说我对什么好？”鲁迅说：“你对‘四眼狗’好了。”那人也真是呆，上课时就以“四眼狗”回答先生，先生是近视眼，正戴着眼镜，听了勃然大怒，把那同学狠骂了一顿，而鲁迅却在一旁用书遮住脸，憋不住“咯咯”地笑出声来。

7号这种对事物明察秋毫的特点，若有好老师来引领，会成为班上的领袖。他们的神秘性、选择性、好斗性、狂热性和不妥协精神，常常给老师和同学留下深刻的印象。

他们对事情真相的了解往往异于常人。精明、锐利的心智，使他们非常适合从事记者、科学家、医生、评论家的工作。由于喜欢神秘性的事物及善于观察细微的事物，他们也适合做警察、侦探或是间谍。

有个小男孩，有一天妈妈带着他到杂货店去买东西，老板看到这个可爱的孩子，就打开一罐糖果，要小男孩自己拿一把。但是这个男孩却没有任何动作。几次的邀请之后，老板亲自抓了一大把糖果放进他的口袋中。回到家中，母亲好奇地问小男孩，为什么没有自己去抓糖果而要老板抓呢？小男孩的回答很妙："因为我的手比较小呀！而老板的手比较大，所以他拿的一定比我拿的多很多！"

真是个"小人精"。

追求完美

7 号的人十分细心，对事物要求完美。因此，他们总是在不断地思考如何可以把事情处理得更好。大到事业成功、人生辉煌，小到完成一件事，他们总要求自己做到尽善尽美。

7 号的居里夫人就是一个追求完美人生的人。

居里夫人的大半生过着清贫的生活，艰苦的实验过程也是在简陋的条件下完成的。但是，居里夫人却拒绝为她的任何发明申请专利，诺贝尔奖金和其他奖金她也全部用到了以后的研究中去了。居里夫妇发现镭以后，当百万法郎、灿灿的金质奖章向她微笑的时候；当成功、荣誉、祝贺像潮水般涌来的时候，他们不为所动，毫不夸耀，谦虚忘我，表现出了高贵的品质。著名学者爱因斯坦曾经这样评价居里夫人："在我所认识的所有著名人物里面，居里夫人是唯一不为盛名所颠倒的人。"

能够不为盛名所累，不为盛名所颠倒，是很难做到的一件事情。

居里夫人有两个女儿，实验室的研究工作和家务把居里夫人压得喘不过气来，但无论多忙，居里夫人并不是把一切工作都交给保姆去做。每天去工作之前，她一定要证实孩子是吃得好、睡得香、梳洗得干净、没有患病以后，才放心地离开。而且，她认为，母女之间感情的沟通，心灵的交融，必须靠自己的努力才能做到。“我不愿意为了世界上任何事情而阻碍我的孩子健康成长。”所以，即使在最苦最累的日子里，她也要留出一定的时间去照料孩子，亲自给孩子洗澡换衣，抽空在孩子的新衣服边上缝上几针，随着孩子年龄的增长，她精心安排孩子的教育计划。教她们做智力工具或手工，功课做完后她总要带孩子们步行很长的一段路，并且做一些体育活动。她还抽出时间指导孩子学习园艺、烹调和缝纫，培养她们独立生活的能力，注意保护孩子的个性，用自己的言谈举止滋润孩子的心田。

在居里夫人的精心培养下，两个女儿相当出色。长女伊伦娜是核物理学家，与丈夫约里奥医发现人工放射性物质而共同获得诺贝尔化学奖。她不仅继承了居里夫妇的科学事业，也继承了他们的崇高品德。1940 年他们把建造原子反应堆的专利权捐赠给了国家科学研究中心。次女艾芙是音乐家、传记作家。

许多人为了事业牺牲家庭，牺牲了对孩子的教育，居里夫人却没有让自己的人生留下遗憾，实在令人敬佩。

而 7 号的普京，无论何时何地，不管是为谁工作，他总是要求自己做得最好。

为他的恩师索布恰克服务时，“他从不宣扬自己的成绩，身上透着一股可靠、忠诚和自信的精神。”（索布恰克语）。普京回忆起这段经历时说：“我在索布恰克那里任职，这个职务虽不是关键性的，但却有权去解决相当多的涉及各类商业机构利益的问题。而我从来不允许自己按照有利于某些集团或者公司利益的方式去做，我觉得，我是在尽力为圣彼得堡和国家的利益工作。”

当总统后，普京更是把自己的全部身心交给国家和人民。

普京以优秀的政绩和无法抵挡的个人魅力，成为人们衷心爱戴的领导人。一首名叫“嫁人要嫁普京这样的人”的歌曲风靡俄罗斯，这是俄罗斯民众喜欢普京的真情流露，这也是对普京完美形象的印证。

7 号孩子热爱学习，而且学得好，学得精，有一套积累知识的方法。他们也很有纪律观念，愿意遵守组织纪律。在学习过程中，他们十分仔细深入，一丝不苟。知识的不断积累让他们内心得到了熏陶，使他们身上体现出一种让人倍感舒服的优雅气质。

在即将开始做一件事时，出于对完美的追求，7 号的孩子会反复推敲，不停地思考，直到拥有了一个自己十分满意的计划他们才会去实施。在实施过程当中，他们会不断地完善，对于结果不会轻易满足，“没有最好，只有更好”是他们追求的人生目标。由于 7 号孩子追求完美，灵性十足，这使他们拥有成为某个领域中杰出大师的潜质和天赋。

7 号孩子的教育课题

爱质疑

7 号的普京爱质疑的性格也是很突出的。

有一次，普京应邀参加一个计划的讨论，一位老特工说计划应该如何如何写，初出茅庐的普京有些不知深浅，插嘴说：“不行，这样不行。”

老特工不明白他的意思。普京只好给他引用法律条文，指出其中的不妥之处。“但是我们有上级指示。”对方并不接受普京的意见。

普京只好再次引用法律，但是同事们似乎在听“天书”。最后，那位老特工露出了讽刺的神情：“对我们来说，上级的指示就是法律，普京同志。”

后来，普京才明白，这些老前辈们就是这么长大的，也是这么工作的。但是，受过系统法律教育的普京，却一直无法接受那些观念和行事方法。

在 7 号孩子的世界里，没有一套绝对的大人的标准。他们对于人、事、物，总是抱着怀疑的态度，难以满足于现成的答案，会不断挖掘最核心的意义和动机，质疑着身边的一切，这也让 7 号孩子很少上当受骗。7 号孩子还有一眼看穿事物的真相的绝招，这就让那些不诚实的小朋友难以接受。

他们会建构自己的一套价值体系，衡量世俗的角度跟大多数人不同。他们行事偏向低调，对是非标准的认定也有所保留。

一个叫东东的 7 号孩子就是这样一个小刺头。比如：东东要吃东西，妈妈不许。东东说：“妈妈怎么什么时候想吃就吃呢?”妈妈和东东做游戏，妈妈玩不好，儿子说：“真笨蛋!”妈妈很气愤，批评东东没有礼貌，可是东东说：“妈妈你昨天也骂我笨蛋。”妈妈说：“我是你妈妈，你不能骂妈妈。”东东问：“为什么妈妈可以骂我，我不能骂妈妈?”

对于孩子的大胆质疑，家长不必恼怒，如果家长自己的确没做好，可以向孩子道歉，再向孩子解释正确的做法。

如果孩子提出各种知识方面的问题和质疑，家长首先要鼓励他们好奇和多问的精神，然后尽可能给他们一个满意的答复。

对待孩子的问题，家长要耐心解答，如果家长粗暴地打断孩子的提问，或者不及时解除孩子的疑惑，长此以往，孩子就会压抑自己的想法，不再向外人提出问题。

家长还要注意不要不懂装懂，不要随便敷衍孩子，不懂就向孩子解释清楚，孩子有时并不一定需要立即得到答案，他们最需要的是家长的态度。

有一对夫妇就做得很好。

他们的孩子文涛就是一个7号的孩子。小家伙每天一睁开眼睛就问问题，其中有很多问题他们都无法回答，有些问题是因为孩子小而无法解释清楚。

一次，他们去一个朋友家，孩子看到月亮挂在树枝上。就问："妈妈，我们家里有月亮，怎么他们家也有月亮啊?"妈妈说："这就是我们家的那个月亮，因为它挂在天上，很高很高，所以，你在家看得见它，在这里也看得见它。"可是文涛说："不对，我们家的月亮很大，这个月亮很小。"爸爸妈妈一时答不上，因为这涉及月亮和地球公转和自转的问题。文涛当时才5岁，无法理解。

还有一次，文涛看见爸爸头上几根白发，就问爸爸："头发明明是黑的为什么会变成白的?"

爸爸说："因为我常常动脑筋。"

文涛说："那我动脑筋头发为什么没有变白呢?"

爸爸没办法回答了，因为这涉及遗传啊、内分泌啊、精神等等问题，才读小学一年级的文涛也是无法理解的。

这么多问题无法得到解决，文涛当然很沮丧。爸爸妈妈后来想出一个主意，以后文涛问任何问题，爸爸妈妈都把它记下来，文涛根据对爸爸妈妈回答的满意程度给爸爸妈妈打分。如果文涛没听懂，不合格的问题，以后可以由文涛来告诉爸爸妈妈，爸爸妈妈根据文涛的回答来给文涛打分，一个月计一次分，如果文涛赢了，爸爸妈妈就带他出去旅游一次，还可以买一件文涛最想要的礼物。父母还告诉文涛，你提出的很多问题在你今后的课堂上都会得到解决。从此，文涛开始了他的寻找答案之路，上课他格外认真听老师讲课，因为如爸爸妈妈所说很多问题都在课堂出现。有时，为了找到更多的答案，他迫不及待地先把还没讲的课文都看了，他还看了许多课外书，结果，他的分数总比爸爸妈妈高。就这样，在找答案的过程中，文涛成了一个爱读书的孩子。因为博览群书，文涛在班里被称做“博士”。一直到文涛读初二，他提出的所有“难题”基本上都被他解决了，而且，他开始成为回答爸爸妈妈问题的人了。

较孤僻，很倔犟

7 号孩子思想成熟得特别早，他们很小就进入成年人的行列。他们也很倔犟，不喜欢妥协。

普京就是因为倔犟不妥协，在自己人生中的第一个重大转折点，紧紧把握住了自己的人生方向。

少年普京在 16 岁时打定主意，要加入克格勃，原因是他看了许多有关情报官员和特工的书刊和电影，如《剑与盾》。读 9 年级时，普京跑到列宁格勒的克格勃办事处要求加入，但是克格勃的一位官员告诉普京，他们只收大学毕业生和复员军人，而且，“我们不接受直接找上门来的人”。普京于是追问，收什么样的大学毕业生，那位官员告诉他，最好是法律系毕业生。于是普京决定报考列宁格勒大学的法律系。

普京读 10 年级中期时告诉父母说准备考列宁格勒大学法律系，老普京夫妇自然没有什么异议，只是对普京的学习也随之抓得更紧了。

但是就在普京准备参加大学的入学考试时，发生了一个变故。他的柔道教练拉夫林对他考大学的志向不以为然，反倒力主他去报考列宁格勒金属工厂附属高等技术学校。当时普京是在该厂的体育俱乐部练柔道，因此教练们很容易地能将其转入这一学校，而且可以使他免服兵役。

有鉴于此，拉夫林特意约见了普京父母，并当面对他们说，根据普京的成绩，实际上可以被保送到上述高等技术学校，根本不用考试。而且这所学校不错，放弃这个大好机会，就是做天大的傻事。考大学本科是一种冒险，万一考不上，普京就得马上参军入伍。

听拉夫林这么一讲，普京的父亲动心了，于是，他们也开始做普京的工作，要他按拉夫林教练说的做。

这样，普京便陷入了“两面夹击”的境地：训练场上，拉夫林劝普京；回到家，父母压普京。

但是普京太想加入克格勃了。他说：“我就是要考大学，就这么定了。”

“那万一考不上，你就得去当兵。”大家众口一词地说。

“没什么可怕的，”普京坚定地回答，“当兵就当兵。”

这是普京人生中的一个重要关头：要么现在一切都自己做主，走向一个自己所期望的人生阶段；要么认输，听别人摆布，让既定计划全部落空。

众所周知，普京终于如愿以偿地考上了列宁格勒大学法律系，人生由此跨入一个决定性的新阶段。

7号孩子平静而冷漠，习惯和他人保持安全距离，不太容易接近。他们不善表达，也不是很喜欢群聚，不太愿意过多地参加大人的聚会。他们喜欢独处，他们常常会刻意离开同学或小伙伴去一边静静思考。另外，他们也经常对人和事物产生防御心理。

这个小大人会用他那敏锐的眼睛洞察周围的一切。喜欢的、不喜欢的他们都会默默注视着。

7号孩子的沉默独处常常使得老师和同学对他们产生误解。例如，7号孩子喜欢独自思考，家长们觉得他们爱学习是好事，所以一般不会去打扰孩子，任由他们独处。但长此以往，7号的孩子就会比较孤僻、压抑，这容易使他们产生深深的伤感情绪。

对于这样一个洞察力敏锐的小大人，家长要格外费心引导，以免他们陷入悲观的负面情绪中。

在学校，他们有可能是一个孤独的孩子。“普京在大学并不活跃，除了体育活动，他几乎不参加其他课外活动，因此同班同学对他印象不深。”其实普京参加的体育活动也是那种小群体运动，比如柔道之类。

有时候刻意地离开人群，会使得7号孩子在老师或小伙伴的眼中显得有些傲气，甚至冷酷。其实这是因为他们喜欢轻松自在的环境，他们内心追求自由，不希望被束缚，完全跟着感觉走。同时，经验和规律说明，7号孩子的感觉大多是很准确的，也正是这种跟着感觉走，使得他们更加情绪化。

陈健是一个25日出生的7号人物，13岁的时候他得了一个外号叫“哲学家”。

陈健并不讨厌别人叫他"哲学家"，因为他的理想就是当一个哲学家。他把所有他看得懂的哲学书都看完了，看不懂的他就慢慢啃。自从喜欢上哲学后他开始对周周的人都看不顺眼，那些同学要不弱智，要不白痴，要不猥琐，他在他们中间感到浑身不舒服。他感觉畅快的就是在哲学世界里遨游，在哲学著作里跟智者们对话。他唯有的两个朋友一个是历史老师，一个是地理老师。

陈健最受不了爸爸和妈妈，一天到晚要收走他的哲学书，爸爸说，我的律师事务所将来等着你来接班。妈妈说，哲学有什么用？又不能当饭吃。

有一次，爸爸酒气冲天地回到家，推开他的房门问他是不是又在看哲学书，他看着比他矮了一截的爸爸说："爸爸，你们真的很无聊。"爸爸定了几秒钟，伸出手就给了他一巴掌，打得陈健眼冒金星。妈妈立马冲过来，先是把爸爸大骂一通，然后对陈健唠叨开了："儿子啊，你学什么哲学啊。你爸爸不去赚钱你吃什么，你的哲学书不是用爸爸的钱买的吗？这些哲学害死人。"妈妈边说边收陈健的书，陈健从妈妈手里把书抢回来，把妈妈推出房间，把门关上。

妈妈望着紧闭的房门，绝望地哭了："老天啊，我家怎么出了一个这样的怪人啊。孩子，你中什么邪了？"

陈健的家长不准孩子学哲学当然不行，这不仅解决不了问题，还引发孩子跟家长对抗。而且，家长越不理解他，他越是把自己孤立起来。其实，爱好哲学是很好的事情，爱哲学的孩子比别的孩子成熟得更早，而且这样的孩子学习基本上不用家长操心。家长唯一需要操心的就是不要让孩子在自己的小世界陷得太深。

后来陈健的家长想起这个问题可以求助老师。孩子不是喜欢地理老师和历史老师吗，于是他们去找这两个老师，请老师帮忙把陈健"带出来"。这两个老师也很喜欢陈健，都满口答应。历史老师让陈健当助教，每次上课前让陈健先讲一个历史故事，这样陈健看了很多历史故事书，他也越来越爱说话了，有时还给爸妈讲个笑话什么的。地理老师自己有一个爱好，调查本地的地形地貌，于是，每次周末出去踩点采集资料就把陈健带上，陈健很喜欢，回来讲很多事情给爸爸妈妈听，让爸爸妈妈

“垂涎欲滴”，后来爸爸妈妈有空也参加了这个“调查小组”。再后来，老师建议陈健自己做一个选题，调查他们市里面的河流水质，写一篇论文拿去市里参加比赛。陈健一听很来劲，他最喜欢这种很有挑战性的事情，老师帮他组建了一个五人小组，周末就出去活动，大家一起写论文。陈健做得相当好，后来他们的论文在市里得了二等奖。家长再也不必为孩子躲在房间发愁了。

总之，对于陈健这样的孩子，反对他的爱好不如支持，平时一家人多谈论哲学的话题，不要让孩子觉得“世人皆醉他独醒”。家长还可利用周末带上孩子，约上亲朋好友一起去旅游。另外，跟孩子一起参加各种体育活动也是很有效的，最好让孩子爱上某一项运动，送孩子去培训，孩子在运动中自然会结识一些新朋友，有了新朋友，他们就会从自己的小世界里走出来。

情绪化

我们先来看看普京的两个小故事。

1999 年 9 月，恐怖分子制造的居民楼爆炸案致使几百名无辜平民死于非命。当时的联邦安全局长、国家安全秘书普京临危受命，开始担任俄罗斯总理职务，直接领导打击国际恐怖分子。当普京目睹莫斯科接连发生两座居民楼爆炸案的惨景之后，从牙缝里冒出了一句嫉恶如仇的话：“我们打击恐怖分子必须坚持到底，即使他们逃到厕所里，我们也要把他们溺死在马桶里！”

2002 年 10 月 23 日傍晚，普京成功地解决了震惊世界的千名人质被劫持事件。11 月 10 日，普京作为俄罗斯总统参加欧盟领导人峰会，在会议结束后会见外国记者时，一位法国记者突然就车臣问题向普京发难，试图把车臣反恐与人权问题联系起来，责难俄罗斯“滥用暴力”。普京总统一下子被激怒了。只见他又一次从牙缝里冒出一句话：“如果你愿意成为伊斯兰极端分子的话，我请你到莫斯科来做包皮手术。我们有最好的专家为你解决问题。”

“溺死在马桶里!”“来莫斯科做手术!”成为了普京的标志性用语。这表明普京爱憎分明、血气方刚，但被激怒时，也向人们展示了 7 号的情绪化性格。

在学习上，7 号孩子情绪化比较强。他们做事情凭感觉，所以看上去很随性。例如，他们情绪高涨的时候，精力充沛，一天能做三天的功课，想让他们停都停不下来，这时，他们的学习效率是惊人的。然而，一旦他们情绪低落，那就什么也不想学，甚至几天之内都不愿意动笔写作业。即使家长询问，他们也不会说出原因，只是自己一个人默默地关闭起自己的心门。

碰到这种情况，家长要尊重他们对自由和独处的需要，如果强行干扰，会让孩子更不想交流。当然，给孩子独处的自由绝不是置之不理，因为他们一旦需要家长的时候，就需要家长及时的关注。所以，家长要有充分的耐心，要理解和谅解孩子。

另外，7 号孩子情绪化时不善于用言辞表达，但是内心却很需要深爱的家人和小伙伴，并渴望亲近大家。但是如果遭到这些人的拒绝，7 号孩子则很难再鼓起勇气了，甚至会不再信任大家并表现得极其冷漠。为此，家长要多注意他们的情绪变化，鼓励他们表达自己内心的情感。

情绪化会让人做出许多不合常理的事情，所以，情绪化是健康成长的大敌。这还会让 7 号孩子学习不能够深入，分析能力大打折扣。他们在书本上或老师那里学到新的知识，往往不加以实践就认为已经掌握了。当一块手表放在他们面前，在情绪化的驱使下，他们会说，这不就是一块手表吗？而不再继续观察，其实那是一块指针已经不能再动的手表。

因为他们对自己有过高的要求，时常会低估自己，这让他们的神经经常不自主地处于紧张、焦虑的状态。因此，在他们和善的外表下，却藏着一颗焦虑、怀疑和神经质的心。这就容易使他们成为批评主义者，缺乏容忍和包容，有时为一点儿小事就喋喋不休地批评和抱怨。

情绪化还会让 7 号孩子很挑剔，长大成人以后会刻意地嘲讽别人、愤世嫉俗。7 号的鲁迅无疑是中国愤世嫉俗第一人，他嘲讽、谩骂对手的水平至今无人能超越。当然，鲁迅把他的辛辣文采用在讨伐封建制度和对敌斗争上，于是就有了重大的意义。

对于敏感的 7 号孩子，出现问题时家长可以先用温和的态度让他们的情绪稳定下来，再用鼓励性的语言让他们乖乖地接受家长的意见，并且重新唤起他们的自信心。如果孩子出现错误的行为，家长应该先是询问他们犯错误的理由，倾听他们自己的想法，感情沟通之后再温和冷静地进行教育引导。如“你的心情我理解，但这样做不好，让我们试试其他的办法，好吗?”

当孩子生活中发生了不愉快的事情，更要教会他们懂得情绪转移。不要为打翻的牛奶而哭泣，这样于事无补，不如好好总结事情的原因，不再犯错就好了。还可以让孩子去参加比较愉快的活动，比如去和自己的好朋友打一场篮球赛，让孩子把不高兴的情绪转移发泄出去，学会用积极的情绪来抵制消极的情绪。

为了给孩子一个乐观的心态，家长可以让孩子每天早晨起来时，默念一句励志的话，比如："今天又是新的一天，加油。"

7号孩子教育方法概述

1. 针对孩子做事情按部就班，做决定速度慢

- 不要催促孩子，尊重他们的思维习惯。
- 家长跟孩子一起做一些训练，比如碰到问题时，指导孩子了解事情的大致状况，让孩子知道，抓住主要问题，就可以把事情简单化，从而加快做决定的速度。
- 给孩子提供足够好的学习条件，只要孩子为学习知识提出的要求，家长都尽可能满足。

2. 针对孩子爱质疑

- 对于孩子的大胆质疑，家长不必恼怒，如果家长自己的确没做好，可以向孩子道歉，再向孩子解释正确的做法。
- 如果孩子提出各种知识方面的问题和质疑，家长首先要鼓励他们好奇和多问的精神，然后尽可能给他们一个满意的答复。
- 对待孩子的问题，家长要耐心解答，如果家长粗暴地打断孩子的提问，或者不及时解除孩子的疑惑，长此以往，孩子就会压抑自己的想法，不再向外人提出问题。
- 家长还要注意不要不懂装懂，不要随便敷衍孩子，不懂就向孩子解释清楚，孩子有时并不一定需要立即得到答案，他们最需要的是家长的态度。
- 让孩子知道，书籍能解答他们所想知道的所有问题，让孩子热爱阅读。
- 只要是孩子想得到的好书，家长都给予满足，让孩子成为一个博览群书的“小博士”。

- 因为孩子太小，理解力限制而无法解释的问题，告诉孩子等他再过几岁或读几年级时就告诉他。这样孩子会对问题充满期待，求知欲望更加强烈。
- 跟孩子做一个有趣的游戏，孩子对家长回答的问题进行打分，家长也对孩子回答的问题打分，看谁分数更高。一个月计一次分，胜者给予奖励。此方法可有效激发孩子的求知欲。

3. 针对孩子不合群，喜欢独处

- 鼓励孩子多交朋友。
- 鼓励孩子多参加学校的各种社团活动。比如话剧团、故事会等。让孩子多一些展示自己才华的机会。
- 节假日组织家庭式聚会，或自助游，选择有孩子的家庭一起活动可以让孩子走出自己的小世界。
- 家长给孩子做榜样，平时待人宽松包容，平易近人，多结交朋友，这对改变孩子的孤僻性格很有好处。
- 请孩子喜欢的老师吸引孩子参加各种有益的活动。
- 与孩子一起参加各种体育活动。
- 让孩子爱上某一项运动，送孩子去参加培训，在培训中孩子可以结识到许多志同道合的朋友。

4. 针对孩子经常情绪化

- 当孩子情绪低落，关闭自己时，家长要尊重他们对自由和独处的需要，理解和谅解孩子，耐心等待，让孩子主动向家长打开心扉。
- 当孩子情绪化的时候，用心观察孩子，如果感觉到孩子需要家长的关注，或渴望与家长亲近，家长要立即做出回应，这会让孩子倍感欣慰。
- 让孩子学会客观评价自己的能力，对自己有足够的信心是避免情绪化的关键。
- 让孩子懂得，不能完全按照自己的标准要求所有的人，宽容是快乐之本。
- 碰到问题孩子有意回避时，家长要和孩子一起面对。引导孩子做出决定，同时面对不愉快的结果。
- 孩子犯错误时，家长要温和地与孩子进行沟通。首先询问孩子犯错误的原因，倾听他们自己的想法，然后用商量的口气与孩子探讨解决办法。如

"我现在明白你为什么这样做，但这样做不好，让我们试试其他的办法，好吗?"

• 让孩子学会"情绪转移"，用积极的情绪来抵制消极的情绪。情绪转移的方法很多。比如运动转移法——不愉快的时候让孩子和自己的好朋友打球、游泳或进行其他喜欢的运动。音乐转移法——让孩子多听一些愉快的歌曲。还有，让孩子多走到户外，开阔的大自然和明媚的阳光都可以有效地转移不良情绪。另外还有颜色转移法、饮食转移法都对缓解孩子的不良情绪有帮助。

• 用心理暗示法，让孩子拥有乐观积极的心态。比如，让孩子每天早晨起来时，默念一句"今天又是新的一天，加油"、"今天是个好日子，我很快乐!"

7号擅长和喜欢的领域

7号性格的人喜欢探求真理，对于真相的了解往往异于常人。精明、钻研、锐利的心智，使他们非常适合从事逻辑性强的学术研究以及教授、财务、医疗、工程、科学、军事、顾问、神学、考古专家、古董收藏家的工作。由于喜欢神秘的事物及善于观察细微的事物，所以也适合做警察、侦探、预言家。

7号生日组合解读

7/7：(7日出生的7号孩子)

7：代表思考与真理

7号性格的特质比较明显，出生于这天的孩子执著而真诚，奇异的小脑瓜中潜意识总是活跃不已。学习上的事难不倒他们，如果他们能学会和别人一起承担责任，或者更加融入团队的话，必定能更加受小朋友欢迎。

长大后，出生于这一天的孩子适合从事科技或高度专业化的工作。除非他们已经完全掌握该领域的相关要素，否则绝不会半途而废。他们对自己的工作会表现出极大的忠诚，不管职业是什么，总是无法抗拒自己爱揭露真相的冲动，而有趣的是他们一般所揭露的并不是亲身经历，而是心里所想的事，很多不过是他们的梦幻以及情绪罢了。

7/7 号人容易“直来直往”，不敏感、不宽容、不妥协的态度使周围的人不会很快地了解他们，这将会给他们的工作或是形象带来很大的挑战。但是，凭着他们的一丝不苟与诚实的精神，终能赢得众人的认可。

16/7：（16 日出生的 7 号孩子）
1：代表创造与独立
6：代表远见与奉献
7：代表思考与真理

这个类型组合的 7 号孩子是一群独立而坚强的孩子，他们爱憎分明，愿意为自己喜欢的同学和小伙伴付出，不计代价。但有时候也有一言堂的倾向，希望小伙伴能服从他们的调遣。

他们乐于解决小伙伴之间的各种问题，目标感强，一旦专注于自己的学习目标时，很容易成为班里前几名。16/7 的孩子要注意，不要太过于固执己见，柔和一点可能会更加通达，否则容易在情感关系上受伤。他们喜欢结交新朋友，对同学和小伙伴比对自己还好，有什么好玩具和好图书都愿意与小伙伴分享。

25/7：（25 日出生的 7 号孩子）
2：代表合作与平衡
5：代表自由与冒险
7：代表思考与真理

这个 7 号组合的孩子是一个双重性格明显、爱好自由的组合。他们人缘好，小伙伴多，喜欢和同学们和平相处。他们凡事从对方的感情感觉出发，合作能力强，很清楚小伙伴需要什么，贴心而有品位。他们从小害怕孤单，凡事喜欢有家长或同学陪伴。但有时候还特别需要自己的独立空间，所以和同学及小伙伴是远是近，全凭他们自己的心情来决定。

这个类型的孩子未来会在职业生涯中平步青云，但要多加注意自己的健康，并学会减压。

7号名人堂

前任俄罗斯总统普京：生于1952年10月7日；

世界著名科学家居里夫人：生于1867年11月7日；

俄罗斯浪漫乐派作曲家柴可夫斯基：生于1840年5月7日；

著名的喜剧电影演员卓别林：生于1889年4月16日；

德国作曲家、钢琴家、指挥家贝多芬：生于1770年12月16日；

伟大的无产阶级的文学家、思想家、革命家鲁迅：生于1881年9月25日；

西班牙画家、雕塑家毕加索：生于1881年10月25日。

第九章　8号孩子

成就大业候选人——太阳之子

（每月8日、17日、26日出生的孩子）

关键词：有正义感、有远大抱负、务实而有权威、善于抓住机会、喜欢掌控、重视结果、有时很封闭

8号孩子的剪影

8号孩子天生热情、骄傲、性格活泼，从小就是一个超级自信的孩子，非常有主见，喜欢大的平台和舞台。

8号孩子性格倔犟，他们具有坚定的意志力。

8号孩子天生有领悟力，具有锐利的眼光，善于捕捉机会，能够洞察事物发展的方向，具有决断力和掌控力。

8号孩子注重承诺，一旦说出来的话，都尽可能遵守。而且他们做事情看重结果，有始有终，也是一个出色的小领袖。

8号孩子从小就懂得理财，很有商业头脑。懂得储蓄，有合理的花钱方式。在孩提时就对财经、人际关系有很强的开发能力。如果他们能够脚踏实地，一步一个脚印向前发展，未来一定会有很大的成就。

8号孩子的好强个性使他们不由自主地把自己的内心封闭起来，他们喜欢隐瞒自己的真实感受，注重自己的隐私。

8号孩子的独占心也相当强，有时也会有“事不关己，高高挂起”的小心思。

倔犟和好强的8号孩子容易形成顽固的个性。他们不轻易认输，即使自己错了，也很少对家人、同学和小伙伴说“对不起”。

要想记住8号孩子的特性就请记住下面这些人物：

迈克尔·乔丹：生于1963年2月17日

毛泽东：生于1893年12月26日

希拉里·黛安·罗德姆·克林顿：生于1947年10月26日

8号孩子的性格特征

超级自信、能量强大

8号孩子与生俱来就有高度的自尊心和自信心，他们具有“相信自己”

和“肯定自己”的特质，内心总认为自己很棒。

美国第67任国务卿希拉里是一个26日出生的8号人。希拉里浑身都是8号人的特质，小时候她被称为“刁希拉里”，长大后便成为“强大的希拉里”。

希拉里虽然是个女孩子，但她却十分勇敢。希拉里的传记里记载了这样一件事：“一个专爱欺负人的大女孩总是对她呼来唤去的。多萝西（希拉里母亲）知道后，对希拉里说：‘这个家里没有胆小鬼的位置。’虽然希拉里当时吓坏了，但多萝西还是教她下次要大胆反击。不久，希拉里又碰到了那个横行霸道的女孩，这回，希拉里当着几个男孩子的面赏了她一记耳光。事后，她跑到母亲面前，骄傲地宣称：‘现在我可以和男孩子们一起玩了。’”

是希拉里妈妈把她勇敢的能量给激发了出来。

从小到大，她的两个弟弟都由她这个姐姐庇护。“在希拉里只有十几岁的时候，她就要帮助弟弟们摆平在街头打架惹出的麻烦。希拉里和弟弟们搞的恶作剧差不多都是希拉里设计的，而得到严厉处罚的往往是她的两个弟弟。”

8号孩子在上幼儿园时，每天回家都会迫不及待地告诉爸妈：“我今天学画画了，学儿歌了……我是学得最快最好的。”在学校里，当老师提问时，不管明白不明白，小家伙总是第一个把手举得高高的，嘴上喊着：“叫我，叫我，我知道。”

8号孩子超级自信，很能取悦别人，他们从小就语出惊人，展现出超出他们年龄的能量场。在运动场上和各种课外活动中，他们都能充分发挥出领导才能，并崭露头角，受到同学的瞩目。

希拉里在读小学的时候，就显现出了与人建立友谊的能力。希拉里尤其擅长与女孩子交朋友。读六年级的时候，希拉里成了老师们的宠儿，因为她很善于取悦老师。而且，她学习非常勤奋，思维也很敏捷。她同班的一个叫阿特·柯蒂斯的同学谈到她时说，读八年级的时候，他和希拉里是班上成绩最突出的尖子生。他还说，他很快就被她深深吸引住了。吸引他的是希拉里的竞争意识。因为“大多数女孩谈论的都是化妆和男孩子”，而希拉里却在那个“谈论政治一点都不酷”的时候“绝对关心政治”。

8号孩子因个性明朗，很受小伙伴的欢迎。这种情形，直到长大以后依然如此，很多8号人都能胜任领导职位。

8号孩子的家长稍稍用心就会发现，自己的孩子进取心很强，有冷静的头脑，有自我约束力，能把每件事处理得井井有条。很多8号孩子都是学校、班级里出色的小领导。

8号孩子从小就有喜欢大场面的特征，学校里的各种竞赛，诸如诗歌朗诵、唱歌跳舞、吹笛弹琴、体育竞赛等活动中常常可以看到他们的身影。在8号孩子的心里，希望每一件事情都能够做得出众和精彩。在各种竞赛中，他们也很容易取得出色的成绩。这一方面是因为他们有这个能力，另一方面是他们拥有这份自信。总是坚信自己能够做到最好是8号孩子脱颖而出的动力和源泉。

希拉里就读梅因东区中学时，学校年鉴上特别推荐的每一项课外活动：学生会、校报、文化价值委员会、同业会、班级舞会委员会，希拉里几乎都参加了。他们学校有11位学生获得国家优秀学术奖学金，希拉里就是其中的一个。

在班级辩论赛中，她进行充分的准备，并以她惊人的记忆力把对手们杀个片甲不留，她的竞争意识得到了充分的发展。

8号的家长所要做的就是不断地鼓励和肯定孩子的这种自信。如果他们还是个幼儿园的孩子，当他们把手洗得干干净净的时候，你夸奖了他们，第二天他们的手会更干净；上学了，如果家长夸了他们的字比昨天写得好，明天，他们一定比前一天写得更工整；在日常生活中，如果他们今天讲礼貌了，得到了家长的称赞，明天他们会更注重礼貌。

自信让8号孩子从小适应环境的能力就十分强，他们会在较短的时间内取得出色的学习成绩，而且还会名列前茅，给家长和老师着实带来不小的惊喜。8号的孩子喜欢掌控，希望任何事情都可以在自己的规划内进行。在8号孩子身上，我们可以清楚地看到他们不服输的个性。如果8号的孩子想得到什么东西，他们就会在心里说："我一定要得到它。"

一旦8号孩子认定了未来的学习方向和努力目标，他们将非常认真和努力，这会为他们打开通向美好未来的大门。事实上，许多有重要成就的人都是8号人。

一个孩子能不能走上成功之路，关键是看孩子对自己有没有自信。所以，孩子自信心的建立相当重要。

家长一定要相信自己的孩子是行的，这种潜移默化的心理暗示对孩子自信心的建立起着十分重要的作用。

希拉里的父亲托尼常常说一句话："小希拉里是不会做坏事的。"他还说："她是我宠爱的乖乖女，这一点是毫无疑问的。"

于是父亲得到的回报是小希拉里对他的爱戴，希拉里说：“小时候，我非常崇拜父亲。我会热切地在窗口张望他的身影，一看到他下班回家就立刻冲到马路上去迎接他。”父亲还得到了希拉里的好成绩。“每次我都会努力考出好成绩以博得他的欢心。”

“空中飞人”乔丹也是8号人，他之所以令世界瞩目，与他的自信是分不开的。据乔丹说，他父母一直就有意识地培养他的自信心，父母经常告诫他不要以肤色来评判一个人，即使有人因无知而有种族方面的歧视言辞，也不用在乎，看人要看人品。所以，乔丹从未因自己的黑人种族而自卑过。乔丹一直说：“我的家给了我争取成功的信念。”

8号孩子的家长还可以引导孩子发展各方面的兴趣爱好，让孩子在特长训练中提高自己的能力和自信心。

希拉里的父亲在这方面就做得很好，他没有因为希拉里是一个女孩子而放任自流，更没有“限制她把握机遇和掌握技艺的权利”。相反，“他教希拉里打棒球，亲自陪她练习击球，直到她能够有力地击球为止；带她去湖边钓鱼；教她（和弟弟们）玩度纳克尔纸牌游戏；有时在晚上督促希拉里做数学作业；跟他们讲自己小时候的故事。”

事实证明，父亲的鼓励让希拉里充满自信，她越来越乖巧，越来越聪明能干。

一个人的胆略有多大，他将来发展的格局就有多大。8号的家长要鼓励孩子敢想敢干，而且，可以根据孩子的承受力，适当地给孩子加压。

在这一点上，希拉里的父母相当的一致。

她的父亲总是要求她在学校要有出色的表现。他一直坚信，只要有纪律，勤奋，有适当的鼓励，再加上充分的家庭、学校和宗教教育，孩子就能够实现任何梦想。

希拉里的母亲经常问她：“你是想成为生活中的主导者，还是一个次要人物，只是去说别人认为你该说的话、做别人认为你该做的事呢？”

而父亲主要是谈论她自身的问题，他常常问她，应该如何把自己从很多问题中“挖”出来。大概是要希拉里学会分析问题，要善于在纷繁复杂的问题中抓住主要矛盾。

希拉里的母亲还常常敦促希拉里为自己制定远大目标，还建议她尝试成为美国第一位最高法院女法官。父母的这些教育和激励让希拉里从来没停止过做梦，她很小的时候就有着一般女孩子不会有的梦想和野心。14岁的时候，希拉里想当一名宇航员，她给美国航空航天局写了一封信，表达了自己的这个愿望，结果，对方回信告诉她，他们不需要女宇航员。虽然如此，希拉里毕竟也自己努力争取尝试过了。

计划性强、目标明确

8 号孩子计划性强，他们做事有条不紊。今日事，今日毕，很少手忙脚乱。

8 号孩子总是能迅速发现事物的潜在价值，然后做出计划去实施。8 号孩子的这种天性为他们未来的发展打下了良好的基础。我们会发现，那些取得杰出成就的人，往往得益于做事有计划。

随着年龄的增长，8 号孩子的计划性会更强。比如，他们能很好地处理各科目之间轻重缓急的关系。又比如，他们不会在寒暑假一到来时就一口气把作业胡乱写完，好在余下的时间痛快玩耍。他们也不会一直等到临近开学才紧赶慢赶，通宵达旦进行冲刺。一般他们都会做一个计划，把时间顺序安排好，这样，做起来从从容容，做得又轻松又好。

计划性强的 8 号孩子自然也善于理财。他们会把家长给的零用钱合理地花费，还会适当地放一些进存钱罐。一般情况下，8 号的孩子不会把压岁钱花个精光。

有了这种天性，8 号孩子的家长只需要多多与孩子讨论他们的各种计划，并使他们的计划趋于可行，他们很快就会学会合理地安排自己的生活和学习。

8 号的孩子也许并不富于幻想，但是会稳重且坚定地迈向自己要去的方向。当遇到挫折时，他们也不会轻易妥协，只会偶尔假装屈服，实际上是为了争取时间获得有利于他们的形势而已。当他们一旦了解了家长的心思，他们就会想办法让家长听命于他们，家长千万不要低估了他们的判断力。

当他们在学习上或家庭中寻求权力时，通常是为了促进众人的利益。他们多半属于贯穿始终型的人物，只要他们心中制定下了一个想要达成的学习目标或努力方向，他们就会全力以赴。他们有很强的能力和冲劲，但不会只使用蛮力，为了达成目的，他们会运用自己的智慧，一条路走不通他们不会硬冲，而是另辟蹊径。在 8 号人眼里，条条大路通罗马，只要有可以达到自己的目标的机会，他们都会去努力。他们达成目标的方法多种多样，并且具有建设性。他们来到这个世界，仿佛就是为了打一场胜仗而来。

伟人毛泽东是26日出生的8号人，可以说毛泽东是最典型的8号人。毛泽东在小时候做事情就很有计划。

罗斯特里尔的《毛泽东传》里写了这样一件事。

毛泽东从出生起一直生活在韶山，虽然父亲送他去读私塾，学了不少文化，但小泽东长到16岁那年，他开始觉醒，他发现他必须走出韶山，走向广阔的社会，去开创自己的未来。但是，父亲毛顺生是一个眼光短浅的守财奴，他只想着快点送小泽东去打工，他认为自己的投资应该得到回报。于是，“小泽东在求学问题上，与父亲之间的矛盾日渐升温了。”

当时，毛顺生打算让泽东到湘潭县城（距韶山70多里）的一家米店当学徒。泽东知道后，对父亲这个安排并没有表示强烈反对。没有反对并不表示他乐意去，而是因为他心里另有一本账。他想到，到了县城，也许他就有机会“到一个教授‘外国的’课程的新式学校去读书。”他最终按捺不住，“悄悄地、有礼貌地向父亲谈了自己的想法，但是父亲只是哑然失笑，这伤害了泽东。在这之后，他与父亲有一段时间互不讲话。”

冷战并不是小泽东的目的，他的目的是要走出去，于是他行动了。

传记这样写道：“16岁的泽东为自己制定了稳妥可行的计划。”看看下面小泽东的“伟大计划”，我们就会发现毛泽东从小就有“成就大业”的潜质。

“他从母亲娘家那边的亲戚们和自己家的朋友们那里东借五块钱西借十块钱为自己的行动做准备。一天，吃晚饭时，他直直地看着父亲说：‘我要到东山高小读书。’‘你说什么？’父亲发火了。他对付这个有主意而又任性的儿子的最后一张王牌就是钱，‘你是不是今早一下子发财啦？’”

当毛顺生得知泽东已凑好了钱时，他十分恼火，他说，如果你要到湘乡去读书，我得雇一个长工来顶替你的，你要给我钱来支付长工的工资。显然，毛顺生就是要阻拦泽东。泽东早有思想准备，他又从母亲娘家那边的一位亲戚那儿借了一些钱，这个亲戚是一个尊重学问的人，他曾经资助过其他族人上学。

“当重新提起这件事时，泽东对父亲不客气了。他打断了老人自怜的抱怨，简略地问道：‘雇一名长工一年要多少钱?’毛顺生说要12块钱。毛泽东把一个纸袋放在他粗糙的手上说：‘这里是12块钱，我明天早上就去东山。’”

黎明时分，泽东收拾好自己的东西，离开了他生活了16年的韶山。

毛顺生是小泽东前进路上的一座大山，在当年那个时代，这是一般中国孩子无论如何都翻越不了的大山，毛泽东凭着自己的胆略和才智终于把这座大山抛在了身后。

8号孩子拥有大局观，不会因为一点小事而破坏自己制订好的计划，他们不喜欢懒惰和不求上进的同学和小伙伴，希望其他小朋友也和自己一样进步。所以，家长需要做的，就是帮助他们从小找到他们自己努力的方向，循序渐进，奔向光明的未来。

善于捕捉机会

8号人天生就具有捕捉机会与利用机会的能力，因此从小就相当自信的8号孩子总是喜欢主动跟人交往，为此他们很容易发现机会。常常，在别的小伙伴或同学眼中毫无意义的事情，在8号孩子的眼中却变成了机会。而且，一旦发现机会，他们会立即行动，绝不拖泥带水。

前面说到泽东离开韶山要到东山高小读书，但泽东万万没想到，东山高小的大门并没有向他敞开。

泽东这个小农民走进学校气派庄严的大门时，被人当成了脚夫。令他大吃一惊的是，世界上竟然有这么大的学校，有这么多孩子在一起。他的土气和憨实让人嘲笑。然而，泽东没有撤退跑路，他“冒冒失失地找到了校长办公室”。“先生，你会让我在你的学校里读书吗?”他以乡下人的憨直问道。眼前的校长手里握着一根长长的镶铜竹烟斗，他沉默了片刻，然后问“神情庄重”的泽东叫什么名字。“先生，我叫毛泽东。”年轻人的镇定让校长吃了一惊，但校长告诉泽东，他没资格入读这所学校，因为他16岁的年龄太大了，而且他没学过算术和地理，字也写得不好。泽东没有放弃这个机会，他就上面几个问题一一作了回答和反驳。

泽东一定说得头头是道，以致在场的一位教师帮他说情。于是，他获得了试读五个月的机会。

可以想象，如果毛泽东不抓住这个机会，再过一年，17 岁的他更没机会入读高小了。他很有可能就听任父亲的安排去当一个小会计了。

8 号孩子不仅仅是捕捉机会的高手，更难能可贵的是他们还可以创造机会。他们做事不喜欢等待，而是主动出击，积极完成，以此显示出自己的能量，从而获取更大的发展平台。他们乐意和比自己能力强的高年级学长和大朋友相处，因为这样可以提升自己的能力，开阔自己的视野，使自己进步更快。长大后，他们非常懂得“资源嫁接”，为自己创造更多的机会。所以，家长会发现，8 号孩子身边的好朋友大多都是学习出色、成绩优秀的同学。小朋友之间互相学习，共同提高，在这一方面，他们具有建设性的眼光。

希拉里就读耶鲁大学时，是耶鲁法学院历史上的“黑暗时代”——“学生们占据了主校区，并称之为‘解放区’。不同的派系都在院内搭建了帐篷，嬉皮士、黑权主义布道者、积极的反战倡导者、激进的左翼分子，宣扬自己反传统文化的精神。”“学生们迫使老师采用‘通过’与‘不通过’的评分标准。”这样，学生就不可能被退学了。而且，“扎染的衬衫和肮脏的牛仔裤取代了有律师派头的定制套装。”

“这样的乱世”，学生们一般有两种表现：大多数是热血沸腾，积极投身某一势力；另一种是“躲进小楼成一统，管它冬夏与春秋”，混日子。但是，希拉里不是这两种表现中的任何一种，她是“第三种人”——“像往常一样，希拉里小心翼翼地周旋在极端势力中间，安排好自己的议程。在韦尔斯利学院毕业典礼上的发言给她带来了名气，这种名气使她收到了来自妇女选民联盟的邀请——邀请她参加其青年顾问委员会。她的参与给一些同龄人留下了深刻的印象。比这更重要的是，希拉里和这些人交上了朋友，他们在以后的 30 年里成了克林顿集团中的成员。”

没有人能够像希拉里那样，在乱世也能创造机会为自己的前进道路埋下伏笔。她简直就是一箭四雕——没得罪任何一个极端势力；带来了名气；成为了青年顾问委员会委员；结交了许多政治伙伴。

8 号孩子还非常具备心机和谋略。因为做事总想超越所有的同学和竞争者，他们也承受着极大的心理压力。如果家长引导得不好，在许多时候，为了眼前利益，他们容易走极端，给家长和自己带来大麻烦，在这方面，家长需要多加注意。

组织能力强

8 号的孩子天生就具有良好的组织能力，他们从小就是家长的骄傲。在很小的时候，他们就能够帮助家长做事，甚至会安排家长去做一些事。我们往往发现，8 号孩子所做的安排常常都很有道理，这得益于他们天生的组织能力。

8 号孩子长大后有着独特的眼光，他们可以清楚地看到隐藏在事物背后的价值和机会。

1970 年，克林顿和希拉里在耶鲁大学相识。他们几乎立刻就从对方身上发现了能够影响自己、提升自我的特质，这可以让他们建立起一种拥有无限可能的政治合作关系。有件事非常说明问题——很快，希拉里就一脸诚恳、严肃认真地说出了一件克林顿从未公开宣布过的事：将来有一天，他会成为美国总统。这两个青年很快就陷入了爱河。

通过某个目标把大家组织到一起对 8 号孩子来说可不是什么难事。他们从小就有很多的铁杆小粉丝，也是很懂得借势的一类人，团结一切可以团结的力量，为班集体作贡献。顺便说一句，8 号孩子有很强的指挥欲望，很能为班上的小朋友安排适合他们的工作，并且还能监督执行，让自己成为班级和学校的核心人物，带领大家共同取得荣耀。对于 8 号孩子来说，他们还有一种天生的能力，那就是无论陌生的小伙伴还是不太熟的同学，他们总有办法通过某种方式，借助某个目标，让他们与自己产生共鸣。

8 号孩子长大后会很注重自己的公众影响力，追求的是一种代表他们身份气质的形象。因为追求成功的需要，他们可以隐藏自己的嗜好，以赢得大众的认可。

8 号女生希拉里看上去是不重外表、衣着落伍的。殊不知，这是她专门为自己“设计的”，她“自以为是一种风格，执意不愿意去改变”。但后来当她发现，对女人而言，着装也是帮助丈夫的一种武器时，她毫不犹豫地做出选择，“深藏起自己的个性，在公众场合，做一个别人喜欢看的女人。根据季节和场合的变化选择服装和袜子的颜色及质地。希拉里还大胆尝试快速减肥法，在短期内成功减掉 7 公斤赘肉，使身材看上去比过去更加匀称。”

总之，8 号孩子长大后很在意自己的形象与他们的“勃勃野心”有关。

8号孩子感兴趣并努力竞争的，通常是正式组织中的“领导头衔”，如班干部、学生会主席等。总之，他们希望自己是小团体中的领袖，因为他们深知自己的影响力和领导力。

他们不仅擅长于领导，自身也能以身作则，把自己的学习任务和所承担的职责完成得井井有条。

在生活中，8号孩子相比其他生日数的孩子更圆滑一些，他们不轻易得罪身边的同学或小伙伴，希望和每个人都成为朋友。

8号的毛泽东在湖南第一师范读书的几年里，他“始终是一名学生组织者”，“是学友会中一名出色的活动家”。当时，被选进学友会的一共有34名同学，得票最多的是毛泽东，毫无疑问，学友会的工作由他来主持。毛泽东工作十分努力和有效，“为了增加学友会的经费，他在街上卖过小吃。他鼓动学友会与学校的清规戒律和迂腐顽固的校长作斗争。”为此，他险些被学校开除。他还动员学生抑制湖南军阀和北洋军阀对学校的骚扰。最了不得的是，毛泽东在遭遇被开除的危险时，“袁大胡子等人都帮助、保护过他。毛泽东的果断刚毅赢得了人们的尊重，甚至包括政见不一的对立面的人。”

因为有激情，喜欢交际，8号孩子有着极强的沟通表达能力。他们很会和同学、小朋友打成一片，同时也很善于说服同学和小伙伴，总之，他们很懂得怎样去领导别人，或怎样去做带头人。可以说，8号人有谋有略，长大后很容易成为掌控权力的一类人。

值得家长注意的是，8号孩子的这些特质，如果引导不好，他们很有可能成为一个一切向“权”和向“钱”看的人。这样，他们就很容易成为一个自私冷漠、不择手段、缺少爱心的人。所以家长要时刻关注孩子的成长变化。

深思熟虑，追求成功

在成长过程中，8号孩子对成功的渴望超出了一般家长的想象。

8号的孩子自己不喜欢依赖家长和老师，但他们却容许别的小伙伴来依赖自己。这种心态，或许可以说是强烈的优越感的表现。他们从小表现出来的领袖气质，使周围的同学和小伙伴深为着迷，很容易被推举为班级和学校团队中的领导者。

希拉里是法学院学生经常谈论的对象，她是校园里路人皆知的明星，大家都知道她在政治上志向远大，积极务实，而且原则性极强。

8号人思维活跃、反应灵敏、表现欲极强，长大后他们渴望控制一切。野心勃勃、雄心万丈、追求成功是8号人内心的最佳写照。

人们这样评论8号的希拉里："具备从政必需的素质：强硬不妥协。""做事总是经过深思熟虑。""她的思维方式带有点军事化的缜密风格：观察地形，发现障碍，识别不利情况，然后分别采取相应的行动。"

8号孩子喜欢建立自己在学校和日常生活中的权威，他们控制着每件事情按照自己的意愿去发展，这时，他们体内强大的领导力就展现出来。如果无法时时刻刻走在同学或小伙伴的前面，他们心中便会不舒服。另外，他们最讨厌在别人后头做一只应声虫。

当班级里需要一个人带头举旗，去争取荣誉时，很多8号孩子会就被推选为"班长"。一般情况下，8号孩子会欣然接受这个重任。而且，他会全力以赴，借着这个机会展现自己的组织和管理才能。在带领全班同学一起走向成功的时候，他们往往成为受人仰慕的焦点。

8号孩子的教育课题

以自我为中心，隐藏真实想法

8号孩子从小自信而又优秀，习惯掌声，所以内心有时盛气凌人，以自我为中心。

希拉里读中学的时候，就有些男同学不喜欢她，因为她"喜欢发号施令"。"发号施令"往往是8号人的通病。

由于8号孩子讲话语言直率，动作随便，举止潇洒，通常外表都会给人留下性格外向的印象。实际上，8号孩子心里藏着很多秘密，而且他们很会保护自己的隐私。

8号孩子从小就目光犀利，能看进别人的内心深处。而另一方面，他们却非常重视自己的隐私权，从不轻易表露出自己的真实感受。他们的秘密也是不能被窥探的。很多8号孩子在家里都会有一个盒子或者抽屉，把自己秘密的东西都收进去，然后还要加上一把大锁，不给任何人开启的机会。而8号女孩则更需要一个带有钥匙的日记本。另外，发掘遗失的东西也是他们的本事之一。所以家长一定要重视保护自己8号孩子的隐私权，不然他们将不再信任家长。

在家里，8号的女孩子还是个任性的小女生，她们喜欢撒娇又比较霸道。8号孩子会记住很多事情，有时8号孩子还会对不符合她心意的人进行小小的“报复”。

希拉里就曾经有一次“因为无法梳好一个发型参加毕业舞会，气得把自己最喜欢的一把梳子折断了。”

有两姐妹，妹妹是8号女孩，姐姐是1号的“小女王”，平日里，姐姐对妹妹很是关爱，妹妹对姐姐也总是百依百顺的，她们很少发生争执。妹妹慢慢长大了，开始要和姐姐平起平坐，争吵渐渐多了起来，不过，姐妹俩还是能平静地相处下去。但有一次，这种平静被打破了。

妈妈买了一条连衣裙给姐姐，妹妹也很喜欢那条连衣裙，她一定要姐姐把那条裙子给她。妈妈为了息事宁人，说另外买一条一模一样的给妹妹，妹妹不肯，就要这条，并且大吵大嚷，不要不要，我就要她这条。姐姐觉得妹妹太任性，也使性子了，就是不给。没想到姐姐一硬，妹妹即刻软下来，不再吵了。不过后来，怪事就频频发生。开始是姐姐喜欢的一双鞋子少了一只，无论怎么找都找不到。再有一天，姐姐想拿出那条裙子来穿，也找不到了，妹妹也帮着找，但找了很久都找不到，后来妹妹说，可能是给风吹跑了，因为那天她在角落里看到一团东西，看上去很像姐姐的裙子。

不久后的一天，妈妈去参加妹妹的家长会，无意间在妹妹的抽屉里看到妹妹的一篇日记，日记里说，她才不要妈妈再买一条和姐姐一样的裙子，两个人穿一样的裙子多没劲。最后还加了一句：会给妈妈和姐姐好看……妈妈全明白了。

8号孩子有时喜欢指挥同学和小伙伴，当他们对老师或同学有意见时，他们也不是直接提出来，而是怂恿其他同学“闹事”。

另外，8号孩子自信过头时容易产生自负的心理，所以他们所学的知识有时候会不扎实，关键时刻容易掉链子。

8号孩子只要心中定下一个目标，便会坚持不懈地朝着既定目标前进。但是，他们在实现目标时，经常会以自我为中心，小伙伴提出的意见或是建议根本听不进去。

8号的希拉里就是这样，“要是她不能把事情做好，就会感觉自己无处藏身、茫然无助。只要涉及异性，即使是隐含的批评，她都会异常敏感。她会马上面红耳赤，或者恼羞成怒，转身就走。她不喜欢被人质疑。”“与男人打交道时她不喜欢处于下风。”显然，这样的性格非常容易在同学中树敌。

在生活中，8号的孩子有时会傲慢无礼，脾气倔犟。他们会顽固地认为自己一直是对的，即使做错了，也绝不向同学或小朋友道歉。这种不愿承认错误和不愿认输的个性，容易造成人际关系的紧张。家长一定要从小对孩子进行情商教育，让孩子健康成长。家长最好以身作则，做错了主动承认错误，让孩子从小懂得，做错了并不可怕，承认错误并不丢脸。只有真诚地承认自己的错误并加以改进，才会赢得小伙伴们的信赖和真正的尊重。

追求物质

善于理财是8号人的一大特点。他们天生就有商业头脑，而且拥有得天独厚的性格优势——坚韧、野心、冷静。完美的双重人格让他们具备了征战商界的必要条件。

8号孩子的家长会发现．他们对家里的财务很关心。家长要明白，站在你面前的是一个天生的理财高手，他们对金钱的管理能力超出你的想象。有机会的话，日常生活收入与支出完全可以交由8号孩子来打理。8号的孩子知道如何统筹安排家里的费用，他们会把财务计划做得细致而且合理，因为他们很知道家长的辛苦和不易。

此外，8号孩子还喜欢别人用物质来向他们表达爱，他们特别喜欢同学和朋友给自己送礼物。经常有人给他们送礼物，会让8号孩子感受到同学和小朋友对自己的重视，至于对方的礼物是轻是重并不重要。当然，如果是贵重的礼物，会让他们更有尊严，觉得像受到了明星般的待遇。

8号孩子很容易陷入对物质的过度追求，而且他们常常会显得吝啬和自私自利。所以，家长在为这个理财高手自豪的时候，不要忘记培养孩子正确的价值观和人生观。

在这里给家长几点建议：

❈ 第一，家长要经常跟孩子交流，引导孩子学会跟人分享。

有些小活动可以让孩子享受到与人分享的乐趣，比如让孩子把他们心爱的玩具、图书跟朋友互换，继而让孩子把心爱的东西借给别人，然后让他去借别人的东西。

❈ 第二，家长最好少用物质和金钱奖励的手段来鼓励孩子，而要多用精神鼓励法。

比如前面说过，8号孩子任性倔犟，犯错时拒不认错，所以作为8号孩子家长的我们应采取先夸奖、后指正的方式，绝不可以用不适当的“报酬奖励”方式来纠正他们。以免养成他们因为对钱的看重，而精心设计来索要报酬的习惯。

❈ 第三，为孩子设立一个“爱心箱”，最好参加一个捐献计划，带孩子亲自参加慈善活动。

让8号孩子知道他的每一分钱对于贫困的人来讲多么重要，从而培养孩子的爱心。

❈ 第四，让孩子自己管理压岁钱。

给这个“商业天才”一个学习的机会，说不准哪天一个商业巨子就诞生了。

喜欢攀比

攀比是现在普遍存在于孩子之间的一种社会现象。8号孩子尤其喜欢攀比，物质条件、家长的社会地位、学习成绩、竞赛名次以及穿着外貌等等，无不成为他们攀比的内容。

一位家长说：他的孩子在初中3年里，先后向他要钱买了8双耐克球鞋，每双价格都在800元左右。原来，因为学校都要求穿校服，衣着没法攀比，孩子们只好拿鞋子来比，比谁的鞋子多，谁的鞋子好。

8号孩子很喜欢走奢华路线。他们从小就讲究生活品质，喜欢穿最好的，吃最好的。即便不是顶级的，也要追求独特的品位，最好是别人都没有的，他们不喜欢那种流行和大众化风格的东西。

攀比心理是8号孩子性格中的一个阴暗面。8号孩子会为了满足自己的需要而学会说谎，长此以往，最终会形成不诚实的品性，这会给孩子的成长埋下重大隐患。同时，攀比还很容易让孩子变成“势利眼”，这会大大影响孩子与同学的关系。更严重的是，攀比还会影响到孩子的价值取向，使他变成一切向钱看的人，这是最要不得的。

盲目攀比，对孩子的成长有百害而无一利，所以，一旦发现孩子出现“盲目攀比”的苗头，家长一定要耐心引导，绝对不能让孩子走向极端。

家长可以抓住8号孩子的攀比心理，让他们在学习、才能、意志力、良好行为等方面进行“攀比”，引导孩子发奋努力，勇于超越。同时，也可以将攀比化为动力，让孩子设法实现自己的愿望，例如鼓励他们制作自己渴望得到的玩具，积攒零花钱购买自己想要的东西。以此培养孩子的独立性和自主性。

美国的“石油大王”约翰·戴维森·洛克菲勒，从小就接受父亲的严格“金钱教育”，父亲不白白给他零花钱，而是要他做“雇工”去挣，虽然“雇主”就是父亲。他清晨便到田里干农活，有时挤牛奶。他有一个专用于记账的小本子，每天干完活，他把自己的工作量化后，按每小时0.37美元记入账，然后与父亲结算。这件事他丝毫不觉得委屈，相反，他做得很认真，感到既神圣又趣味无穷。

害怕失败

8号孩子喜欢事事成功，不愿意失败。他们从来就不允许别的小孩子欺骗他们，更不能受到同学的轻视。如果考试或竞赛失败，对他们来说，那简直就是世间最大的屈辱。对于自己想得到的东西，他们会等待成熟的时机，全力以赴去获得，即使是飞蛾扑火也在所不辞。

“竞争让乔丹如痴如醉，而且他无法容忍自己在竞争中失利。”乔丹的一个朋友说，他心有余悸地回忆起乔丹在一次打牌中输给队友后如何狂怒地撞破酒店房间的大门。

8号人就是这样一个不能承受任何失败的人。

2000年，乔丹买入了华盛顿奇才队的股份，成为奇才队的股东和球队运营经理，但是，奇才队实在没有任何奇才的表现，这支烂队的表现让乔丹像一只疯牛一样狂躁。乔丹的传记里有一段关于他观看“他的”奇才队比赛的细节。“本来他只是在和几个朋友聊天，但很快他就不得不独自面对占据了半面墙的大屏幕电视。没有谁愿意和乔丹一起观看奇才的比赛，因为那实在是一种煎熬：和一头愤怒的狮子一起看一群二流的队员拙劣的表演，显然不是一件能让人感到愉快的事情，况且在这个过程中那些低能的表现会渐渐让他的愤怒升级，直至失去理智。”“多数的结局是他抓起手边能够抓起的一切东西：遥控器、饮料罐、钢笔、信笺砸向电视，继而怒吼、咒骂，然后透过对讲机指挥教练、遥控比赛……这似乎成了每场奇才队比赛时他最惯常的方式。”“他被逼到了墙角——他太习惯于胜利而不能容忍任何失败，他的生活从来都只属于特权和成功。”后来，乔丹不顾自己不断增长的年龄和伤痛的折磨，再次复出，他要带领奇才队“报仇雪恨”。

从小8号孩子的思想和见解就较一般孩子成熟，他们喜欢大场面和大格局，为此，他们必须经常面对决策和面临失败的考验。然而，常常与成功相伴的8号孩子很难接受失败，他们往往不能正确看待挫折，一旦受挫，他们会感受到来自自身的强大压力，他们会变得老虎的屁股摸不得，他们或和老师过不去，或与同学同伴疏离，或和家长玩“冷战”。而且他们一旦面临绝望，精神很容易崩溃，造成半途而废，结局往往会十分悲惨。幸好大多时候，他们的复原能力都很惊人，走过痛苦之后，他们的内在原动力也会再度爆发。

野心勃勃的“钢铁战士”希拉里也是一个不能失败的人。

从来都是众人瞩目的希拉里，在一次律师资格考试中失利，没能通过。“人生中第一次，她尝到了失败的苦涩。鉴于大家对她的期待，以及她对自己更高的期许，这个打击实在是太大了。在817位报名者当中，有551名通过了考试，他们中的大多数人来自名气远不如耶鲁的法学院。在其后的30年里，她一直保守着这个秘密。虽然后来有很多次机会，她再也没有参加过律师资格考试。”据那些了解她的人推测，当时，她肯定会为自己的失败感到深深的耻辱，而且她的自信心也因为这次经历而破碎了一地。

许多人是从哪里跌倒就从哪里爬起来，希拉里却再也没能从那里爬起来。希拉里对待这次考试失败的态度很能代表8号人的特质。好在希拉里的好强好胜帮了她，她找到了另一条路，而且她的好运让她碰到了一次好机会，而她及时抓住了这个机会，所以，她走上了光明大道。

希拉里另辟蹊径走向了成功，但是许多人因为失败而一蹶不振从此放任自己，从此一辈子与成功无缘。所以，家长一定要有对孩子进行挫折教育的意识。

首先，家长要经常了解8号孩子在学校的动态，由于8号孩子“瞒天过海”的本领很高，又经常喜欢“报喜不报忧”，所以8号孩子的家长最好定期与孩子的班主任联系，这样能够最快最早发现问题。出现问题后，更要及时和老师沟通，协助老师帮助孩子解决问题。

在日常生活中家长要未雨绸缪，在未出现问题之前就对孩子进行一些挫折教育。平日，家长可以创设一些机会故意让孩子“不顺心”，让他们“受点委屈”。

7岁的杰杰是一个8日出生的8号孩子，他聪明可爱，简直就是个人精，让爸妈爱得一塌糊涂。结果杰杰在家成了小皇帝，要风得风要雨得雨。爸爸看到杰杰越来越野蛮，意识到过去对杰杰过分放任和宠爱了。于是他和杰杰妈妈商量，要开始对孩子“狠心”一点，否则就害了孩子。

以前，爸爸想要培养孩子的智力，于是不惜一切代价，只要杰杰想要的东西，他都掏钱让杰杰带回家，什么益智玩具、五花八门的图书、运动器械。但是，现在他要让儿子“失望”了。一天，杰杰和爸爸一起去逛街。杰杰在玩具柜台选中了一款机器人，他抱在怀里，走到收款台前，笑眯眯地等爸爸给他付款。以前爸爸总会高兴地夸他有眼光，选得很好。但这一次，爸爸却对他说，这个我们不买了，我记得我们家里有两个机器人和这个很相似。杰杰第一次遭到爸爸的拒绝，伤心极了，抱着机器人一动不动，眼泪吧嗒吧嗒往下掉。爸爸好像根本没看到他的眼泪，只看了看手上的表说，不早了，妈妈等我们吃饭了，然后帮他把机器人送回去，牵着他的手就离开了商场。杰杰回家就向妈妈撒泼，妈妈说，家里有相同的机器人的确不能再买。杰杰没法，以绝食抗议。但是，他最终以失败告终。杰杰的爸爸妈妈就是这样一次次让杰杰“受委屈”，让他在“不顺心”中体验挫折的滋味。后来，杰杰受到委屈再也不流泪了，再后来他最多就失望地叹一口气，“抛弃”爸妈一两个小时，然后又来找爸妈亲热。杰杰上五年级的时候，遇到了真正的“老虎”，那个学期在评选三好学生的时候他竟然落选了，他是班里的班干部，他从来都是三好学生，但这个学期因为名额少了，再加上班主任建议大家评选那些进步最快的同学当三好学生。于是，杰杰就榜上无名了。杰杰一回到家，爸爸就看出他极度伤心，一问才知道缘由，爸爸赶紧过去拍拍儿子的肩膀，对杰杰说，你表现这么好，为班里做了很多工作，选不上三好学生的确很让人难受，不过，我觉得班主任的这个建议也很有道理，老是几个班干部当三好学生，别的同学永远都没有机会。我相信杰杰很乐意让别的同学也尝尝当三好学生的滋味。杰杰勉强对爸爸笑了一下。爸爸又说，我觉得你懂得这个道理比你获得三好学生更有意义。这一次杰杰对着爸爸灿烂地笑了。看到杰杰这样坦然地面对失败，杰杰爸爸非常开心。

其次，家长要认真对待孩子的每一次失败。但是同时一定注意不要“放大失败和挫折”的影响。

家长要充分意识到，在成人看来是很小的失败，对于自尊心很强的8号孩子来说，很可能是人生的一次重大的危机。他们往往会垂头丧气，甚至采取退避的方式回应失败。所以，家长一定要帮助孩子渡过危机，用心帮助他们度过初尝失败的那段日子。

家长的理解和鼓励是帮助孩子走出失败沼泽的最好办法。例如，当孩子考试失利时，首先要认同孩子的感受，然后让孩子看到自己的优势，坚信孩子的失利只是一时失误。这样，恐惧心理就会消失，孩子就有了战胜困难的勇气。

有一种叫做“3C”的教育方法，能够很有效地帮助孩子们走出困境。这是美国的儿童心理学家总结出来的教育方法。在这里给家长简单介绍一下。

“3C”是指 Control（调整），Challenge（挑战）和 Commitment（承诺）。“调整”是指一种心理、情绪上的调整，就是要帮助孩子认识到“困难并不等于绝境”。例如，男孩在英语比赛中失利，家长可以这样“调整”孩子的心态：“我知道考得不好你心里很难受，但是，你不用担心，你的其他科目都考得很不错。”

“挑战”就是给孩子一种心理挑战，让他学会在不高兴的事情中看到快乐的一面。比如，可以这样安慰孩子：“一次考试不好，心里确实不好受。但我知道你一直很刻苦，每次考试你都非常努力，我相信你下次英语考试一定能取得好成绩。”

“承诺”就是用承诺的方式让孩子看到更深层的意义。例如，家长可以这样对孩子说：“你可能觉得让妈妈失望了，其实，妈妈一直以你为荣的。不管你考得怎样，只要你尽了自己的力，妈妈都为你感到骄傲。”

通过家长的这一番调整、挑战和承诺，孩子的心理一般会有一个很大的转变：从失落、伤心到激动、充满力量。

另外，家长还可以多讲一些名人成功战胜挫折的故事给孩子听，鼓励他们以积极的态度面对挫折。总之，在 8 号孩子的一生中，挫折教育是他们不可或缺的人生课题。

8 号孩子教育方法概述

1. 针对孩子以自我为中心，喜欢隐藏真实想法

● 溺爱往往是造成孩子“以自我为中心”、“偏激”、“自负”的主要因素。所以，家长对孩子一定要“狠心”一点，该买的给买，不能满足的坚决不给；孩子自己能干的事坚决让孩子自己干。

● 告诉孩子，盛气凌人，以自我为中心，唯一的“好处”就是不断树敌，最后导致众叛亲离。只有友好待人，赢得人心才能真正实现自己的目标。

● 尊重孩子的隐私，孩子不愿让家长知道的事不要太好奇，这会让孩子防备家长。孩子不信任家长，会为亲子沟通造成许多障碍。

● 给孩子讲一些关于专横跋扈使事业毁于一旦的人物和故事，让孩子懂得和谐的重要性。

● 让孩子明白“自信”很好，但“自负”就是盲目乐观，“自负”的人很容易摔跤。做任何事都要扎扎实实一步一个脚印。

● 抓住孩子因自负造成考试失误的机会教育孩子，跟孩子分析失误的原因，让孩子吸取教训。

● 让孩子从小懂得，做错了并不可怕，承认错误并不丢脸。只有真诚地承认自己的错误并加以改进，才会赢得小伙伴们的信赖和真正的尊重。

● 鼓励孩子多参加集体活动，让孩子在与外界交往的过程中，在品尝为别人为集体服务所获得的喜悦中学会宽容、忍让和与人合作，学会看懂别人的目光，同时学会正确评价自己和别人。

●“换位思考法”对改变孩子自我为中心的态度很有效果。比如，孩子深夜加大音量放 CD，家长可以问孩子：“如果你在睡觉或正在做作业，别人家里这样放音乐，你会怎么想?”“换法思考法”让孩子站在别人的角度看自己，从而改变孩子的不良习气。

• 家长要以身作则，做错事要主动承认错误。让孩子感悟到承认错误并不丢脸。

2. 针对孩子过分追求物质

• 让孩子打理家里的日常生活收支。让孩子在这个过程中学习到理财知识，同时让他们认识到家长的辛苦和不易，从而养成精打细算的好习惯。

• 当孩子的确有出众表现时，给孩子送他们喜欢的礼物，这对 8 号孩子是很大的激励。记住礼物不一定十分贵重，但一定要有意义和孩子喜欢。

• 如果孩子的确有成就大业的梦想，家长就要重点培养孩子的能力——行动力、胆识等，让孩子多参加各类活动，多与精英人物近距离接触是让孩子长见识，开阔视野的最好途径。

• 家长要经常跟孩子沟通，让孩子懂得，自私自利会失去很多朋友和机会。让孩子学会跟人分享，有些小活动可以让孩子享受到与人分享的乐趣，比如让孩子把他们心爱的玩具、图书跟朋友互换，继而让孩子把心爱的东西借给别人，然后让他去借别人的东西。

• 少用物质和金钱奖励的手段来鼓励孩子，而要多用精神鼓励法。

• 如果孩子犯错却拒不认错，家长应先夸奖其做得好的某些方面，再指正其错误的地方。但绝不可以用“报酬奖励”法来纠正孩子不认错的行为，以免孩子为了获得“奖金”，而设计“家长需要的表现”来索取报酬。

• 为孩子设立一个“爱心箱”，让孩子定期定量将零用钱放入箱内。

• 带孩子参加慈善活动，让孩子将储蓄的零用钱捐给需要的人。让孩子知道自己的每一分钱对贫困的人来讲多么重要，从而培养孩子的爱心，改变乱花钱的习惯。

3. 针对孩子喜欢攀比

• 当孩子羡慕别人家富有时，对孩子说，我们家也有很多值得快乐和让人羡慕的地方。比如我们有你这么懂事的孩子；比如你的成绩这么优秀；比如我们一家人在一起这么开心。你说是不是?

• 鼓励孩子追求品味。当孩子穿着很得体、很精神时，立即告诉他，他很好看，并让朋友也这样告诉他。

• 当孩子盲目地要求购买名牌时，家长可以问孩子，你为了什么要购买这个? 让孩子在述说中看到自己的虚荣和不合理要求。

• 当孩子抵挡住“名牌”的诱惑时，立即恭喜孩子为自己“赚”了一笔大钱。并和他讨论这笔钱的开支，可以再给孩子一点奖金，让孩子与同学去郊游或举行一次野炊活动。

• 当孩子拒绝由家长保管“压岁钱”时，家长可以问孩子“你打算怎样使用这些钱?”这会抑制孩子乱花钱的行为。

• 可以让孩子自行储存压岁钱和零用钱，条件是每个月给家长交一份“收支表”，然后和孩子一起讨论收支表中哪项支出合理哪项不合理。不合理的从余额中扣除，以示惩罚。

• 经常用金钱奖励孩子的劳动有可能造成孩子“一切向钱看”，所以，有时需要孩子干活时，也可以请孩子帮忙。如果孩子一再要求酬劳，家长可以这样说：“原来金钱比帮我更重要，我很伤心哦。”这是通过激发孩子的同情心和爱心让孩子主动做事。

• 让孩子在学习、才能、意志力、良好行为等方面与同学进行“攀比”，引导孩子发奋努力，勇于超越。

• 当孩子取得好成绩或竞赛获奖时，让亲戚朋友前来祝贺，或请同学来家里举行主题晚会，这会让孩子获得成就感，从而激发孩子的上进心。

• 将攀比化为动力，让孩子设法实现自己的愿望。如鼓励他们制作自己渴望得到的玩具；积存零花钱购买自己想要的东西。

4. 针对孩子害怕失败，不能接受挫折

• 家长要对孩子在学校的表现心明如镜。要定期与孩子的班主任联系，做到最快最早发现问题。出现问题后，更要及时和老师沟通，协助老师帮助孩子解决问题。

• 在日常生活中家长要未雨绸缪，在未出现问题之前就对孩子进行一些挫折教育。平日，家长可以创设一些机会故意让孩子“不顺心”，让他们“受点委屈”。让孩子在一次次“受委屈”、“不顺心”中体验挫折的滋味。

• 孩子自尊心强，“放大失败和挫折”会增加孩子的受挫感，所以家长要以得当的态度面对孩子的失败。

• 理解和鼓励是帮助孩子走出失败沼泽的最好办法。例如，当孩子考试失利时，首先要认同孩子的感受，然后让孩子看到自己的优势，坚信孩子的失利只是一时失误。这样，恐惧心理就会消失，孩子就有了战胜困难的勇气。

• 给孩子讲一些名人成功战胜挫折的故事，鼓励他们以积极的态度面对挫折。

• 用“**3C**”教育法帮助孩子走出困境。“**3C**”指 **Control**（调整——调

整情绪），**Challenge**（挑战——心理挑战，让孩子看到快乐的一面）和**Commitment**（承诺——用承诺的方式让孩子看到更深层的意义）（具体操作方法见内文）。

8号擅长和喜欢的领域

8号孩子不喜欢肤浅、乏味的工作，也不喜欢受制于人的职业。他们擅长于挖掘深藏的秘密和掌控权力，因此很多8号孩子长大后会选择从商或者走向权力。因此，政治家、商人、军人、市场分析师、高层主管、银行金融行业、老板、总经理、运动员等都非常适合他们。

8号生日组合解读

8/8：（8日出生的8号孩子）
8：代表因果与掌控

8日出生的孩子通常从小就很能干，富有创意和灵活性，做事也相当积极。他们适合参加竞赛，并容易得冠。很多方面都很出色，成为其他孩子羡慕模仿的对象。在他们的心底，最感兴趣的是把所有事情整理得有条不紊、做事干脆。但有的时候他们也蛮固执的，很难被家长、老师、同学说服。

长大后，经商的头脑会逐渐在他们身上显露出来，极具商业智慧，看重个人成就。因为善于理财，颇有能力管理家庭，对于应尽的义务了然于胸，肯负责任，也往往能在金融界获得极大的成就。他们不喜欢做小事，更喜欢轰轰烈烈的大场面。也有能力做出自己准确的决定，对庞大体系的事物感兴趣，特别渴望成功。可以说是“不鸣则已，一鸣惊人”。有机会凭借自己的胆识和生意头脑，取得巨大的财富。但有时操控欲过强，不愿意服从和配合他人。

17/8：（17 日出生的 8 号孩子）
1：代表创造与独立
7：代表思考与真理
8：代表因果与掌控

这个组合的人是最在乎学习成绩的 8 号孩子，他们未来也极容易成功。他们独立、有自己的思想，从小就是班里的班干部或学生会主席，但有的时候在家或在学校有一言堂的倾向，偶尔会支配家长和同学。他们从小在学习上就目标明确，事事想争第一，所以思想压力也很大。因此，家长需要提醒他们学会减压。

受到 7 数的影响，这天出生的孩子想法观念相对比较稳固，遇事善于思考，一般的人或事很难动摇他们。同时，因为有 1 数的原因，他们从小还是个急脾气，而且对繁琐的事情一向避而远之，希望他人代劳。家长注意要提醒孩子学会先思考再做决定。由于他们对学习成绩和各种竞赛的结果非常执著，容易忽略家长的内心感受，有时自私，所以学会在学习和家庭之间找到平衡，是他们学生时代要学习的关键一课。

特别要注意的是，17 日出生的人比较在意个人的成就，也很重视个人的权利，相比其他日子出生的 8 号人，在团队中工作反倒有些格格不人，如果单独行动的话更能一展所长，表现得会更好。

26/8：（26 日出生的 8 号孩子）
2：代表合作与平衡
6：代表远见与奉献
8：代表医果与掌控

这是个最在乎同学和小伙伴关系，最为温暖、柔性的 8 号孩子，他们小时候就能轻松走进小伙伴和同学的心间。他们乐于付出，希望在大平台上展现自己，拒绝被打败，是天生的挑战者。他们善于和同学打成一片，是个很懂得人性化管理的班干部，特别适合做班长或学生会主席的工作。

这个组合双重性格比较明显，在学校和家里往往是不同的两个孩子。在学校里，他们独立能力很强，喜欢参与课外活动和各种团队的集会；而在家里面，他们依赖性很强，喜欢有家长陪着，不太喜欢自己做主，愿意家长把生活和娱乐都安排好了，自己去享受。他们喜欢结交新的小伙伴，对同学和朋友比对自己还好，有的时候会为帮助同学而内心犹豫不决，学会拒绝自己做不到的请求是他们儿童时代的重要课题。

26日出生的8号孩子天生就是个挑战者。长大后对于任何一件事情的真或假，都一定会仔细审视，绝不故意装作没事或是为了个人方便而假装没有问题。他们非常勇敢，敢于面对一般别人会回避的冲突。不管是在家庭、社会，或是工作场所，他们通常都是敢说敢言的人，可以说是实实在在的实际主义者。

8号名人堂

世界第一个亿万富翁洛克菲勒：生于1839年7月8日；
著名篮球运动员迈克尔·乔丹：生于1963年2月17日；
美国金融巨头摩根：生于1837年4月17日；
美国第67任国务卿希拉里：生于1947年10月26日；
法国总统密特朗：生于1916年10月26日；
中国著名地质学家李四光：生于1889年10月26日；

第十章　9号孩子

海纳百川包容心——大爱无疆

（每月9日、18日、27日出生的孩子）

关键词： 想象丰富、爱幻想、主动乐观、博爱、爱冲动、情绪化

9 号孩子的剪影

9 号孩子是天使，是上帝的孩子，是所有数字的综合体，因此他们拥有其他孩子所没有的心领神会的能量。

9 号孩子具有人道主义精神，善良包容，真诚无私。他们心中充满了对这个世界的爱，对人和事永远怀有一颗悲悯之心。

9 号孩子开朗、亲切，他们天生就有一副招人喜欢的笑容。

9 号孩子直率诚实，积极大胆，乐观热情。他们热爱自由，讨厌被约束，他们也不喜欢与人发生冲突和竞争。

9 号孩子拥有丰富的想象力，他们是一群幻想家和理想主义者。

9 号孩子有时候不切实际，梦想对他们来说高于一切。

9 号孩子有热情，但是做事不够专一，难以坚持，他们有时情绪起伏大，神经容易紧张。

9 号孩子处事也常常缺乏原则，在他们的心目中，人和人之间是没有“界线”的。因为轻信别人，所以容易被人利用。

要想记住 9 号孩子的特性就请记住下面这些人物：

曼德拉：生于 1918 年 7 月 18 日

海伦·凯勒：生于 1880 年 6 月 27 日

德兰修女：生于 1910 年 8 月 27 日

9 号孩子的性格特征

积极主动、乐观、不计较

9 号孩子天生就有一副招人喜欢的笑容。他们性格开朗、思想活跃、生气勃勃。

又聋又哑却创造了人间奇迹的海伦·凯勒就是 9 号人，虽然她 1 岁时一场大病让她坠入了黑暗和无声的世界，但她开朗、积极、乐观的性格一点也没改变。她在自传中这样写道："在洗衣房送来的衣物中，我会辨别出哪些是自己的衣服。通过这种方式，我也顺便知道了母亲和姨妈会在什么时候外出。我总是央求她们带我一起去。家里有客人来的时候，我会主动打招呼；当他们走的时候，我会朝他们挥手道别。有一天，一些绅士邀请我母亲外出，我感觉到了大门关闭的震动和他们离去的声音。一个突如其来的念头令我跑上了楼，我穿上了外出的礼服，站在镜子前。就像其他人做的那样，我往自己的头上抹油，还往自己的脸上涂满厚厚的香粉。随后，我在头上别了一块面纱，于是我的脸和肩膀全都埋进了面纱的褶皱里。我还在腰间系了一个硕大的绳结，绳结悬垂在身后，几乎碰到了裙角。带着这身打扮，我下楼逗众人开心。"她没有因为自己感官的缺陷而自卑，相反比起许多孩子更加活泼可爱。

9号孩子喜欢旅游、探险、运动。有韵律的生活也远比学习更能吸引他们。

海伦·凯勒的感官缺陷丝毫没有抑制她喜欢出游的本性，她的传记中的每次外出对于她来说都是节日。第一次坐火车外出，她兴奋得在车厢里来回走动，到处找乐子，引得一车人注意。第二次"波士顿之旅是我生命中的又一件大事。当时的情景历历在目，仿佛就发生在昨天……我安静地坐在苏利文小姐身边，聚精会神地'听'她讲述车窗外的风景……"每个假期她都与家人去度假。

海伦·凯勒还喜欢探险，小时候为了满足自己的好奇心，她对奶牛又是拧又是掐；她经常跟一个好伙伴去掏鸡蛋，然后用力把鸡蛋打碎；她还敢独自爬到树桠上玩耍，以至于有一次差点被狂风掀了下来；坐在马背上游荡也被她认为是最快乐的事。

"我们最喜爱的冬季娱乐活动是滑雪橇。湖岸突兀地跃出水面，我们跨过陡峭的斜坡下到湖面，坐上了雪橇，一个小男孩会用力从后面一推，我们就嗖地滑了出去。雪橇穿过积雪，越过凹坑，猛地冲向湖心。最后，我们会穿过晶莹闪烁的冰面直到对岸。这是多么有趣、多么疯狂的游戏啊！记得有一次，在那狂野、兴奋的一刻，雪橇上的防护锁链啪地折断了，于是，我们的手紧紧地握在了一起，伴随着耳边的疾风，我们觉得自己就像驾云飞翔的神灵！"如果单独看海伦·凯勒的这一段描写，你绝对无法相信这是一个又聋又哑的女孩子的冒险经历。

9号人虽然很独立，但更需要结伴而行，不喜欢孤独。他们天性喜欢与别人分享。海伦·凯勒从小到大就喜欢和朋友在一起。“在早年的岁月，我有两个忠实的伙伴，那个打扮得花枝招展的小姑娘叫玛莎·华盛顿，她是我家厨师的孩子；还有贝拉，她是一只非常出色的老猎犬。玛莎·华盛顿明白我的手势，所以同她交流我很少遇到困难，她总是能够听命于我。在她面前发号施令让我感到高兴。”

“我们刚到帕金斯盲人学院，我就开始和这里的盲童交朋友了。我的兴奋之情溢于言表，因为我发现同伴们都懂得用手语字母交流。能用我自己的语言同其他孩子讲话真是令人开心！在这之前，我一直像个外国人一样，需要翻译才能讲话。”

“在剑桥学习期间，我平生第一次沉浸在同学之间的友谊当中。同学们的很多游戏我都参加，甚至是雪中捉迷藏；我和她们一同远足；我们还会在一起讨论功课，高声朗读我们感兴趣的文章。”

9号人直率诚实，他们喜欢公平的游戏和规则，不喜欢与人竞争和与人发生冲突。对许多事情，他们也不计较。

海伦·凯勒在学习上是相当主动刻苦的，她从来没有要求任何特殊照顾，甚至是考试。她在剑桥女子学院读书后，完全按正规要求参加了拉德克利夫学院的预科考试和入学考试。

在几何和代数考试中“我还是遇到了标注不清的问题。”“我只能承受漫长而痛苦的考试过程。我不得不一遍又一遍地阅读示范文本，以便根据考题要求形成自己头脑中的概念。事实上，直到现在我也不敢说我把所有的符号都理解无误了。我发现随机应变实属不易。”“但是我不会指责任何人。拉德克利夫学院的行政委员会并没有意识到他们的所作所为——他们不会想到他们为我设置的考试障碍有多艰巨，他们也不会理解我必须要克服怎样特殊的困难才能够完成考试。我想，如果说他们是在无意之间在我的成长之路上设置了障碍的话，那么，当我知道自己有能力将这些障碍一一攻克的时候，我依旧会感到无比宽慰。”

9号孩子有时性格急躁、冲动。海伦·凯勒在自传中这样写道：“我从家人口中得知，当我尚在襁褓中的时候，我就显示出了急躁而固执的个性。我会执意模仿别人做的每一件事情。”

9号孩子最大的优点是忠诚、独立。如果能正确对待和理解他们，他们会表现得十分理智。不然，他们也有可能走向极端，并且变得消极，他们会戴上面具将自己隐藏起来。

海伦·凯勒在帕金斯学院读书时，曾写过一个故事送给阿纳戈诺斯先生当做生日礼物。阿纳戈诺斯先生很欣赏这篇故事，还把故事登在了帕金斯学院的一份刊物上。没想到这个小故事被认为是抄袭之作，海伦受到了质疑和调查。这让她大感震惊，因为她可能听过类似的故事，但她写的时候已经完全不记得这个故事了，是凭自己的想象构思所得。“我感到既震惊又伤心。没有一个孩子像我这样饮下了这么多的苦水。我感到颜面尽失。我令我最爱的那些人疑虑重重。”真相大白之后，“虽然阿纳戈诺斯先生深受困扰，但是他似乎相信我的清白。很快，这段短暂的阴霾消散了，他变得对我更加和蔼可亲了。为了让他高兴，我尽量掩饰自己的不快，我以最优雅的举止参加了华盛顿诞辰的庆典活动。”“假面舞会中，我扮演了谷物女神刻瑞斯。我的身上围裹着华丽的织物，头上缠绕着亮闪闪的秋叶，手脚周围布满了果实和谷物。而在欢乐的气氛之下，我的胸中则积蓄着深深的愁苦。”“在很长、很长的一段时期里，我都活在疑惑、焦虑和恐惧之中。书本在我眼中失去了吸引力，直到现在，那段可怕的日子仍然令我心有余悸。”

这就是9号人被误解、受到冤屈后的典型表现。

9号孩子生性外向，他们积极主动，而且大胆。海伦·凯勒1岁时就表现出这种明显的特质。她讲到她一岁时学走路的情景：“那天，母亲把我从澡盆里抱出来，把我放在她的膝盖上。当时，林木婆娑，光影摇曳，我被眼前的景象吸引住了，于是，我从母亲的腿上挣脱出来，试图追逐地上的阴影。这种冲动让我付出了代价，我跌倒在地，哭叫着扑进母亲的怀里。”

9号人热爱自由，讨厌被约束。如果被家长限制或被“绑住手脚”，都会令他们很不开心。

9号孩子不喜欢做家务，也缺乏自理能力。他们总是把自己的衣服随便一脱，往某个角落一扔，他们床上总是堆着乱七八糟的被子、袜子之类。9号孩子这种不拘小节的行为经常让妈妈头痛不已。

惊人的想象力

9号孩子拥有强烈的好奇心和敏锐的观察力。他们似乎对什么事儿都充满好奇。比如，进入学校里不出一周，他们就会对学校的里里外外，大到一棵树，小到一株草，都熟悉得不得了。

海伦·凯勒下面这一段关于她家花园的描写，体现出了她惊人的想象力。

“我会突然碰到一枝美丽的藤蔓，我会通过它的叶子和花蕾来辨别其形状，而且我知道，这就是那株覆盖着摇摇欲坠的凉亭，远在花园尽头的葡萄藤在我身边。还有触手可及的铁线莲，垂落于枝叶间的茉莉花，以及一些叫做蝴蝶百合的稀有花卉，这种花的花瓣因其形似蝴蝶那对脆弱易折的翅膀而得名。而玫瑰，则是花园中最傲人的花魁。我从来没有在北方的温室里见过长势如此繁茂的玫瑰，花朵沿着门廊形成了一道长长的花径，空气中弥漫着沁人的芳香，那种清纯的味道丝毫不沾染泥土的浊气。每天早晨，在露水的沐浴中，玫瑰娇柔淳美，这时我就会禁不住展开神思遐想，这些花儿是不是很像上帝花园中的常春花呢？”

“1893年夏天，我和苏利文小姐随同亚历山大·格雷厄姆·贝尔博士参观了世界博览会。我对那段快乐时光记忆犹新，上千个天真的想象全都变成了美丽的现实。每天我都会在想象中周游世界，我见识了许多世界奇迹——伟大的发明，工业技术的结晶以及多姿多彩的人类生活——在我的指尖下滑过。”

惊人的想象力让海伦·凯勒的世界和正常人的世界一模一样。

没有止境的好奇心和与生俱来的敏感直觉，使得9号孩子有多方面的智能和伟大的想象力，这也大大地激发了他们的艺术创造力。值得注意的是，9号孩子这方面的能量如果得不到释放的话，他们就会更加急躁，他们会表现出坏脾气、坐不住、多动。

海伦·凯勒小时候就因为无法表达自己的意愿而痛苦不已：“在成长的过程中，我越来越渴望表达自己的意愿，但是我使用的几个简单的手势已经远远不够用了；而且，当我无法表明自己的意图时，我就会气急败坏。我感到似乎有一双看不见的手正在抓着我，而我则拼命地想挣脱束缚。我努力抗争——当然并不是希求解决问题，而是想为我内心深处强烈的反抗精神寻找出路。我通常会哭闹不止，直至精疲力竭……后来，这种情绪的爆发在每天，或者每小时都会发生，因此，对于交流的需求于我是如此的迫切。”

9号的人想象力十分丰富。他们喜欢做“白日梦”，会以为把书垫在头底下睡觉，明天早晨醒来就可以记得。喜欢把自己关在梦幻的象牙塔中，陶醉在自我的天地里。

在9号孩子的世界里，他们经常把自己幻想成各种各样的角色，在童话里，在动画片里，在电视剧里，也会让自己与形形色色的角色相遇、相处。很多时候，他们会在这些虚拟的王国里认识和体会世界。

9号孩子的脑子里常常会生出一些在常人看起来奇怪的想法和念头。例如，会拿一根小棒当做调羹喂娃娃；把一个盒子当做小推车，嘴里发出嘟嘟嘟的声音推着"车子"跑；想在月亮上挂一根绳子荡秋千……在公园里，他绕着小树跑圈圈时，会对妈妈说："妈妈，我跑了一个'鸡蛋'。"或者："妈妈，我跑了一个'8'字。"

这些奇怪和荒唐的想法看起来不着边际，但这正是孩子创造能力的体现。如果9号孩子得到一张白纸，他们除了在纸上写字和画画外，还有可能用这张写满字和涂满颜色的纸折一只飞机，或一个纸盒，他们或许会把它卷成一个筒状，然后假装用它来吸饮料。最后他们可能会把它揉成一团当球来抛。

9号孩子最爱读童话和科幻类的故事。别的孩子读完一个故事可能会马上换另一个故事来读。但9号的孩子读完后常常还沉浸在这些故事里，他们要不是缠着家长不停地追问故事中人物的命运，要不就继续为故事"写续集"，他们会根据自己的想象增添一些出人意料的情节。当他们把这些故事复述给小伙伴们听的时候，往往已经是自己的版本了。

执导了《侏罗纪公园》、《失落的世界》、《辛德勒的名单》、《拯救大兵瑞恩》等电影，被《时代》周刊评为"20世纪最有影响力的电影人物"的著名导演史蒂芬·斯皮尔伯格就是一个想象力相当丰富的18日出生的9号人。

斯皮尔伯格小时候是一个出了名的调皮大王，他喜欢恶作剧，这个富有想象力的孩子连捉弄人的恶作剧都与众不同，比如，他常干的把戏是把花生酱抹在邻居的窗户上。

有着卓越想象力的小斯皮尔伯格一碰上电影就爆发出创造的激情。5岁时，斯皮尔伯格的父亲带他去看了他人生中的第一部电影《戏王之王》（获奥斯卡奖），这是一部关于马戏团的史诗性电影。这部电影所表现出来的逼真让小斯皮尔伯格完全忘记了自己身在电影院，这种感觉让小斯皮尔伯格无比震撼，他对电影发生了强烈的兴趣。再大一点的时候，小斯皮尔伯格就自己跑去看电影，他看了大量的迪士尼卡通，他还偷偷看了许多恐怖片。"偷偷看"是因为父母对他发过禁令。小斯皮尔伯格被这些电影弄得"神魂颠倒"，他几乎生活在电影里面，一天到晚，他都装扮成片中的鬼怪，吓唬他的两个妹妹，因为他认为父母偏爱她们。

改变他人生的时刻到了，父亲发现了小斯皮尔伯格对电影的痴爱，在他生日的时候，送给他一台8毫米摄影机，也是想让他把搞“恶作剧”的精力转移到摄影机上来。

从此，这部摄影机改变了斯皮尔伯格的命运，也改变了40年后的世界电影。

斯皮尔伯格执导的娱乐大片，如《大白鲨》、《外星人》、《汤姆·琼斯探险记》、《侏罗纪公园》等等，想象奇特，画面精彩纷呈，场面恢弘震撼。

小斯皮尔伯格的成长经历给9号孩子的家长一个很有益的启示就是，面对9号孩子的最野性的梦想，家长千万不要嘲笑他们幼稚，更不能打击他们的异想天开，相反，家长要激发他们大胆想象，用伟大人物的成功经历和奋斗精神来激发孩子。

家长要引导孩子不断调整自己的目标，不妨让孩子把目标放大，使它更高、更远，并鼓励和指导他们去实现自己的梦想。例如：小家伙梦想当公交车司机，家长就鼓励他们朝着飞机驾驶员的方向努力；如果孩子喜欢玩电子游戏，家长最好给机会让他们去学习设计和创造一个新的游戏；如果孩子喜欢舞枪弄棒，家长不妨引导他多看军事方面的书，看一些军事家的名人传记，鼓励他长大后努力成为一名卓越的军事家。

有这样一个真实的故事。

一天傍晚，有个年轻的妈妈在厨房里做饭，她才几岁的儿子在后院玩耍，妈妈不断听到儿子蹦蹦跳跳的声音，动静很大。她感到很奇怪，便走过去问儿子：“你在干什么呢?”孩子兴奋地回答：“妈妈，我要跳到月亮上去。”这个年轻的妈妈没有责备儿子“胡闹”，而是和蔼地说：“好呀，不过，一定要记得回来哦。”这个孩子长大以后果真“跳”到月球上去了，他就是第一个进入太空的地球人——9日出生（1934年3月9日）的前苏联太空人尤里·阿列克谢耶维奇·加加林。

有梦想才会有成功，所以家长要珍视孩子的梦想。除了鼓励孩子，家长还可通过各种手段培养孩子的想象力和创造力。培养想象力最好的办法就是多给孩子讲故事。

南非第一位黑人总统，享誉全球的诺贝尔和平奖得主曼德拉（1918年7月18日）就是18日出生的9号人。他在传记中写道：“我父亲常常给我讲历史战争和考撒战争英雄的故事. 而母亲则常常会给我讲考撒人的传奇故事和寓言。这些故事往往让我非常入迷。这些传奇故事和寓言是一代一代传下来的，已经流传了无数代。这些敌事激发了我幼年的想象力。”

曼德拉小时候还非常喜欢去旁听大人开会，他这样写道：“他们允许我待在那里听，我知道了许多抵抗西方统治的伟大的非洲爱国志士。这些非洲战士的光荣事迹激发了我的想象力。”

另外，让孩子讲故事也是培养孩子想象力和创造力的重要手段。家长可以让孩子从复述故事开始，再改编故事，最后自编故事。

看电影、电视也能极大地激发孩子的想象力和创造力。家长最好选择一些经典、有益的作品给孩子看，比如科幻电影和一些优秀卡通片。家长最好陪同孩子一起观看，在观看过程中指导孩子理解故事内容，或让孩子自己点评。

人道主义者

9 号的孩子是带着特殊使命来到这个世界上的，他们内心充满了对这个世界的爱，以及与生俱来的“大智若愚”的佛性。他们的成长历程，始终和某种信仰或崇拜有着特别的关系。

德兰修女（又称特蕾莎修女）（1910 年 8 月 27 日）是 27 日出生的 9 号人，她是世界著名的天主教慈善工作者，主要替印度加尔各答的穷人服务。因其一生奉献给了解除贫困的工作，于 1979 年得到诺贝尔和平奖。

德兰修女走上慈善之路，就与她的信仰和崇拜有关。

德兰修女 12 岁那年的复活节，母亲送给她的礼物是一本《圣方济各 · 亚西西传》。方济各是 12 世纪的一位修士、圣人，这本书记录了方济各修士一生的事迹。没想到，这本书竟然影响了德兰修女的一生。她如饥似渴地阅读，“世界上竟还有人这样活着。”心中升起了一个炽热的愿望：“我也要像方济各那样去生活，我不能只为自己活着，我要为这个世界贡献一点什么。”这个 12 岁的小女孩，手捧着《圣方济各 · 亚西西传》，望着天上明亮的月亮，暗暗地发了那样的誓愿。这个决定不仅注定要影响她的一生，而且注定要影响许多人的一生。

9 号的李小龙因为崇拜叶问而迷恋武术，而 9 号的甄子丹又因为崇拜李小龙而迷上武术。

9号人从小有远大的理想，他们在年少的时候就有可能生出“拯救地球”的梦想。他们渴望世界和平，希望地球像天堂一样美好。

9号人斯皮尔伯格执导的几部反思历史、探求人类和平的巨作——《辛德勒名单》、《拯救大兵瑞恩》等影片，表现出来的人道主义和人文关怀，让人们的心灵受到强烈的冲击和震撼。

9号人从小就是个完美的人道主义者，他们淡泊名利，施恩不图回报；他们有宽大的胸怀，愿意用自己的爱去温暖人世，愿意伸出双手照顾弱势群体。

9号的曼德拉为了推翻南非白人的种族主义统治，进行了长达50年艰苦卓绝的斗争。最终，成为南非第一任黑人总统，为新南非开创了一个民主统一的局面，赢得了全世界的支持和喝彩。

曼德拉本是一个部落大酋长的后代，从小那种寻求正义和平等的理想使曼德拉在一次次的斗争中，逐渐立下志愿：要为南非的每一个黑人寻求真正的公正。

他说：“在我过去的生活中，我已经把自己献给了非洲人民的斗争事业。我反抗了白人专制，我也反抗了黑人专制。我抱有民主和自由社会的理想，希望大家在这样的社会里和睦地生活在一起，享有平等的机会。我希望为这个理想而生活，并努力把它变为现实。如果需要，我愿意为了这个理想而牺牲自己的生命。”

信奉人道主义的9号人有很多朋友。他们与生俱来的宽容和善良，让他们具有非凡的感召力。因为他们带着爱心去帮助和感化他人，所以他们总是获得信任和追随。

9号孩子是一个极愿意付出的人。他们愿意帮助身边的每一个同学和朋友，看到不公之事必定会挺身而出，见到朋友落难也绝不会袖手旁观。

说到爱心和助人为乐，我们不得不说一下我们的榜样雷锋。雷锋（1940年12月18日）是典型的9号人，在他短短的一生里，做了无数好事，最后他被誉为全心全意为人民服务的楷模。雷锋有一句名言：“人的生命是有限的，可是，为人民服务是无限的，我要把有限的生命投入到无限的为人民服务之中去。”雷锋无时无刻不在实践着自己的理想，他把别人的困难当成自己的困难，把大家的愉快看成自己的幸福。这正是9号人大爱无疆的体现。

9号孩子很乐意取悦家长、老师和同学，愿意接触品德优秀的同学。他们友好，不愿意与同学或老师发生冲突。尽管他们的内心是善恶分明的，但还是会对自己发怒的情绪有所控制，绝不轻易伤害任何人。

他们天生具有无比的爱心，总是对自己周围的人投入无限的关爱。他们会想尽千方百计为大家服务。我们经常会在社区或公益场所发现9号孩子的身影。

对于9号孩子的热心肠，家长千万不要嘲笑或阻拦。

总之，家长要明白9号孩子是多么的与众不同，要肯定和认可孩子的善良和努力。家长最好鼓励孩子把自己参加志愿服务工作的情况记录下来——时间、工作内容、图片。家长可以和孩子一起把这些制成相册，家长的支持和帮助，会加强孩子们对家长的信任与爱戴，并增强孩子的自豪感。

9号孩子的正直、善良和无私奉献是难能可贵的优良品质。只要9号孩子怀着一颗博爱的心对待世人，他们也终将从中收获到属于自己的幸福。

对于9号孩子容易轻信别人的问题，家长可经常提醒他们遇事要三思，以保证在帮助别人的时候不至于被人利用。

博爱之心

9号的孩子天生拥有慈悲之心，他们有着关爱、怜悯一切的天性。

9号的德兰修女常常这样说："我属于世界。我的责任是服务于全世界的穷人。"

有一天，德兰要到巴丹医院商量工作，在靠近车站的广场旁发现了一位老妇人，倒在路上，像是死了一般。她赶紧替老妇人测量呼吸及脉搏，似乎还有一口气，于是，她为她赶走身上的苍蝇，驱走蚂蚁，擦去血迹和蛆虫。德兰心想，如果任她躺在那里，必死无疑。于是她暂时放弃了去巴丹的行动，请人帮忙把老妇人送到附近的医院。医院开始时对这个没有家属的老妇人不予理会，但医师在德兰的再三恳求下，便替老妇人医治，并且答应将寺庙后面信徒朝拜的一处地方免费提供给她使用。

自从找到这个落脚点后，不到一天的时间，修女们就将三十多个最贫困痛苦的人安顿了下来。其中有个老人，在搬来的那天傍晚即断了气。临死前，他拉着德兰的手，用孟加拉语低声地说："我一生活得像条狗，而我现在死得像个人，谢谢了。"

德兰修女从12岁起，直到87岁去世，从来不为自己，而只为受苦受难的人活着，她把一切都献给了穷人、病人、孤儿、孤独者、无家可归者和垂死临终者。

这正是9号人博爱宽广的胸怀的体现。

又聋又哑却创造了人间奇迹的海伦·凯勒（1880年6月27日）也是27日出生的9号人，她是“一个生活在黑暗中却又给人类带来光明的女性”，由于她把一生献给了盲人福利和教育事业，被美国《时代周刊》评选为20世纪美国十大英雄偶像之一，并得到许多国家政府的嘉奖。

总之，翻开9号人的名册，满目都是一个个感动人心的名字。

9号孩子也是极为感性的一群孩子。最大的特点就是能设身处地地为别人着想，抱着友善的态度对待所有的人。他们大都没有明显的自我意识，不喜欢与人发生争执。因此他们基本上给人的印象是博爱、温和、善良、不计小节的。

无论是在社区还是在学校里，9号孩子都会主动关心环保。他们看到有人乱扔垃圾，会主动捡起来放到垃圾桶里；看到受伤的小鸟，会帮助它们搭个小窝，并在旁边放满水和食物。当9号孩子在公共汽车上给比自己更弱小的孩子，或者爷爷奶奶似的老人让座时，我们家长对他们的高尚品德要给予赞赏；当他们的建议被老师或家长采纳时，我们也要给予他们肯定。虽然孩子们内心也需要这种表扬带给他们的满足感，但他们更满足于做了这些事情之后带给自己的快乐。这充分体现了9号人身上那种宽厚待人、乐善好施的性格。

富于艺术气质

9号的孩子有着灵敏的感觉，对艺术之美更加敏锐。他们从小就对音乐有一种非常敏感的直觉，天生具有表演、编导、绘画、舞蹈的天赋。凭着他们丰富的想象力，超强的学习能力和创造精神，他们非常容易在艺术方面获得成就。国际上许多著名的导演和演员也都是9号人。

9号的斯皮尔伯格12岁时拍摄出他的第一部电影作品，这部小电影的演员都是他身边的小朋友。一年后，斯皮尔伯格让所有的小朋友全副武装，拍了一部40分钟的战争电影《无路可逃》。没有音乐、没有声音，但这部电影让他获得了一项儿童奖。16岁时，斯皮尔伯格拍摄的一部140分钟的电影

《火光》，在当地的剧院放映。在大学期间，斯皮尔伯格的兴趣还是集中在电影上。他拍摄的第一部具有专业水准的短片《安布林》在亚特兰大电影节上播映。这部电影让环球电影公司与当时只有20岁的斯皮尔伯格签订了一份为期6年的电视短片导演合同，斯皮尔伯格从此走上了真正的电影之路。

有着神奇耳朵的9号孩子仿佛能听见花开花落的声音，听见小草在说话。在他们脑海里出现的风景和画面往往比任何一部好莱坞大片还要精彩。所以，当9号孩子跟家长谈到自己充满直觉的感受时，家长千万不要对他们这方面的“特异功能”嗤之以鼻，一定要热情鼓励。一个对音乐、艺术有着感悟力的孩子，他的内心是从容、自信、积极向上的，而且这种积极心态能有效地激发他们的思维能力和学习欲望。所以，家长一定要切记，只要孩子有梦想，并愿意做出努力，获得任何进步，都要给予他们肯定与鼓励。应该尊重他们的思想，重视他们努力的过程，使他们先天的禀赋得以更好地发挥。

18日出生的9号人周杰伦（1979年1月18日）也是天生的音乐才子。

> 还在周杰伦很小的时候，周妈妈就注意到，每当她放西洋音乐，这个安静、腼腆的男孩子就不由自主地舞动起来。周妈妈回忆说：“在他会走路之前，他对音乐就很敏感。杰伦3岁就对录音有兴趣，自编、自导、自演又自唱……”
>
> 天赋是需要发现和挖掘的，有着天才艺术气质的9号孩子也需要家长用心发现和培养。
>
> 像周杰伦的妈妈，因为看到他在音乐上的天分，就毫不犹豫地取出了家里所有的积蓄，给他买了一架钢琴，让他学弹钢琴。
>
> 像斯皮尔伯格的父亲，就常带他去看电影，买一个摄影机给他，让他发挥自己的艺术天才。李小龙父母让他小小年纪就面对镜头，从而激发了他的表演欲望和表演才能。

另一个需要注意的是，想象力丰富和富于艺术气质的9号孩子因为过于感性而缺乏理性的思维。所以，9号孩子的家长最好从小就注重孩子逻辑思维能力的培养，让他们掌握科学的思维方法。同时要让孩子养成专心致志的习惯，这样，可以使他们避免因空想而错失机会，因散漫而浪费了自己的才华。

9号孩子的教育课题

爱幻想、爱冲动

富有幻想力的9号小家伙仿佛是来自天堂的梦想家，他们带着诗一般的灵魂，只要有机会，就会飘荡在云雾般的幻想天堂。为此，9号孩子很容易身心分离，他们往往做的和想的是两回事。特别是升上初中、高中以后，他们经常会告诉家长，自己想成为指挥家、歌星、画家、建筑师、大法官等等，变换不断的梦想常常让家长诧异不已，又暗暗为这个“不现实”的孩子担忧不止。

其实，我们应该支持孩子拥有远大的理想和梦想，但是一定要让他们懂得理想和现实的差别是很大的。在孩子追梦的过程中，我们家长应予以多方面的关注，比如：与孩子共同探讨、研究追求梦想的必要条件和必要方法，引导和监督孩子制定一个具体的实施方案，督促孩子一步一步地完成。并将学习的意义建构在每一个梦想上。

另外，还要经常与孩子一起温习和感受他们的梦想，同时，更要帮助孩子寻找他们梦想的偶像，与孩子一起讨论偶像的成长史，让偶像在孩子心里生根。最后，要给孩子的追梦计划提供建议和支持。在孩子遭受挫折、困难，怀疑自己的梦想时，家长可以把坚持梦想的一些道理自然地讲给孩子听，还要帮助他们提高在实现梦想的过程中克服困难的能力，并给予他们坚持的鼓励。

甄子丹大家都很熟悉，他是国际著名华人影星，曾主演《叶问》、《杀破狼》、《导火线》、《画皮》等50多部影视作品，多次获得香港电影金像奖与台湾电影金马奖，以独创风格的动作片享誉全球。

甄子丹的母亲麦宝婵对武术也有着深厚的造诣，是世界闻名的武术家和太极高手，她曾夺得世界太极拳锦标赛冠军，并被美国最著名的武术杂志《黑带》评选为20世纪最有影响力的武术家之一。

甄子丹从小就受到母亲的影响，刚刚会走路的时候就开始练武。擅长器乐的父亲不甘示弱，非常希望儿子能够继承他在音乐方面的天赋学习钢琴。因为甄子丹对武术的热爱和梦想，他宁可早晨5点爬起来跟母亲压腿、松筋、练功、习武，也不愿舒舒服服地练琴。甄子丹说："那时我年纪小，当然叫苦连天，边哭边耗尽力伸展那一字马，稍有差池，妈妈就会手执木剑随时'家法伺候'。"

20世纪70年代，甄子丹一家移民美国，当时正值李小龙大热，本来就爱习武的甄子丹疯狂迷恋上李小龙，梦想着自己就是李小龙第二。"每天我就以一身李小龙装束返学，橙色运动裤加墨镜，或是黑色唐装衫裤加功夫鞋，然后将扫把棍锯断，中间穿上一条绳子，做成双截棍，插于长袜内，随时准备派上用场。我还不时以表演双截棍和卖弄脚法来娱人娱己。"崇拜是9号人的性格特质之一，然而甄子丹这种盲目的崇拜和幻想却使自己差点误入歧途。一次他飞腿就在一个人高马大的黑人老师脸上留下了三个脚印；他常常整个下午躲在公园练武；中学时期逃学是"家常便饭"。"十五六岁时，我与父亲吵架，一气之下离家出走。而这段期间，我终日与一班狐朋狗友为伍，更恃着一副好身手，竟在红灯区内一间夜店，找了一份保安工作，以为可以挣钱养自己。"在这里我们也看到了9号人的负面能量，爱幻想、冲动、不顾一切。

就在这个"关键时期"，甄子丹的母亲看到了儿子身上这种因"武术情结"而出现的严重问题，有可能会使甄子丹背离"践形尽性"和"推己及人"的真正武术精神。母亲通过积极、正确的引导，果断地把局面扭转了过来。"母亲动员我回北京武术专业队将多年的武艺'淬火'一番。我当然不想远离家人，但我信赖母亲的眼光，于是抛开所有眷恋，只身前往北京市什刹海运动学校武术队接受了两年多的训练。我19岁学成回到美国，当年就获得全美武术冠军，并通过母亲的一位学生介绍，从此踏进香港影视圈，圆了自己成为'武术达人'的梦想。"

甄子丹的故事告诉我们，拥有梦想的孩子是伟大的，但是脱离现实的梦想是危险、不切实际的，而我们家长正是正确引导、帮助他们实现梦想的坚实后盾。

缺少坚持和毅力

9号的孩子因为缺少定性和坚韧不拔的精神，做事情难以坚持，容易虎头蛇尾。因此一生都需要有一个强有力的老师、家长或朋友来支持和帮助他们。家长必须对孩子的幻想给予合理、科学的引导，甚至适当地给予一些严厉的监督也是有必要的。

当年，周杰伦的妈妈看到孩子有天分，买了钢琴让他学钢琴，但周杰伦当年还是个小不点，和所有孩子一样，活泼调皮贪玩，于是，童年的周杰伦感觉“被剥夺了玩的权利，所有的日子都是在钢琴旁边度过的。”“每次练琴的时候，一听到窗外同伴的嬉闹声，他就总是弹得心不在焉。于是，他母亲就拿着一根棍子，站在他后面，一直盯着他练完琴。”

妈妈严格的“棍棒教育”让小周杰伦不仅弹得一手好琴，而且还爱上了钢琴，“现在，音乐对他来说已经像喝水一样，是每天一定要做的事。”“他发狂似的不停地练习，像个钢琴狂。他很快就像一个学过多年钢琴的人那样熟练地弹奏，他的注意力完全放在琴键上，就像与他同龄的孩子将注意力放在冰淇淋上一样。”

热爱是最好的老师。周杰伦高中时的钢琴老师说他“十多岁时已经培养出远远超越他实际年龄的即兴演奏能力。”

周杰伦的母亲没有因为他几次高考失败而逼他放弃音乐，反而一直支持鼓励他进军音乐界，最后周杰伦参加音乐大赛被贵人吴宗宪发现，从此走上了音乐道路。

周杰伦妈妈的成功经验告诉我们，家长一旦发现孩子在某方面有天分，除了舍得投资，还得“一手软一手硬”来陪伴孩子走向成功。“软”就是想尽一切办法激发孩子的兴趣和热情；“硬”就是严格要求，督促孩子坚持下去。

孩子天性爱玩，许多孩子就是为了玩乐而丢失了自己珍贵的天分。周杰伦当年也常常抱怨妈妈太严酷，让他失去了很多玩乐的机会，但后来当他被誉为歌坛的天才，成为一颗闪闪发光的明星后，他却由衷地感谢妈妈当年的严厉。

大发明家爱迪生曾说：“天才是99分的努力再加上1分的灵感”；小提琴家萨拉萨特说：“天才？这话从何说起呢？37年来，我每天练琴14小时，他们却说我是个天才。”这说明天才来自勤奋，光有幻想，没有行动，没有努力，没有坚持，“天才”也绝不会成为“天才”。因此，培养9号孩子的行动力和坚持度，是家长需要努力的方向。

缺乏对失败的现实认识

在现实生活中，我们经常看到9号孩子在天真地说着他们的梦想，甚至有时会出现说“假话”的现象，这是孩子的天性，在很小的时候似乎显得很可爱，但如果让这种现象成为了习惯，就会阻碍孩子的发展了。因为，这样的状况很容易让孩子产生异想天开的性格，“假的”有时连自己都相信是“真的”。长此以往，容易形成掩耳盗铃、掩人耳目的性格特质。

有趣的是，失败对他们来说，并不代表结束或者挫折，也不会使他们沮丧消沉。甚至在他们的价值观里，认为失败也是一种艺术，在其中也有独特的滋味。所以他们基本上不会“害怕”失败。这也算是一种智慧的“自欺欺人”吧。

在日常的生活中，9号孩子的家长一定不能任由孩子一味的信口开河，从而整天沉浸在无限的遐想之中。一旦发现孩子的这个倾向之后，要运用正确适当的方法制止孩子，这是对孩子的未来负责。还有一点要注意的是，不可以粗暴地对待小家伙，要允许他们有梦想，只是要掌握适度，把孩子向正确的理想上引导。

付出同情心缺乏原则，缺少理性思考

9号孩子做事更愿意用心去体会，不大爱用脑子分析，空有冲劲儿，缺乏理性，所以有时在别人眼里感觉好像不常用大脑似的。有时也正是因为孩子的这种心理，造成了他们因为过分的信任别人而伤害了自己。

富有同情心的9号孩子极会照顾小朋友，他们非常了解同学和小伙伴的需求。在一次次爱的传递中，他们获得无限的喜悦。

如果9号孩子没有及时伸出援手，并不是因为他们不想帮忙，而是因为力不从心。

助人的技能是一些很现实和细致的东西，如想帮助别的小朋友系鞋带，首先自己就要会系鞋带；碰到老人晕倒，要懂得向周围的人求助或向急救中心求援；想宣传环保，就要懂得各种环保知识。家长可在日常生活中，把各种技能一点一滴教给孩子，让孩子可以随心所欲地去实现他们传递爱的梦想。

不过，身心承受力的培养不可能一下子就完成，这需要一个漫长的过程，必须在孩子的整个成长阶段不断获得。所以，家长要常常提醒孩子，助人很好，但一定要量力而行，否则会弄巧成拙，或者让自己受到伤害。

另一方面，为了不打击孩子的积极性，家长最好经常给孩子提供一些有益的意见和建议。

比如在孩子每一次助人行动之前，家长可建议他带动大家一起来做，让孩子做一个活动方案，把个人的助人行动变成一种集体行动。人多力量大，不仅提高了效率，还锻炼了自己的组织能力。

比如，孩子想给灾区的贫困孩子捐书、捐防寒物品，家长可建议孩子在班主任的支持下成立一个小组，小组人员可分别对同学捐赠的图书、物品和款项进行登记管理，最后向大家公布。然后，邮寄出去，选择一个假日送到贫困小朋友手中。这样既满足了孩子的心愿，不至于让孩子压力太大，同时还锻炼了他的能力。

情绪易受外界影响，起伏大、神经易紧张

爱“杞人忧天”的9号孩子天生就拥有紧张的神经，也由此他们在学习上更容易产生压力。9号孩子的家长一定要有意识地给孩子减压。

9号孩子由于会有一些不切实际的幻想，在现实中往往容易受挫。一旦现实与他们的梦想差距太大，或者他们的想法受到否定和干预，他们就会觉得梦想破灭，由此容易产生消极情绪。

9号孩子情绪起伏比较大，情绪两极性会表现突出，高兴时欣喜若狂，愤怒时怒发冲冠，激动时行为激烈，伤心时悲痛欲绝，真可谓喜怒无常。

碰到这种情况，家长不要跟孩子硬来，那样会使情况更糟。家长一方面要给孩子自己调整的时间；另一方面要想办法转移他们的注意力，让他们从消极情绪中解脱出来。外出游玩，下棋和练习书法都是缓解紧张情绪的好办法，学学深呼吸，也可以帮助孩子自我减压。

怎样给孩子减压，下面这个故事可能对我们有一些启发。

从前有一个小和尚，被厨师派去买油。离开前，厨师交给他一个大碗，并且严厉地警告他：“你一定要小心，绝对不可以把油洒出来。”小和尚买了油，在回寺庙的路上，他想到厨师凶神恶煞的表情和严厉的警告，紧张得两手直发抖。等回到庙里，碗里的油只剩了一半，被厨师狠

狠骂了一顿。这时候老和尚听到了，对小和尚说："我再派你去买一次油，这次呢，我要你把路上看到的人、事、物回来跟我好好讲一讲。"小和尚想：自己连油都端不好，哪还有心思看风景呀。但他还是去了。在回来的途中，小和尚想到老和尚的话，他突然发现，路上的风景真美，雄伟的山峰、漂亮的野花，孩子在玩耍、老人在下棋……小和尚就这样边走边看风景，不知不觉回到了庙里。当小和尚把油交给厨师的时候，竟然发现碗里的油一点儿也没有洒出来。

这个故事告诉我们一个道理：家长给一分压力，孩子就有十分压力；家长放松，孩子才能放松。在孩子考试之前，家长要尽量说一些轻松、幽默、跟学习无关的话题，淡化考试，以平常心对待，这样孩子才能放下包袱，发挥更加出色，考出更好的成绩。

值得一提的是，在某些缺乏关爱的成长环境里，9号孩子的情绪有时候会受影响而产生悲观的情绪，在某个情结中很难走出来，内心会有混乱的现象出现。会封闭自己的心，不让别人走进来，显得有些孤僻。

当周杰伦回忆小时候记忆最深刻的事，他居然说是外婆家里养的大狗，这说明杰伦小时候没有别的玩伴，只有这只大狗陪伴他。他说，有时他还想象自己是一个大将军，所以，他把大狗当马骑。

因为从小与孤独为邻，周杰伦最不擅长与外人沟通和与外界联系，形成了自我封闭的状态，经常自己和自己说话。没想到不善言辞的周杰伦在母亲的教导下，用音乐找到了自己与外界沟通、交流的方式，将他的情感蕴藏在了一件件的作品之中，展现给了大家。"周杰伦以完全自说自话的酷状横空出世，用他自己独特的风格打动了千千万万听众的心。"

所以，做家长的一定要了解9号孩子的性格特征，读懂他们的心，给孩子一些有益的引导。

9号孩子教育方法概述

1. 针对孩子想象丰富、爱幻想

- 珍视孩子的梦想，鼓励孩子的奇思异想，激发他们大胆想象。
- 经常给孩子讲故事，让孩子复述故事、自编故事，培养孩子的想象力和创造力。

- 选择经典的电影、电视节目给孩子看。特别是多看优秀的卡通片和科幻片。
- 陪孩子看电影电视，指导孩子理解故事内容，或让孩子自己点评。

2. 针对孩子的博爱和奉献精神

- 肯定和认可孩子的善良和努力是对孩子最大的赞美。
- 与孩子一起“行善”是对孩子最好的鼓励和支持。
- 帮助孩子做好收集和记录工作，把收集的资料制成册子，增强孩子的自豪感。
- 教给孩子各种助人技能，让孩子随心所欲地去实现他们传递爱的梦想。
- 提醒孩子，助人要量力而行。给孩子提供有益的意见和建议，如把个体行为变成集体行动；行动前做好活动方案；行动前争取得到老师或领导的支持等等。既提高了效率，又提高了能力。

3. 针对孩子容易轻信别人

- 经常提醒孩子要三思而后行。
- 通过现实生活中发生的真实案例给孩子以警示。给孩子剪报，和孩子一起看此类节目。
- 经常和孩子做一些练习，设计各种场景，让孩子身临其境做出回应，这样面对真实人物时，孩子就能应对自如。

4. 针对孩子不现实，行动力差，虎头蛇尾

- 精选一些优秀故事讲给孩子听或给孩子看，让孩子懂得，理想是要靠行动来实现的，没有行动一切都是空想。
- 孩子对某学科感兴趣时，送孩子参加培训班。报名时与孩子商讨学习目标，结束时进行评估，根据表现进行奖励或惩罚。
- 请优秀老师对孩子进行专门辅导。
- 孩子有梦想时，与孩子一起听朋友和老师或专家的意见。
- 每年两次（半年一次）与孩子一起商讨制定目标实施方案（或准则），内容包括时间安排、实现目标、具体细节、奖惩办法。家长和孩子都要在方案里签名，各备一份。孩子没按要求做要随时提醒，孩子有实际情况无法实施可商讨修改。

5. 针对孩子容易精神紧张，情绪起伏大，易消极

- 鼓励孩子多交朋友，友情是缓解压力的最好良药。

- 孩子受挫后允许孩子解释。
- 对孩子的心情表示理解和认同。
- 带孩子出去游玩，转移注意力。
- 如果孩子因为失败或受挫而性急和烦躁时，赞美和鼓励对他们非常重要。
- 让孩子学会一种棋类，陪孩子下棋。
- 引导孩子热爱书法，练习书法是缓解紧张情绪的有效方法。
- 教孩子学会“深呼吸减压法”，一旦遇事紧张，孩子可以自我减压。这会让孩子受用终生。

9号擅长和喜欢的领域

如果抽去了9号孩子身上的热情和欢乐，他们会发现生命失去了意义，对他们而言，让别人欢乐或是让世界更美好，无疑是他们生命的最大目标。9号孩子具有无人能及的亲和力，他们在实际的考虑之外，往往带有很大的梦想色彩，从小就对全球性的服务机构格外向往。因此，医护人员、心理工作者、艺术家、设计师、音乐家、从事公益的社会工作者等等都适合9号孩子。

9号生日组合解读

9/9：（9日出生的9号孩子）
9：代表正直与智慧

他们在小时候总是安静而敏感，而且很会幻想。他们会在想象中扮演具有刺激性的英勇角色，这些角色会成为个性内向的他们的模范。长大成人后他们尽管过着平静的生活，其实内心世界还是一直有许多大胆的幻想，他们一直在幻想成就具有震撼性的丰功伟业。大部分的时间里，他们认为生活就像是一场戏，他们就是戏中的主角。不少演员和导演是9号人，他们喜欢生活在聚光灯之下。对他们而言，生活是一种浪漫的冒险。

长大后他们最大的挑战也许在于让自己成熟。面对挑战和克服障碍是他们成长的重要内容。他们如果能够学会自在地付出与获得，接受现状而不过分夸大，对他们人格的发展会有很大的帮助。随着年龄的增长，9号孩子渐渐成长为有智慧的人，他们也必须摒弃年少时那种活跃、热烈、幼稚的处事态度。若能够对生活多加思考，对自己客观一些，行事就会越来越有效率，对他人也更加有益。

18/9：（18日出生的9号孩子）

1：代表创造与独立

8：代表因果与掌控

9：代表正直与智慧

这是个未来事业上最容易成功的9号孩子。他们从小就独立、有主见、具有开拓精神、喜欢大舞台、富有爱心，是学校和团队里的佼佼者，喜欢成功，害怕失败。即使做错事，也很少对同学和小伙伴说“对不起”。他们从小就有眼光，对机会把握度相当高。这个组合的孩子还富有爱心，自己一旦成为学校或团队的领袖后，把同学和小伙伴照顾得无微不至，自己才会心里踏实。

27/9：（27日出生的9号孩子）

2：代表合作与平衡

7：代表思考与真理

9：代表正直与智慧

这是个最在乎人际关系的9号孩子。他们对家长、同学都很贴心，感情丰富。他们喜欢结交新朋友，做事总从同学和小伙伴的感受出发，是个从小就胸怀大爱的孩子。更幸运的是他们关键时刻总是有贵人相助，天生好运气，但有时这种好运气也会让他们变得懒惰，这是家长需要提醒孩子注意的一个关键点。

他们从小很情绪化，喜欢跟着感觉走，有时候愿意把自己关在房间里一个人独处。这时候，家长需要提醒孩子，要多和同学、小伙伴们去散心，只要走出家门，他们的心情马上就会改变。

9号名人堂

世界第一航天员尤里·阿列克谢耶维奇·加加林：生于1934年3月9日；

英国著名摇滚音乐家约翰·温斯顿·列侬：生于1940年10月9日；

南非首位黑人总统曼德拉：生于1918年7月18日；

美国著名电影导演史蒂芬·斯皮尔伯格：生于1946年12月18日；

美国福布斯集团总裁史提夫·福布斯：生于1947年7月18日；

世界著名影星葛丽泰·嘉宝：生于1905年9月18日；

世界著名天主教慈善工作者德兰修女：生于1910年8月27日；

美国盲聋女作家海伦·凯勒：生于1880年6月27日；

好莱坞著名影星伊丽莎白·泰勒：生于1932年2月27日。

后记

写这本书，可以说是一次神奇之旅。

互联网时代，重置了时间和空间这两个概念，让远在广州、北京两地，分别四五个居所的人建立了一个“空中工作室”，这个“工作室”让我们同处一室。我们在电子邮箱、电话、短信里聚会、讨论。没有时间的间隔，没有空间的阻断。虽然我们各自分担了同一本书的不同内容和不同的工作环节，但密集的“空中对接”让我们的“大作”做到了“无缝衔接”，仿佛出自一个“大脑”，于是，我们的作品成为了一个“奇异果”，独特而迷人。

这也是一次愉快之旅。

虽然我们仅碰过两次头，但是生命密码却让我们相互之间有一个直接和深入的了解。我们知道各自的性格特质，为此我们由衷赏识各自的天赋特长，而且懂得利用各自的优势去完成不同环节的工作。我们还懂得避开对方缺陷性格，小心翼翼地躲过“地雷”。这是生命密码给我们的智慧，也是生命密码的神奇和力量。

整个写作的过程，就是一个自我认识的过程。过去总有许多个“为什么”纠缠着我们：为什么我这么害羞？为什么我的性格既不像爸爸也不像妈妈？为什么我总是不敢坚持自己？现在终于找到了答案。没有什么比看清自己，读懂自己更让人欣喜的了。

一边钻研一边用这个理论来分析自己和身边的人，总是要得到验证才敢写到书里。而在寻找案例的过程中，许多巧合更是让我们惊叹不已。那些人和事，仿佛早已等在那里，仿佛是专门为这一次约会而准备的。不得不惊叹自然界的神奇，不得不为我们对世间万物认识的肤浅而哀叹。

相信你和我们一样，在学习和运用生命密码的过程中，拥有同样的心路历程。请你记得，生命密码的理论不能等同于数学，它也不是一加一等于二的简单计算。你可能会发现，你的孩子的生日数表现和书中的描述不是百分之百吻合。这就对了，人不可能一成不变，遗传、父母的习惯、环境、教育等等，都对孩子的性格产生或多或少的影响，所以，不是百分之百准确才是正常。不过，只要你仔细分析，你就会发现，千变万变，孩子天生的本质始终还在。拨开乌云见太阳，这是你要做的。

最后要特别提到的是，在写作本书的过程中，参考了许多人物传记，并引用了许多书中的文字，在此，对书的作者表示衷心感谢。

彩　云

2012年2月29日

于昆明

参考书目

［美］迈克尔·杰克逊著《太空步》
［美］巴拉克·奥巴马著王辉耀译《我父亲的梦想》
刘世英彭征著《谁认识马云》
［美］乔治·沃克·布什著《抉择时刻》
［美］乔治·萨利文著《里根传》
张式成编著《卓别林》
李子迟著《多情爱因斯坦》
［美］罗斯·特里尔著《毛泽东传》
萧燕编著《撒切尔夫人》
［英］玛格丽特·撒切尔著《通往权利之路——撒切尔夫人自传》
王晓明著《鲁迅传》
［美］沃尔特·艾萨克森著《史蒂夫·乔布斯传》
［美］卡尔·伯恩斯坦著《希拉里传——掌权美国的女人》
蔡赓生编著《丘吉尔传》
李康雪编著《拿破仑》
司徒佩琪著《飞人乔丹画传》
［美］海伦·凯勒著《我的生活：海伦·凯勒自传》
依睿著《周杰伦——美轮美奂》
甄子丹著《问丹心》